企业技术创新
与知识产权战略

华　鹰◎主编

The Enterprise Technical Innovation
and Intellectual Property Strategy

科学出版社
北　京

图书在版编目(CIP)数据

企业技术创新与知识产权战略/华鹰主编．—北京：科学出版社，2013.9
ISBN 978-7-03-038556-7

Ⅰ.①企… Ⅱ.①华… Ⅲ.①企业管理-技术革新-研究-中国 ②企业-知识产权-研究-中国 Ⅳ.①F279.23②D923.404

中国版本图书馆 CIP 数据核字（2012）第 213257 号

责任编辑：邹　聪　雷　旸/责任校对：鲁　素
责任印制：徐晓晨/封面设计：无极书装

科学出版社 出版
北京东黄城根北街 16 号
邮政编码：100717
http://www.sciencep.com

北京凌奇印刷有限责任公司印刷

科学出版社发行　各地新华书店经销

*

2013 年10月第　一　版　开本：720×1000 1/16
2025 年 2 月第七次印刷　印张：18 1/4
字数：345 000

定价：78.00 元

（如有印装质量问题，我社负责调换）

前　言

本书是国家社会科学基金项目“企业技术创新与知识产权战略”的结项成果。该项目从 2007 年 6 月立项到 2011 年 11 月结项，历时四年多。项目立足于我国实施知识产权战略、建设创新型国家的时代背景，紧扣企业技术创新与知识产权战略若干理论和实践问题展开研究。在知识经济时代，生产要素的投入发生了根本的变化，知识、技术、信息等要素往往比资本、设备、劳动力等要素更为重要，知识、技术、信息等知识资源已成为生产和技术创新的第一要素。国家之间的竞争、跨国企业之间的竞争，归根结底是技术创新能力的竞争、知识产品研发能力的竞争。知识产权强国的地位和知识产权的拥有，决定了国家及企业的话语权。发明专利是对一种产品的垄断，技术标准和驰名商标是对一个行业的垄断，得发明专利者、得技术标准者、得驰名商标者得天下。

中国政府 2008 年颁布的《国家知识产权战略纲要》中明确提出，到 2020 年把我国建设成为知识产权创造、运用、保护和管理水平较高的国家。围绕这一战略目标，作为技术创新主体的企业，急需根据自身情况对知识产权战略进行谋划和布局。我们认为，企业单一的技术创新不可能实现投入和产出的最优，需要技术创新和知识产权战略的联动，通过有效利用知识产权制度，构建适合于企业的知识产权战略，提高企业自主研发能力，通过提升知识产权的增量和质量来增强企业的核心竞争力，实现企业的可持续发展和利益最大化。

本书全面、系统地对企业技术创新与知识产权战略中的重大理论问题、战略框架、对策措施、典型个案进行了研究，提出了一系列具有新意的观点。这些观点包括：认为企业技术创新与知识产权战略是一种互动关系，企业的技术创新应导入知识产权战略；关于企业技术研发中的七种创新策略；技术创新活动与专利战略构成价值链；关于“前端控制型”专利池构建与运作模式的理论框架；关于企业技术创新中的技术标准战略的四种模式；关于企业技术转移中存在的问题与对策；力帆集团技术创新与知识产权战略模式的基本构架等。这些学术见解和对策建议，对于企业制定和实施知识产权战略具有重要的参考价值。

本书以问题为导向展开研究，在研究方法上注重多学科的整合和多维度的思考；注重美国、日本、韩国知识产权战略的比较分析；在企业专利战略构建上注重定量分析与定性分析的结合；全书既有理论研究又有实证分析，理论研究力图解决观点、内容、制度安排的创新，实证分析选择了若干典型个案进行研究，用事实和数据印证作者的观点。

本书分为十三章。其中，第一章是对企业技术创新的总体认识，对企业技术创新与知识产权战略的互动关系进行研究。第二章对美国、日本、韩国的知识产权战略作比较分析，并对美国IBM和韩国三星的知识产权战略作实证分析。第三章对企业技术创新的模式、难点与对策进行研究。第四章至第十二章对企业在技术创新链中运用的各项知识产权战略进行专题研究，分别是：企业技术研发中的知识产权策略；企业技术创新中的专利战略；企业技术创新中的标准化战略；专利池构建与运作模式研究；技术创新中的技术转移战略；技术创新成果权利化中的特殊问题；企业技术创新中的商业秘密战略；企业技术成果的资本化战略；国际技术贸易中的知识产权战略。第十三章对力帆集团进行个案实证研究，以此构成点面结合、具有内在逻辑联系的框架结构。

本书章节的分工如下：项目主持人重庆工商大学法学院华鹰教授完成第二章至第六章、第八章、第十章、第十二章、第十三章的撰写；香港大学法学院华劼博士完成第一章的撰写；苏州大学法学院余文斌硕士研究生完成第七章的撰写；重庆工商大学法学院彭霞博士完成第九章的撰写；重庆市知识产权研究会夏林平秘书长完成第十一章的撰写。

在项目研究和本书撰写过程中，我们得到了重庆工商大学科研处和力帆集团知识产权部的支持和帮助，在本书面世之际特致以诚挚的谢意。

华　鹰

2012年7月

目　　录

第一章 技术创新与知识产权战略

第一节 技术创新的含义及其特征

一、技术创新的含义

进入21世纪，科学技术正在成为推动经济发展的决定性因素。技术创新已成为世界性的潮流，是维持国家和企业经济高速发展的动力，创新则兴，不创新则亡，这是市场竞争的无情法则。企业是技术创新的主体，在经济全球化的大背景下，企业将面对来自国内外两个市场的竞争压力。因此，加强企业技术创新，培育企业的核心竞争能力就显得尤为重要，这是我国企业走出国门、走向世界、实现经济发展的必然要求。

关于技术创新的含义，国际上比较权威的说法有以下几种：一是经济合作与发展组织（OECD）在1992年出版的《技术创新统计手册·奥斯陆手册——OECD推荐的技术创新数据搜集和解释指南》中认为，技术创新指新产品的产生及其在市场上的商业化，以及新工艺的产生及其在生产过程中应用的过程（国家统计局科技统计司，1993）；二是美国国会图书馆研究部认为，技术创新是一个从新产品或新工艺设想的产生到市场应用的完整过程，它包括从新设想的产生、研究、开发、商业化生产到扩散等一系列的活动；三是美国国家科学基金会（NSF）认为，技术创新是将新的或改进的产品、过程或服务引入市场。

清华大学傅家骥教授主编的《技术创新学》一书对技术创新的界定是：技术创新是企业家抓住市场的潜在盈利机会，以获取商业利益为目标，重新组织生产条件和要素，建立起效能更强、效率更高和费用更低的生产经营系统，从而推出新的产品、新的生产（工艺）方法，开辟新的市场，获取新的原材料或半成品供给来源或建立企业的新的组织，它是包括科技、组织、商业和金融等一系列活动的综合过程（傅家骥，1998）。我国政府的政策文件中明确地将技术创新界定如下：技术创新，是指企业应用创新的知识和新技术、新工艺，采用新的生产方式和经营管理模式，提高产品质量，开发生产新的产品，提供新的服务，占据市场并实现市场价值。①

综合国内外技术创新的研究与实践成果，可以说技术创新是技术与经济相结合的概念，是一项复杂的系统工程，它是企业根据市场需求，利用专利信息在确定的技术目标下进行技术开发，并使创新成果转化、实施市场运作获得利润最大化的过程。从技术创新的定义看，企业的技术创新是一个围绕新技术开发和转化，实施市场运作的过程。技术创新的起点是市场需求，终点则是通过市场获得经济利益。

二、技术创新显现的特征

从世界上走在技术创新前列的国家的经验，以及我国技术创新的实践来看，技术创新显现出以下特点。

1. 知识要素成为科技创新的第一要素

生产要素通常包括资本、劳动力、技术、土地、经济信息和经营管理等。在现代企业的经营管理中，除了以上六种生产要素外，知识要素已成为现代企业最重要的生产要素之一。在知识经济时代，知识由外生性生产要素变为内生性生产要素，并替代传统的生产要素成为生产的第一要素。知识要素是核心资源，所有财富的核心都是知识，所有经济运行都依赖于知识的生产和运用，知识乃财富之源。据经济学家分析，在经济增长这一投入产出过程的诸要素投入中，知识要素的作用在许多情况下已显得比设备、资金等要素更为重要，传统的生产要素即劳动力、土地、资本已逐渐失去主导地位。

2. 前沿科技成为创新竞争的主要焦点

高新技术群中的前沿科技是世界瞩目的制高点。一些国家和跨国公司正把主攻方向瞄准到计算机软件—网络技术、微电子—光电子—生物电子、细胞工程—基因技术—生命科学、核能—氢能—太阳能、高磁材料—超导材料—纳米材料、海水淡化—海洋油气开发—深海采掘等前沿领域，攻占这些科技高地已成为技术创新的主要特点。

---

① 《中共中央、国务院关于加强技术创新，发展高科技，实现产业化的决定》，中发〔1999〕14号。

3. 科技成果成为创新的主要形式并运用知识产权制度加以保护

在技术创新过程中，必然伴随着创新成果的产生，这些创新成果若不运用知识产权制度加以保护，就会使研发者花费大量人力、物力、财力开发出的技术成果，很快被国内外的同行或竞争者仿制或使用，不仅使研发者的市场竞争力大大减弱，还将损失技术贸易的收入。现代知识产权制度为技术创新成果的权利化设计了各种制度安排，根据技术创新成果的不同属性，企业可以分别采用以下权利保护模式：版权保护模式、专利保护模式、技术标准保护模式、商业秘密保护模式、综合保护模式。通常情况下，各个生产技术领域中所涉及的技术创新成果可以采用专利保护或者技术诀窍保护，文化创意产业中所涉及的技术成果和文化产品可以采用专利保护或者版权保护，金融和商业等服务领域中的技术方法可以采用专利保护或者商业秘密保护。

4. 研究—开发—成果转化—生产成为完整的创新链的必需环节

完整的创新过程包括研究、开发、成果转化和生产四大环节。在技术创新过程中，特别强调技术预测、项目选择、开发、成果转化、生产、运输、销售、服务等各个相关环节上的高效快捷。

5. 技术协调成为重大创新的必要前提

具有规模性应用的重大科技创新项目，在开发前期必须对技术体制、技术标准规范进行广泛协调，避免形成多种制式、多种目标、多种规范之间的壁垒，防止因缺乏协调而使创新开发和成果应用的成本大大增加。全球运行的因特网通信协议，堪称技术协调范例。而高清晰度电视开发前期未能充分协调技术体制和标准，导致一些国家和公司出现严重失误。

6. 产学研联合创新成为重组创新能力的有效途径

核心技术研发需要技术积累，而高校、科研机构都具备坚实的科学研究基础，同时也具备专业知识积累能力。目前企业与高校、科研机构联合已成为一种趋势，通过重组创新能力，可以充分利用高校、科研机构的资源，获取技术保障，缩短研发周期，共同承担重大项目，抢占领先产业的上游技术和产品。

7. 风险资金成为支撑创新的金融支柱

目前，企业选择一个好的创新项目，就像磁铁一样吸引风险资本的进入，而其他融资方式则退居其次。风险资本的进入可以实现技术专家与创新资本的有效结合，实现企业的技术创新，并推动创新技术的产业化和后续开发。

8. 技术创新成为建立创新型国家战略的重要组成部分

我国正致力于构建国家创新体系和建设创新型国家，国家的创新能力关系到中华民族的前途和命运，企业技术创新就是这一体系的重要组成部分。企业只有下大力气解决技术创新的难点问题，才能在激烈的市场竞争中快速、稳健地发展壮大。企业只有加快技术扩散，才能为国家经济增长和社会可持续发展作出贡献。在技术与经济一体化、经济与贸易全球化的国际形势下，企业间的竞争是企业创新能力的竞争。

第二节 技术创新与知识产权制度的互动关系

一、技术创新推动了知识产权制度的变革

（一）知识产权保护客体的扩张

随着微电子技术、网络技术、生物工程技术领域技术创新成果的大量涌现，传统知识产权法律制度正面临着高新技术快速发展带来的影响和挑战，传统知识产权制度已无法给新技术成果以有效的保护，技术创新的发展导致知识产权进入了一个深刻变化的时代。面对高新技术的快速发展，世界各国正在加紧研究新技术带来的新问题，加速对知识产权法的立法和修改，逐步完善知识产权制度，从而使知识产权制度为技术创新成果提供充分而不过度的保护。

随着网络技术、计算机软件技术和生物技术的发展以及利益平衡的需求，在原有知识产权类型基础上，保护客体不断扩大。在专利领域，一些发达国家纷纷为原本被排除在专利保护之外的商业方法、基因等授予专利，并将原本由版权保护的计算机软件纳入专利保护的范畴。在版权领域，发达国家修改或重新制定法律，为数据库提供版权或特殊权利保护。在商标领域，一切识别性标记或其组合都能被授予商标（华劼，2009）。

1. 商业方法的专利保护

传统意义上，商业方法一般由商业秘密法、反不正当竞争法和普通法保护。自 1998 年美国联邦巡回上诉法院裁决一项网络商业方法的专利有效后，商业方法的可专利性被正式确认。只要商业方法能产生有用的、实在的和明确的效果，就都能被授予专利。随后，所有类型的商业方法开始在美国及其

他国家受到专利保护，例如，网络搜索方法、网络服务器访问监控系统、电子购物、网络拍卖、邮资传送等。虽然目前对商业方法没有统一的定义，但多数国家都倾向于将商业方法定义为采用计算机或网络技术进行商业运作的方法发明。因此，商业方法又被称为网络商业方法。在商业方法能否由专利保护的问题上，《与贸易有关的知识产权协议》（TRIPS 协议）没有将商业方法排除在可授予专利的客体之外，只是原则性地规定在所有技术领域里的一切发明，不管是产品还是程序，只要具备新颖性、创造性和工业实用性，即可被授予专利。此规定为各成员国设计适合本国国情的专利制度留下了空间。

2. 基因的专利保护

在发达国家，生命科学技术的迅猛发展使得基因技术被广泛运用于农业、畜牧业、养殖业、医药业、军事、体育等多种行业，每年都有许多基因工程项目投向市场，例如，基因药物、基因诊断、基因治疗、转基因农作物、转基因食品等。因此，一些发达国家极力主张对基因的专利保护。

基因是细胞内决定生物遗传形状的基本单位，是由四种核苷酸排列组合形成的一段脱氧核糖核酸分子序列。自然状态下的基因本身并不能受到专利的保护，而当基因从其所在的染色体上被分离并提纯后，就符合了作为化学化合物申请专利的条件，也就达到了专利保护所及的程度。TRIPS 协议第二十七条规定：除因违反公共道德外，应当保护一切技术领域里的发明。据此可以理解为，只要申请专利的基因技术符合专利的“三性”要求，并且没有违反公共道德，就有可能被授予专利。同样，欧盟为了充分保护其在生物技术领域里的利益，也支持用专利保护基因技术。《欧盟保护生物技术指令》明确规定：通过技术方法获得的脱离自然状态的基因可构成发明，只要满足可专利性条件，就可取得专利保护。

3. 计算机软件的专利保护

计算机软件是指计算机程序及有关文档。计算机软件中的文档，作为文字资料和图表等表达方式，属于版权的保护范畴，但软件中的计算机程序则可以成为专利客体。计算机程序软件不是单纯的逻辑思维过程，而是特定技术问题的具体解决方案，兼具功能性、工具性、应用性，其中包含了具有相当的创造性的技术因素，体现为在软件开发过程中对软件功能、结构等的独特构思和算法的创新。这使得计算机程序软件能够成为产生技术效果的发明，符合专利授予的“三性”要求。

用专利法保护计算机软件具有版权保护不具备的突出优势。一是专利法可以保护软件产品最核心的技术构思和技术方案，实现对软件的充分保护；二是用专利保护软件可以使权利人享有充分的独占权，满足软件权利人排他性的权利要求，极大地调动权利人开发软件的积极性；三是软件产品获得专利后，就必须公开全部的技术方案和技术内容，使人们能根据公开的技术信息对产品或方法予以改进，促进软件技术的进一步发展；四是专利的法定保护期限相对于版权的法定保护期限较短，更符合软件产品的平均商业开发周期。鉴于专利法保护计算机软件的优势，美国、日本和欧洲国家等纷纷调整本国的知识产权立法和政策，逐渐放宽对软件专利的审查标准，使计算机软件的知识产权保护由版权保护向专利保护回归。

4. 数据库的知识产权保护

数据库是指由数字符号、图案或者其他信息有机构成的、能借助计算机进行查阅的集合体。20 世纪 90 年代后期，随着信息产业的飞速发展，数据库在发达国家信息产业中的重要性日益突出，在经济发展中的地位也日益重要。欧盟认为有必要为数据库设立一种特殊的财产权制度，率先着手强化对数据库的知识产权保护。1996 年，欧盟理事会通过了《数据库保护指令》，该指令规定了保护数据库的目的、保护期限、内容实质性更新后的全新保护期、数据库所有者的权利等。紧随欧盟，美国众议院于 1999 年通过了以“信息汇集反盗版法”命名的法案，在该法案中赋予了数据库制作者“摘录权”和“再利用权”。而 TRIPS 协议对数据库是当做汇编作品给予保护的，TRIPS 协议第十条规定：无论是否具有机械可读形式，数据库都应作为汇编作品受到保护。

5. 识别性标记的商标保护

网络技术等高科技的发展使商标的构成要素日益呈现出多元化的趋势，在一定程度上扩大了商标权保护的客体范围，嗅觉商标、触觉商标、立体商标、动态商标等开始进入人们的视野，基于数字技术和现代通信技术发展起来的互联网技术为这些新型商标的使用提供了极大的便利。TRIPS 协议第十五条通过定义加列举式的立法方式，对可受保护的商标客体范围作出了界定：一切具有识别性的标记均能构成商标，包括文字、字母、数字、图形要素、色彩的组合以及上述内容的任何组合。为此，许多国家修改了本国的商标法以符合 TRIPS 协议的规定。例如，韩国将立体商标和颜色商标纳入商标保护的范围；安第斯条约组织成员国巴西、阿根廷等将气味商标和声音商标纳入商标保护的范围。

（二）技术创新推动了知识产权制度的不断完善

1. 新技术带来的新问题加速了知识产权的立法和修法

知识产权制度是保护智力成果的重要法律制度，同时知识产权制度又是随着科学技术的进步、文化艺术的繁荣和经济发展而不断发展的。伴随着技术创新国际化的发展趋势，世界知识产权组织（WIPO）和相关的知识产权国际公约应运而生，比较重要的有《保护工业产权巴黎公约》、《商标国际注册马德里协定》、《保护文学和艺术作品伯尔尼公约》、《世界版权公约》、《专利合作条约》（PCT）、《商标注册条约》等，由于技术创新的推动，知识产权制度不断获得发展和完善，世界上已有170多个国家和地区建立了知识产权保护制度。随着高新技术的快速发展，技术创新成果多处于科技前沿且多样化。例如，20世纪90年代发展起来的微电子技术、网络化技术、生物工程技术等，使传统知识产权法律制度正面临着高新技术快速发展所带来的影响和挑战，传统知识产权制度已无法给新技术成果以有效的保护，尤其是在由数字化技术及网络化技术影响形成的数字环境中，知识产权面临更新、更大的挑战。可以这样说，技术创新的发展导致知识产权进入了一个深刻变化的时代。只有科学地解决这些新问题，改革知识产权制度，保护不断产生的新技术，21世纪的技术创新活动才有良好的支撑条件，知识产权制度本身才能再上一个台阶。

2. 世界专利一体化协调进程加快

知识产权保护制度另一值得关注的趋势是世界专利一体化协调进程加快。自WIPO在1983年酝酿《专利法条约》（PLT）以来，经过20多年的磋商，该条约终于在2005年4月28日生效。它是继PCT后的又一部国际专利条约，虽然它的内容仍然主要涉及专利申请的程序，并未涉及授权标准、专利效力及权利限制等实质问题，但是它的签订仍然在一定意义上象征着国际专利制度的整合又向前迈进了一步。继PLT之后，WIPO于2000年启动了《实体专利法条约》（SPLT）的协调工作。SPLT试图在专利的新颖性、创造性和工业实用性、说明公开、权利要求书的解释以及审批程序等方面作出规定，其目的是简化各国专利审查程序和授权标准，使之更加趋于统一，实现真正的世界专利。由于世界各国的专利制度差异较大，实现世界专利一体化还需要耐心等待。

目前，美国、日本、欧盟三方专利局正在酝酿建立统一的专利审查机制。2003年年初，三方专利局开始互相承认对方的检索结果以求降低重复劳动，加快审查程序。自2004年11月起，三局开始小规模地试用共用路径。由于全球专利申请的80%以上是在这三局首次提出的，因此三局的动向代表了专利国际保护制度的一种发展趋势。虽然这种趋势并没有扩张专利国际保护的客体，仅仅是实体标准和程序上的统一，但我们可以预计，随着三方就世界专利的规则达成一致，世界专利将会真正诞生，那么专利的地域性将消失，权利的执行力得到增强，从而实现专利权实质性的扩张。

3. 知识产权权利的扩张

1）知识产权权利的增加

权利的增加主要体现在版权和商标权领域。版权领域主要增加了版权人和表演者及音像制品录制者的网络传输权、权利标示权、版权人的出租权。在商标权领域赋予商标权人对注册商标的优先权，以解决域名抢注引发的域名和商标保护间的冲突问题。

随着数码技术、光纤通信技术和计算机技术的发展，作品、表演和音像制品在各种网络上的传输日益普遍。在网络传输下，社会公众可以自己选择时间和地点自主到网络上访问某个作品，尽管这种传输给公众带来了极大的便利，但对作者、表演者和音像制品录制者而言，各种权利却受到更大的威胁。为解决此问题，WIPO在1996年通过的关于版权和邻接权保护的两个新条约，《世界知识产权组织版权条约》（WCT）和《世界知识产权组织表演和录音制品条约》（WPPT），明确规定了版权人和表演者及音像制品录制者的网络传输权，在与TRIPS协议一致的前提下，重在解决在数字技术和网络环境下使用作品所引起的版权和邻接权问题。WCT第八条规定了作者的“向公众传播的权利”，即文学和艺术作品的作者应当享有以有线或无线的方式授权将其作品向公众传播的专有权。

在网络环境下，将他人作品下载后，删除或更换作者或作品名称再上传的事时有发生，这损害了作者的人身权利。为此，WCT和WPPT都规定了版权人和邻接权人的“权利标示权”，即对作品、表演和音像制品的电子信息不得擅自改动，否则构成违法行为。

互联网的发展使域名成为与商标关系最为密切的一个新生事物。域名是指代表互联网地址的字符串，其主要功能是便于人们快速浏览网站，是一种网络地址的识别性标志。在互联网发展初期，域名更多地扮演着技术角色，但随着互联网产业的发展，域名的经济价值日益彰显。互联网名称与数字地址分配机构（ICANN）制定的《统一域名争端解决政策》（UDRP）重在解决域名抢注等引发的域名和商标保护间的冲突，回应了网络技术对商标国际保护提出的挑战。UDRP通过赋予商标权人提出撤销和转让已注册域名的权利，实现了对商标权人的事后保护；通过强加给域名注册人保证域名合法性的义务，实现了对商标权人的事前保护。

2）保护期限的延长

知识产权保护制度的完善过程也是知识产权权利保护期限不断延长的过程。最初的版权保护期限由英国的《安娜法令》规定为14年，从出版之日起算，如果14年届满后，作者还健在，还可另外享有14年的保护期。《伯尔尼公约》将版权保护期限规定为作者有生之年加去世后50年。而TRIPS协议中规定的知识产权保护期限最低标准，版权为作者去世后50年，专利为20年，工业品外观设计为10年，集成电路布图设计同样为10年。鉴于该保护期限只是成员国所必须达到的最低标准，所以欧盟针对自第二次世界大战以来欧盟人均寿命有了大幅度提高的事实，于1993年通过了《欧盟延长版权保护期指令》，将欧盟成员国的版权保护期延长到作者去世后70年。1998年美国国会通过的版权期限延伸法，也将个人版权期限延长到作者去世后70年，将公司的版权保护期限延长为95年。无论是奉行经济激励理论的英美版权法体系，还是建立在人格权理论基础上的欧洲大陆著作权法体系，其所授予的版权保护期限都在不断地延长，超过了《伯尔尼公约》所规定的最低期限。

3）对权利限制进行限制

TRIPS协议允许成员基于社会公益、防止权力滥用等考虑，对知识产权的权利行使进行限制，但同时又对这种权利限制给予了反限制，即明确要求权利限制不得与权利的正式使用相冲突，不得不合理地损害权利人的利益，不得损害第三人的合法利益。虽然合理使用是各国著作权法的普遍制度，但现在发展的趋势是国际社会对这种专有权利的限制进行了严格的反限制。TRIPS协议没有重复《伯尔尼公约》关于合理使用的有关规定，只是重申和强调了专有权利限制和例外的严格条件：一是应限于某些特殊情况；二是应不与作品的正常利用相冲突；三是不应不合理地损害权利持有人的合法利益。1996年WIPO的WCT和WPPT，合称为《因特网公约》，更是将限制合理使用的原则推及网络空间。公约的规定十分严格，但也比较笼统，何种限制或例外是合理的，何种限制或例外不被允许，各缔约方自有不同理解。总的来说，发达国家主张对印刷作品、电子作品以至数字作品的合理使用实行严格的限制，而发展中国家则较多考虑公众通过网络技术获得更多的信息。

二、知识产权制度对企业技术创新的促进作用

知识产权制度作为当今国际通行的通过维护人类创造特权促进技术创新的最有效的一种法律制度，它的核心是国家根据法律通过授予知识产权所有人一定时期的独占权来鼓励智力创造活动。知识产权制度根植于市场经济，以知识成果的产权明确界定和有效保护为主要特征，为技术创新提供了一种内在的动力机制和一个外部的公平竞争法律环境，对促进技术创新具有重要的作用。

（一）知识产权制度激励企业技术创新

近200多年的科技、经济发展史表明，知识产权制度是一种行之有效的激励机制，它利用法律和经济的手段使发明创造者在一定期限内对其技术创新成果享有专用权。他人未经专利人许可，不得使用该发明，从而使发明创造者能够通过自己使用或允许他人使用来回收自己的投入，并进一步获得超额利润，即对发明创造者进行市场保护，这就给“天才之火”添加了“利益之油”，为权利人提供了最经济、有效和持久的创新激励，保护了技术创新活动在新的高度不断向前发展。

技术创新在知识经济的冲击下，创新成本加大，风险不断增加，企业被授予相应的知识产权后，可凭借技术上的垄断地位，在市场竞争中获取合法的高额垄断利润，收回投资成本，既能确保企业技术创新的顺利进行，又可促进企业投入更多的资金进行技术创新，从而形成一种良性循环，并且在知识产权的有效保护期内，企业可通过技术转让和使用许可，获取可观的利润，从经济上、技术上激励企业技术创新。

（二）知识产权制度是技术创新的催化剂

知识产权制度不仅为技术创新提供了强大的动力和有效的法律保障，同时也为合理配置技术创新资源、正确选择技术创新的方向和途径提供了科学的依据。

各国的专利法都规定：申请专利的发明创造，必须将其发明内容用充分完整的说明书公开，并在法定期限内予以公布。这些最新的技术情报不仅在国内，而且在世界范围内得到广泛传播。WIPO的统计表明，世界上每年发明成果的90％～95％都能在专利文献中查到。专利文献既是人类技术创新的历史记载，也是人类智力成果的宝库。由于新技术的不断涌现，专利文献每年增长约150万件，到2007年年底，全世界累积可查阅的专利文献已超过6000万件。技术创新人员可以通过专利检索，了解和把握国内外最新技术创新的水平和动向，从而选择正确的技术创新的方向和途径，有效地配置技术创新资源，提高技术创新的起点和水平，避免人力、财力、物力的浪费，从而站在“巨人”的肩膀上发展最新的技术和产品。

（三）知识产权制度促使企业技术创新成果的公开和交流

知识产权保护制度赋予权利人一定的垄断权利，是以技术的公开为条件的，既要充分维护知识产权人的合法权益；又要促进技术的公开和交流，推动社会进步。我国《专利法》规定，申请发明专利，其技术从申请提交之日起18个月内予以公布，实行早期公开，延迟审查制。对于符合条件的授予专利权，技术发明创造者要获得知识产权的保护，必须在一定范围内及时公开其发明创造。随着高科技的发展，企业产品的生命周期越来越短暂，任何一家企业都不可能长期拥有某项技术的垄断权，当知识产权保护期结束，或先进技术取代落后技术时，企业随时都有丧失技术垄断的危险。最好的办法就是及时与国内外相关企业进行技术交流，或者在公知技术（又称自由公知技术或现有技术）基础上推陈出新，实现可持续的技术创新。

三、知识产权制度对技术创新的制约作用

知识产权制度促进了企业的技术创新，同时技术创新活动又必须以尊重他人知识产权为前提，因此技术创新活动也面临知识产权制度的制约。

（一）企业实施技术创新的门槛越来越高，技术创新的空间越来越窄

知识产权是一把双刃剑，由于知识产权的大量存在，使得企业在利用它的同时，又要时时注意不得侵权，不得触动专利“地雷”，这使得技术创新的门槛提高，企业实施技术创新的空间受到严重挤压。

（二）创新技术的专利化和标准化，使技术创新的标准越来越高

目前知识产权保护范围处于不断扩大的趋势，创新成果产出和转化的国际化、标准化趋势不断加剧，使得高新技术企业的创新技术实现了专利和标准的捆绑，专利影响的只是一类产品，而技术标准影响的是一个行业，因此知识产权制度给技术创新带来新的挑战，技术创新面临的制约因素更加复杂。

（三）企业进行技术创新面临的知识产权侵权风险越来越大

一是创新模式的选择或把握不当。由于企业经济技术实力有限，多数企业在技术创新中选择模仿创新或者技术追随型模式，但在模仿过程中存在机械模仿，缺乏二次创新，陷入他人布置的专利网。二是随着技术领先企业专利布局的完成，专利池的构建和技术标准的形成，后发企业要突破以上专利、技术壁垒非常困难，虽然某些专利、技术壁垒是可以通过回避设计避免专利侵权的，回避设计的基本要求是设法通过取消、取代或者改变专利权利要求中的某一关键元素，以避免新产品、新技术对专利权利要求构成侵权，但是一些技术领域中的核心技术专利往往是很难回避的，是一道绕不过的坎，企业一不小心，就可能构成侵权。

第二节 知识产权战略的层次及体系构建

一、知识产权战略概述

（一）知识产权战略的含义

《辞海》对“战略”一词的定义是：战略是重大的、带有全局性的或决定全局的谋划。从这个定义出发，“战略”一词有以下几层含义：一是战略是一种谋划，是一种对涉及重大的、全局性的事件的谋划；二是战略是分层次的，有国家的战略和地方的战略，有政治、经济、文化、科技、教育不同行业的战略等；三是战略具有系统结构，要解决重大的、全局性的问题或事件，则要有战略思想、战略目标、战略方案、战略步骤、战略重点等。

知识产权战略可以理解为有效地运用知识产权制度，通过知识产权制度的运作，充分发挥其推动发展、鼓励创新的制度功能，实现预期的经济目标和政策目标而进行的全局性谋划和采取的重要策略和手段。

（二）知识产权战略的层次

按制定的主体不同，知识产权战略可分为以下不同的层次：国家知识产权战略、区域性知识产权战略、行业知识产权战略和企业知识产权战略。

国家知识产权战略是一个涵盖全方位、全过程、全领域的总体发展战略，将在较长一段时间指导我国知识产权事业发展。它以优化知识产权制度资源配置为核心，以建设知识产权强国为目标，对我国知识产权的创造、运用、保护和管理做出了全面战略性部署。贯彻落实科学发展观，制定和实施国家知识产权战略，全面增强我国创造、运用、保护和管理知识产权的能力，必将大幅提升我国国际竞争力，促进我国经济社会科学发展、和谐发展，为建设创新型国家和全面实现小康社会奋斗目标提供有力支撑（田力普，2007）。

实施国家知识产权战略，应着重解决如下问题：一是以增强综合实力，培养核心竞争力为目标，完善知识产权法律体系，健全与现阶段生产力发展水平和发展需要相适应的知识产权保护制度，建立激励发明创造的工作机制。二是健全实施知识产权战略的组织体系和协调机制。明确中央各部门、地方政府和各部门在实施知识产权战略过程中的职责，建立政府部门之间、部门与企业之间的沟通渠道，为实施知识产权战略提供组织保障。三是编制国家和地方知识产权战略大纲，明确阶段目标、重点任务和实施重点领域，加强对各级知识产权管理部门及行业和企业的宏观指导。四是制订知识产权专门人才培养计划。五是建立完善的政策工具体系与资金保障机制（陈美章，2004）。

区域性知识产权战略，以完善知识产权政策、法规和市场环境，提高全社会知识产权创造、管理、实施和保护能力为核心。从改善加强政府知识产权管理职能、提高公共服务水平入手，以解决全局性、体制性和政策性问题为重点，促进地方经济社会全面、协调、可持续发展。

行业知识产权战略，是以加快行业整体发展为目标，促进联合开发能支撑行业可持续发展的具有自主知识产权的核心技术与配套技术，努力形成自己的技术标准，有效防范和突破他人的技术壁垒，提高行业的整体竞争力。主要内容有：一是制定行业内必须共同遵守的保护知识产权的行为准则，建立行业内有关知识产权保护的组织、协调和监督机制，避免行业内的恶性竞争，提高对涉外知识产权纠纷的应对能力。二是制定和完善鼓励开发可支撑行业发展的共性技术、核心技术和配套技术的政策体系，提高行业运用知识产权制度的能力和自主知识产权的产出能力。三是构建知识产权信息传播和服务体系。

企业知识产权战略，是以提高企业核心竞争力为目标，通过不断提高运用知识产权制度的能力与水平，大幅度提升企业技术创新能力和保护知识产权的水平，实现企业的可持续发展和利益最大化。企业知识产权战略的主要内容有：企业内部知识产权管理制度；激励发明创造的运行机制；企业知识产权资源如何实现优化配置；企业知识产权战略的类型和具体的实施策略；企业实施知识产权的运行机制；企业知识产权的预警机制及法律保障；如何培养创造性人才和知识产权专门人才等。

（三）知识产权战略的特征

知识产权战略主要有以下几个特征。

1. 法律性

知识产权战略的制定和实施离不开知识产权法律制度，对知识产权资源的开发利用与优化配置，并使知识产权权利化、资本化、商品化，是政府和企业在知识产权战略的制定实施中充分运用了知识产权法律制度的结果。

2. 时间性和地域性

时间性和地域性是就知识产权战略的时空观而言的，各个地区、行业和企业的知识产权战略不可能有一个统一的模式，经济发达地区和经济相对落后地区不同，高科技企业和一般的企业不同，中小企业和国有大型企业不同。

知识产权战略的制定和实施还必须考虑以下因素的影响。一是知识产权的权利产生地，这对于知识产权的跨国界保护和开拓国际市场非常重要，否则中国品牌在国外被“抢注”就不可避免。二是因知识产权期限届满或因故提前终止，相关的知识产权战略就应及时调整，以保证知识产权战略的针对性和有效性。

3. 综合性

知识产权战略的制定和实施是一个跨法律、经济、科技、文化等多学科的系统工程，其实施和发展有其自身的规律，需要各个方面专家的整体谋划才具有可操作性。

4. 保密性

知识产权战略的制定和实施，涉及政府和企业技术情报分析、市场预测、新产品开发等商业机密性质的内容，因此知识产权战略的实施，其内容具有一定的保密性。

二、国家层面知识产权战略体系的制定和实施

（一）我国知识产权战略制定的背景

当前，知识产权已经成为世界主要国家在经济全球化和知识经济迅速发展的时代参与国际竞争的战略性资源。知识产权战略已经成为许多国家提升核心竞争力的重要发展战略。我国的经济发展方式仍然比较粗放，资源环境代价过大，自主创新能力不强，缺乏核心技术和知名品牌；文化产品创作还不能充分满足人民丰富精神文化生活的热切愿望；知识产权制度激励科技创新、推动知识传播、促进经济文化繁荣、规范竞争秩序的根本性作用尚未充分发挥。

2005年年初，为了积极应对国际挑战，适应我国经济社会发展需要，实施国家知识产权战略，国务院成立了国家知识产权战略制定工作领导小组，启动了国家知识产权战略制定工作，国家知识产权局、国家工商行政管理总局、国家版权局、国家发展和改革委员会、科技部、商务部等33家中央部、委、办、局共同推进国家知识产权战略制定工作。国家知识产权战略的内容包括纲要和20个专题的研究制定工作，即“20＋1”战略。1个大纲是指总体的一个纲要，下面分成20个专题，这20个专题包括加强知识产权保护、健全知识产权保护体系、加大保护知识产权的执法力度、加强知识产权人才的培养以及提高全社会的知识产权意识等，涉及知识产权的方方面面。

2005年6月，国务院正式决定制定知识产权战略。2005年10月，中国共产党十六届五中全会通过了《中共中央关于制定国民经济和社会发展第十

一个五年规划的建议》，其中明确提出将建立创新型国家作为今后的中心问题，这与国家知识产权战略完全吻合。

2007 年 2 月 15 日，领导小组召开第三次全体会议，审定了 20 个专题研究报告，专题研究工作按期完成。各项研究成果深入分析了我国各领域知识产权的现状与发展需求、国际形势与发展趋势，从多个层面和角度阐述了国家知识产权战略的指导思想、战略目标、发展思路和战略重点，并提出了实施战略的主要任务和战略措施，第一次从国家层面对知识产权工作进行了系统梳理。纲要研究在此基础上全面展开。2007 年 5 月 17 日，领导小组召开会议，对纲要进行了深入讨论，初步形成了国家知识产权战略的指导思想、基本原则、战略目标、主要措施和重点任务等主体内容。在国务院领导的直接指导下，国家知识产权局、国家工商行政管理总局、国家版权局、国家发展和改革委员会、科技部、商务部等部门认真研究，反复修改，最终形成了“纲要（送审稿）”。2008 年年初，“纲要（送审稿）”提交国务院常务会议讨论。4 月 9 日，温家宝总理主持召开国务院常务会议，审议并原则通过了“纲要（送审稿）”。2008 年 6 月 5 日，国务院颁布实施《国家知识产权战略纲要》（简称《纲要》）。《纲要》明确将知识产权战略上升为国家战略，《纲要》既是我国知识产权事业发展的路径图，同时也是建设创新型国家的纲领性文件。

（二）我国知识产权战略的目标和内容

1. 我国知识产权的战略目标

我国知识产权发展的战略目标是：从国家的整体利益出发，以培育和发展国家综合竞争能力为龙头，以大幅度提高自主知识产权的数量和质量为核心，以提高知识产权保护和管理的综合能力为重点，以推动技术创新、技术扩散，提高产业技术水平为目的，以完善知识产权的法律环境、政策环境、市场环境为内容，实现我国由知识产权大国到知识产权强国的转变，使我国知识产权工作真正做到为我国先进生产力和先进文化的发展服务，为广大人民群众的根本利益服务，为全面建设小康社会的战略目标服务。

2. 我国知识产权战略的基本内容

战略具有系统结构，它包括战略思想、战略目标、战略途径、战略方案、政策法规、动态调节等。战略思想是一种总体考虑，属于观念范畴，是形成战略的前提，决定战略的总方针。战略目标是沿着战略思想所指引的方向实现的目标，它应符合实际，符合历史发展趋势。战略途径是指为实现战略目标所选择的有效路径。战略方案是为实现战略目标而采取的方案、手段等。

我国知识产权战略的基本内容应包括以下几个方面：一是指导思想（或战略思想），根据我国国情和所处的发展阶段，实施知识产权战略是我国实现四个现代化的重要手段；二是战略目标，简单地讲就是要实现由知识产权大国向知识产权强国的过渡；三是战略途径，实行“两条腿走路”的策略，一抓技术引进，二抓自主知识产权；四是政策法律，要建立健全创造、保护、利用知识产权的法律和政策体系；五是组织保障，明确各政府部门在实施知识产权战略中的地位、作用和职责，建立政府部门与企业之间的沟通渠道，加强知识产权相关部门之间的合作与协调；六是战略方案，应指出实施知识产权战略所采取的策略、步骤和重点，包括加强知识产权制度的基础设施建设（软件和硬件）；七是制定面向21世纪的国家知识产权战略规划，行业和企业制定各自的知识产权战略规划；八是加速培养多层次的知识产权专业人才，提高全民的知识产权意识。

（三）我国已初步建立国家知识产权战略实施体系

从《纲要》颁布至今，国家知识产权战略实施工作进展顺利，呈全面推进态势，国务院建立了由28个部门和单位组成的国家知识产权战略实施工作部际联席会议制度，已初步形成在国务院领导下的部际联席会议统筹协调、各地区和各部门分工负责的知识产权协作推进战略实施体系。国务院有15个部门制定了落实《纲要》的实施意见或具体工作方案；有26个省（自治区、直辖市）出台了地方知识产权战略实施意见；北京大学和中南财经政法大学分别设立了国家知识产权战略实施研究基地①，为战略实施工程提供理论研究支撑。

从2009年开始，我国以国家知识产权战略实施体系为依托，连续三年施行由国家知识产权战略实施部际联席会议28个成员单位共同研究制定的，2009年、2010年、2011年的《国家知识产权战略实施推进计划》，全面推进国家知识产权战略实施工作。其主要内容包括三个方面：一是鼓励知识产权创造和运用，提高自主知识产权水平；二是依法加强知识产权保护，完善知识产权法治环境；三是积极营造有利于实施知识产权战略的环境。

在《纲要》颁布之后，我国于2008年7月完成了《专利法》第三次修

① 国家知识产权局2010年正式批复同意在中南财经政法大学和北京大学设立国家知识产权战略实施研究基地。国家知识产权战略实施研究基地将围绕我国知识产权战略实施的特点，针对战略工作开展中的实际需求，配合每年制定实施的知识产权战略推进计划提供相应服务。研究基地的主要研究范围包括战略研究、政策论证、实证调查、信息服务以及其他知识产权战略相关内容。

订，于 2010 年 4 月 1 日施行新《著作权法》，由于一系列重大举措的推出，有效提升了我国知识产权创造、运用、保护和管理水平，全社会的知识产权意识持续增强。以专利、商标为例，2010 年我国商标注册申请量当年突破百万大关，我国商标注册累计申请 821.3 万件，累计注册商标 554.5 万件，累计有效注册商标 448.1 万件，均居世界第一。“十一五”期间，我国累计受理专利申请超过 430 万件，占《专利法》实施 25 年以来受理总量的 60%以上。

自 2010 年 10 月以来，我国又掀起了为期半年的打击侵犯知识产权和制售假冒伪劣商品专项行动，这表明我国对打击侵犯知识产权以及制售假冒伪劣商品持续保持高压态势。“十一五”期间，我国的行政和司法“两条途径、并行运作”的知识产权保护模式更加完善，知识产权保护有力推进。就知识产权局系统，现已在全国设立知识产权维权援助中心 67 家，遴选 38 家机构成为全国专利保护重点联系基地，泛珠江三角洲、长江三角洲、环渤海、中部 16 省市、西部 12 省市、东北三省等多个跨省专利执法协作机制逐步完善，在案件受理立案、调查取证、案件移交、处理决定方面开展深层次的执法协作，有效加强了知识产权执法信息交流和执法协作。其间，围绕北京奥运会、上海世博会、广州亚运会等重大活动，我国都开展了知识产权保护专项执法活动。各地还积极创新执法模式，有力地打击了群体侵权、反复侵权等故意侵权和假冒专利行为及专利诈骗行为。

“十一五”期间，我国积极参与知识产权国际规则的磋商和双边谈判，初步实现从国际知识产权规则的被动接受者到积极而负责的参与者的转变。近年来，通过参加 SPLT 和 PCT 改革的谈判，参加亚太经济合作组织的多项谈判，我国与其他发展中国家共同维护了发展中国家的利益。我国广泛参加 WIPO、世界贸易组织（WTO）、生物多样性公约缔约方大会、文化多样性公约常会和联合国粮农组织会议有关遗传资源、传统知识和民间文艺问题的磋商，负责起草相关会议方案和报告。

我国还不断加强与欧洲国家、美国等国知识产权部门的双边合作关系，同时发展和推进了与邻国日本、韩国及东盟国家的双边合作关系，并致力于开拓新的合作关系，一种全方位的知识产权国际合作布局已初步形成。

未来五年，知识产权立法将涉及商标法、著作权法修订及研究知识产权法典的制定、研究应对气候变化的知识产权法律、成立知识产权专门法院等问题；知识产权执法将致力于建立起全国协调有效的知识产权执法体系，大幅提高执法能力等，以进一步遏制假冒、侵犯知识产权行为，使知识产权保护环境明显改善，知识产权权利人、社会公众知识产权保护和维权意识及应诉能力进一步增强，维权成本明显下降。

三、企业层面知识产权战略体系的构建

（一）建立企业知识产权管理制度

建立和完善企业内部知识产权管理制度，是企业知识产权取得、使用、经营和保护的有效保障。这些制度包括以下几个方面。

1. 设立专门的知识产权管理部门

设立专门的知识产权管理部门，明确地位和赋予权限，配备专职人员，做到“领导、制度、人员”三落实。专职人员必须经过严格的培训，并达到相应的要求。要强化知识产权管理部门的职能和权威性，明确知识产权管理的职责，从知识产权的产生、来源一直负责到其去向，对专利的申请、商标注册、计算机软件登记、科技成果登记、保密、技术资料的加密归档、处理知识产权的侵权、纠纷等都要有专人负责，提高知识产权管理的效率。此外，知识产权管理机构应为企业经营决策提供相关依据，提出知识产权保护方案以及诉讼中的应对策略，以提高保护水平和诉讼能力。

2. 建立和完善知识产权内部管理制度

知识产权内部管理制度包括知识产权管理制度，成果、专利归档制度，发明创造的保密制度，职工发明创造报批制度，专利申请评价制度，专利实施后的“一奖两酬”的激励制度，商业秘密的竞业禁止制度等。

3. 完善技术合同管理制度

企业转让科技成果，进行技术交易，应当严格按照《合同法》的有关规定，签订有关技术开发、转让、咨询、服务以及技术入股、联营、培训、中介等合同，应在合同中明确约定有关知识产权归谁所有、如何使用以及由此产生的利益如何分配等事项，切实保证双方获得相应的经济利益。

（二）专利信息的收集与应用战略

企业在知识产权管理机构中应配备有受过专门培训的专利信息管理和检索人员，配置必要的专利信息管理设备，提高信息收集、分析和处理的手段和能力。企业专利信息管理的职能就是收集、整理、研究与本企业有关的专利信息，向企业决策人员报告，向科研开发、技术改造、营销人员传播，为企业经营发展策略的制订与修改提供依据。

企业的决策者和科技人员应学会主动、充分地利用专利信息资源。它给企业带来竞争上的优势主要表现在以下几点。

1. 为企业研发的正确决策提供依据

在企业研发投资决策或技术开发活动中，专利信息的收集与分析，可全

面了解特定技术领域中专利技术的现状、重点技术、技术生命周期，监测本领域的技术发展趋势、核心专利分布等。专利云集的领域一般是技术开发活跃、竞争激烈、市场需求相对比较大的领域，这就需要决策者充分了解、认真研究国内外专利信息，审时度势，避开对手的专利优势来寻求自己的发展策略，变被动为主动，占据新的制高点。

2. 明确技术开发和创新思路，提高研究开发起点

企业在技术创新过程中，通过对专程文献的分析研究，在现有专利技术的夹缝中寻找到技术“空白点”，然后研发出属于自己的技术，并适时申请专利，这种高起点的研究开发，既可以节约60%的科研开发经费和40%的研究开发时间，又可避免重复研究开发和有限科技资源的浪费。

3. 企业购买专利技术离不开专利信息

当今世界各国每年授予的专利有几十万件，这里面鱼龙混杂，企业要想准确地选择购买或引进的对象，必须通过检索专利文献，进行认真分析比较，辨别专利技术真伪、重要程度、可靠与否，掌握真正的技术所在，这不仅能使企业在谈判中掌握主动，而且能使企业真正从购买引进专利技术中获利。

（三）制定实施专利战略

在企业知识产权战略中，运用最多的是企业专利战略。企业专利战略是围绕若干专利技术，促使企业生存、发展并在竞争中取得有利地位的总体谋划。企业专利战略体系可以归纳为五大类：专利调查战略、专利布局战略、专利申请战略、专利实施战略、专利防御战略。如今专利战略已成为企业求生存、求发展的经营战略的一个重要组成部分。在经营方面运用专利战略，可以有力地对抗和排挤竞争对手，以较小的投入获取最大的市场竞争份额。在产品技术的研发方面，可使自己创造的知识产权及时得到法律保护，并能及时掌握技术的最新发展，有效地避免重复研究，从而少走弯路，节约大量的人力、物力和宝贵的时间，并有助于从中寻找出自己的技术创新的出路。实践证明，没有专利战略的技术型企业适应不了竞争的需要，终究会被有技术优势的企业挤垮或淘汰（华鹰，2005）。

（四）制定实施商标品牌战略

商标品牌战略是企业开拓市场、参与市场竞争的有力武器，通过商标实施可以树立企业形象，占领市场，促进企业长足发展。企业商标品牌战略的内容包括两个层面：一是法律层面，包括商标注册策略、商标使用策略、商标管理策略和商标保护策略；二是市场营销层面，包括商标设计策略、商标定位策略、商标运用策略、商标（品牌）营销策略、商标广告策略、商标管理策略、商标经营策略、争创驰名商标策略、商标国际化策略。商标的设计、注册、使用管理和法律保护，已成为企业生存和发展的战略决策。

（五）知识产权的资本经营战略

专利权、商标权等知识产权的运用，对于企业的经营来讲，是资产经营的内容之一，对于投资者来讲，是资本运营的内容之一。知识产权的资本运作主要有以下几种方式：一是许可他人实施、收取费用。知识产权的运用，其目的是占领市场，取得经济效益。占领市场不一定是独家实施专利或商标，必要时应许可他人实施。二是转让专利权或商标权、收取转让费。企业经过充分论证必要性与可行性，还可以将专利权、商标权转让出去，通过让渡法律权益，取得最大的经济利益。三是知识产权可以投资入股。我国《公司法》、《中外合资经营企业法》、《担保法》等有关法律规定了工业产权可以折价入股、可以折算为出资比例。四是知识产权可以提供质押。

在我国将工业产权作为资本运营的法律条件已基本具备，资本所有者可以通过出售、收购、兼并、参股、控股等手段，不断地调整资本投向。

（六）建立知识产权预警防范机制战略

企业的专利预警机制主要包括三个部分，即信息情报收集机制、分析处理机制和告警机制。以专利的跟踪、预警与监控工作为例：一是对已授权专利，应严格执行专利法所规定的为维护专利所必需的各项措施，包括在专利产品或该产品的包装上标明专利标记、专利号、专利权人；转让专利技术给他人时，应订立书面合同并向专利局办理登记手续，妥善收集和保管专利证书和有关标明专利的证据，按时缴纳专利年费等；适时评估已授权专利的创新点，弄清已授权专利的发明高度，按其不同的价值，区分哪些是构建战略性保护用，哪些是为了占近期地盘的，哪些是能实施的，有无必要进行后续开发工作等。二是评估对手或合作伙伴的授权专利，并区别对待，区分可自己开发或合作开发的技术，以及可以参与竞争的技术，值得购买技术等。同时安排专人进行信息搜集，及时发现他人提出的可能损害本单位利益的专利申请，及时向专利局提出意见，对已授予专利权的，要请求专利局撤销该专利权或请求专利复审委员会宣告该专利无效。三是密切关注国内、国外同行业中是否有擅自使用本单位专利技术的情况，一旦发现，立即采取措施，制止对方的侵权行为。对专利的申请、授权、纠纷以及贸易中的专利现状、发展趋势进行跟踪和调研分析，制定知识产权预警预案。

（七）知识产权人才的培养与储备战略

企业从事知识产权经营管理工作的人员主要有三大类：第一，创造类。

主要工作内容是：专利检索、专利分析、专利挖掘、专利文献撰写、专利及商标等知识产权的申请、知识产权开发规划等。第二，保护类。主要是知识产权诉讼及相关的调查取证等，这项工作必须有深厚的法律功底和一定的实践经验。第三，管理类。主要工作内容是：管理规划、建立管理体系、制定工作流程、制定管理制度、与中介联系、知识产权许可及合同管理，知识产权培训及宣传等。

知识产权管理工作是一项涉及专业领域广泛、时间跨度大、程序复杂、严格细致的工作，要求工作人员熟悉具备广泛的科技知识，熟悉科技政策法规，掌握一定的自然科学、工程技术和民商法、知识产权保护与管理、民事诉讼与仲裁等专门知识和技能，并能掌握多门外语。能否培养和造就一大批高素质的知识产权管理队伍，直接关系到企业知识产权开发、利用和运营的成败。因此，必须采取行之有效的措施加强知识产权人才的培养。第一，重视知识产权人才的引进工作，并为他们提供良好的工作环境和生活环境，使他们全身心地投入知识产权管理工作中去。第二，加大知识产权人才培训与教育的投入力度，采取多种形式提高知识产权人员的业务水平和综合素质。一是有计划地选送知识产权骨干人员到国内外高校学习，了解国内外知识产权发展的最新动态，提高知识产权管理运作水平；二是加强企业与学校的联系，委托国内高等院校，针对本企业的实际情况，对知识产权人员进行集中培训，提高他们运用、管理及保护知识产权的能力。

第四节 技术创新与知识产权战略的互动关系

一、技术创新是企业实施知识产权战略的原动力

（一）企业技术创新模式决定了知识产权战略的差异性

企业知识产权战略涵盖的内容主要有：专利信息资源的收集分析策略、专利战略、商业秘密保护策略、商标品牌战略、知识产权经营策略、知识产权自我保护策略、建立预警机制和人才的培养与储备策略等。而以上知识产权策略的选择和运用因企业技术创新的目标和模式的不同而各有差异，高新技术企业与传统技术企业对知识产权战略的运用是迥然不同的。

企业技术创新并无固定模式，企业应根据自身经济技术实力、目标产品的定位、企业内外环境，审时度势，选择最合适的创新模式和时机。技术创新的模式有很多种划分方法，如果按照技术来源可将企业的技术创新分为自

主创新、模仿创新、引进创新和合作创新四大类。

对于实力比较雄厚的企业宜选择自主创新战略，它要求企业资金雄厚，有很强的研发能力、迅速将研发成果产品化的能力、较强的营销能力、较强的知识产权保护意识及持续创新能力。对不具备上述特点的企业宜选用模仿、引进、合作等创新模式。但企业规模与创新模式之间并不存在必然的联系，一些起点高、规模不大的企业同样可以以较高的切入点选择自主创新战略。而一些采用模仿创新战略的企业随着企业技术能力增强，再向自主创新战略演进，一个企业在采用一种创新主导模式的同时，还可兼顾其他模式或几种模式的组合，都要根据本企业的发展状况而选择（吕玉辉，2006）。在确定了技术创新模式的基础上，企业才能制定切合实际的知识产权战略。例如，企业技术创新是选择自主创新模式，其专利战略就应采用基本专利战略；企业技术创新是选择模仿创新模式，其专利战略就应采用跟随型专利战略。同时还应根据技术创新成果的技术属性决定保护方式，如是采用专利保护，还是采用商业秘密保护；还要根据新产品的目标市场、生产规模、销售地域来确定商标品牌战略，等等。

（二）技术创新为知识产权战略的实施提供了对象

技术创新是指企业根据市场需求，利用专利信息在确定的技术目标下进行技术开发，并使创新成果转化，实施市场运作获得利润最大化的过程。对于企业而言，追求技术创新的价值和动力，在于它能够提高企业的投入产出水平，即以更低的成本生产出相同质量的产品，或以相同成本生产出更高质量的产品和具有市场竞争力的新产品，从而提高企业的竞争力（冯晓青，2002）。完整的技术创新链一般包括新技术产品的研究开发、成果转化、生产、销售等若干环节，技术创新链为知识产权战略的实施提供了对象。

技术开发是创新链中最重要的环节，企业应以技术开发为本，只有通过新技术、新产品的研发，才能形成企业自主知识产权，才能培育出核心技术竞争力。在技术研发环节，企业可以有效地运用专利战略中的专利信息收集分析策略、新产品研发策略、专利申请策略、专利布局与专利网策略；在技术成果转化环节企业可以有效地运用技术转移战略和专利许可策略；在产品销售环节企业可以有效运用商标品牌战略、知识产权预警策略等。

（三）技术创新成果能否商品化是检验知识产权战略实施成效的标准

1997 年，国际著名学者、美国明道大学校长张绪通博士在上海接受记者采访时说过一段话：历史是不会讲话的现在，现在是会讲话的历史。翻开中外经济发展史，一种重要的工业产品，从构想、设计、试制到投入商品化生产，19世纪大约要用70年的时间，到21世纪只要5～10年。在日本，80%以上的商品市场寿命只能维持3～5年（陈子久，1997）。企业要获得市场的生存权，就必须进行技术创新。目前企业的技术创新过程已不再简单地依靠技术推力或市场拉力，而是在研究开发科技成果和市场需求的双重作用下，尽快将已有的专利技术和非专利技术成果推向市场。如果企业能及时知道社会和市场的需求，研究开发的每一项阶段成果都能够应用，技术创新的各个环节便可并行发展，技术创新成果便可能高效地实现商品化和市场化。

企业知识产权战略的实施，有利于规避企业技术创新的风险，促进企业技术研发的成功，并尽快将专利技术和非专利技术成果推向市场，或者通过技术转移获取市场所需要的技术。如果技术创新成果不能够实现商品化和市场化，技术创新链在技术成果转化环节中断，企业就没有后续新产品的跟进，在激烈的市场竞争中就可能会退出已有的市场，导致的结果是：企业的研发投资将不能回收，企业的竞争力下降。在此种情况下，企业知识产权战略将是失败的。

二、企业知识产权战略对技术创新的助推作用

（一）专利分析方法的运用提高了技术创新的研发起点和效率

专利分析是指通过特定的专利检索，将所得的分布在各种专利说明书、专利公报中的大量分散的、无序的专利信息内容进行分类、加工，并采用定量、定性等分析工具进行分析处理。企业的技术创新离不开专利信息和专利分析，科学地使用专利信息和科学地做好专利分析工作，不仅是企业争夺专利权的前提，更为企业制定技术策略、评估竞争对手提供了有力工具。科学地对专利信息进行专利分析可以使企业避免重复研发、降低经费投入、提高研发起点和研发效率、降低技术创新的风险、提高专利技术的含金量。

任何一个企业对新产品、新技术的研发首先要解决以下问题：一是需要开发何种技术，制定何种技术战略，如何在国内外技术竞争中占据制高点；二是如果企业选择了一项或者多项技术，它是最先进、最适用的技术吗，当前的状况、未来的发展趋势怎样；三是这些技术有哪些国家、哪些公司在开发，他们侧重的发展方向是什么；四是技术的竞争对手是谁，竞争技术是什么，技术空白点在哪儿；五是企业的技术和产品想占领一个国家的市场，是否有准入门槛，是否会侵权。要想做到这一切，就需要对专利文献进行专利分析，做到知己知彼，才能百战百胜。企业既可以建立自己的情报机构来完成专利分析，也可以委托专业机构去做，如果由自己来完成，则需要一批高

水平的懂专业、懂情报的技术人员，需要付出较高的成本。

目前许多企业在技术研发中，对专利分析方法的运用是明显不到位的，其主要问题是：专利信息利用不充分，专利信息分析不到位，分析方法和分析手段落后，由此造成许多不良甚至惨痛的结果。具体表现在：新产品研发立项缺乏专利文献的支持；技术研发中专利文献利用率较低；技术研发的深度不够；缺乏挖掘专利和申请专利的意识；专利权利要求撰写深度不足；研发合作中技术创新成果流失严重；对于来自国外的新技术、新专利反应迟缓。因此，企业通过知识产权战略的实施，通过理念的改变和机制的建设，在研发部门和知识产权部门配备精通专利信息收集与专利分析技术的人员，并辅之以硬件设施，可以迅速提高专利分析的水平和效果。

随着计算机技术的广泛使用，传统的、粗放的专利文献使用方式和专利分析方式已经不适应企业技术研发的需要，而现在普遍利用的INAS系统①开展计算机辅助专利分析，可以提升专利分析的技术水平，有效解决查询和阅读的难度，避免对专利数据引用分析不到位以及分析的广度深度不够的问题。

（二）研发投入与产出机制推动企业技术创新

技术创新资源包括用于研究与开发的资金、人力和设备，要进行技术创新，自然离不开技术创新资源的支持。据统计，2006 年中国全社会研发（R&D）总支出达 3000 亿元人民币，比上年增长 22 个百分点，占 GDP 的 1.4%，与发达国家 2%以上的水平相比还存在一定差距。我国大中型工业企业研发投入达 1557 亿元，占全社会研发投入的 51.9%，研发投入主要向少数高技术和中高技术行业集中（孙自法，2009）。在研发投入总量中，我国企业的投入已占据 70%以上份额，接近于发达国家的水平，说明我国企业作为研发主体的地位在不断增强。

在衡量企业研发投入与产出水平的指标中，专利申请量与授权量是科技产出能力的一项重要指标，其中发明专利由于具有较高的技术含量，被视为一个国家科技产出水平的重要标志。一般情况下，科技产出能力取决于科技投入能力，科技投入能力强，科技产出能力也将得到提高。知识产权战略的实施，使政府和企业加大了对研发经费的投入，企业合理使用研发经费，集中选择重大技术项目进行攻关，围绕核心技术申请专利。2008 年中国国内企

---

① INAS系统是基于专利地图理论开发的，可把国内外第 1、2 阶段的专利情报文献及技术内容资料化，用各种图形、报告和表格形式进行分类整理，提供第 3 阶段的一目了然的情报内容的专利信息分析系统。

业申请专利呈现三个“明显增多”。一是申请专利的企业数量明显增多。2007年，国内约有3.27万家企业申请了专利，2008年升至4.05万家，增长了23.9%。二是单个企业的平均申请量明显增多。2007年，国内有专利申请的企业平均专利申请量为6.83件，2008年升至7.29件，增长了6.7%。三是有百件以上申请的企业明显增多。2007年，国内有290家企业有百件以上专利申请，2008年升至420家，增长了44.8%。通过有效运用知识产权制度，企业正在成为自主创新的主体，核心竞争力不断提高（璩静，2009）。

（三）技术标准战略的运用使专利技术上升为技术标准

企业技术标准战略是指企业从自身的发展出发，利用技术标准的建立和推广，在技术竞争和市场竞争中谋求利益最大化的策略（王黎萤等，2004）。

技术创新成果的专利化和产业化是企业获得市场占有的一个目标，而更高层次的目标是要实现专利技术的标准化。专利技术以技术标准的形式存在，能够在更大的范围内发挥其专有性效用。以专利技术为支撑的技术标准许可能够为标准的制定者带来巨大的经济效益，这就使得专利技术常常被作为高新技术企业技术标准战略的重要组成部分。技术标准的制定者一般都具有大量的核心技术专利。他们谋求在专利技术作为标准后，通过控制标准、引导标准的发展方向，达到最终控制市场的目的。现代成功的企业是一批能够创造和制定规则，让别人去追随、去遵循的技术领先企业，是能够成功地对技术标准战略、知识产权战略进行商业化运作的企业（冯晓青，2009）。这是因为专利技术是技术标准的基础，技术标准在很大程度上制约着专利权，只有当企业的自主专利权变成技术标准时，才能更好地体现和实现企业专利的价值。可以说，谁掌握了标准的制定权，谁的技术成为标准，谁就控制了相关市场的主动权。

（四）知识产权经营战略促进了技术成果的有效利用

知识产权取得后是需要经营的，经营得当可以发挥知识产权的最大效用。知识产权经营战略主要有以下几种。

1. 专利有偿使用策略

专利有偿使用策略包括专利权有偿转让和专利有偿许可使用。企业研发出来的技术产品除了自己实施生产外，还可以通过有偿转让专利或使用专利的方式获得更大利益。专利有偿转让策略往往是一些实力雄厚的企业采取的一种经营策略，这些企业在某些技术领域拥有相当多的专利，对于这些专利，企业不可能都由自己实施，在符合经营宗旨的前提下，以专利技术转让或出售专利技术使用许可证的形式收回技术研究开发成本，并从中获得利润。

2. 专利收买策略

企业一旦选中他人的专利后，可以花费较大的价钱从发明人或企业那里购买技术，或者购买拥有该技术的公司以获得专利。被收买的专利应当是具有较大的市场开发潜力，并且在市场中具有较强竞争力的技术，该策略可以作为企业对抗竞争对手、摆脱被动地位的重要手段。像微软、IBM、英特尔、思科、高通等高技术企业巨头，它们的优势不全在研究开发了多少技术产品，而在于善于采取有效的投资方式及时获得需要的核心技术，构建能为自己谋得超额利润的技术标准。中国大多数企业的经济实力不强，但是，为了保持与国际先进技术同步开发并实现技术与国际对接，可以适当采取投资策略，购买某些技术。

3. 专利回输策略

企业在引进专利技术后，对其进行研究、消化、吸收和创新，将改进创新后的技术再以专利的形式卖给原输出企业的模式。如果总是单纯被动引进专利技术，不注重引进后的消化、吸收，那么企业的命运就会掌握在别人手里，也会失去与原输出企业技术竞争的能力。该策略既可以使引进技术方提高技术创新的起点，又能够使自己摆脱专利输出方的控制，特别是准备引进国外先进技术的企业，要充分运用这一策略。

4. 交叉许可策略

企业以专利技术、专有技术的输出换取对另一个企业的专利技术、专有技术的使用，即企业间以专利技术作为合同标的进行对等交换的一种经营策略。在以复杂的综合技术为对象的领域中，这种许可作为有力的专利经营模式被广泛运用。一个企业不可能开发所有的技术，也不可能保证所有开发的技术都能获得专利。如果一个企业拥有自主开发的优秀专利，而竞争对手的专利对该企业的生产经营又构成妨碍时，就可实施交叉许可策略。交叉许可经营策略主要适用以下情况：企业间的专利比较接近，而专利权的归属又错综复杂或相互依存；专利实施许可合同中规定的“反馈条款”；互不关联的专利技术，各方做出的发明创造取得专利后，相互之间都自由使用；在自己的产品或技术受到他人的专利控制时，能以专利作为筹码与对方交换使用。

（五）知识产权资本运营战略使技术成果实现价值最大化

我国知识产权学者冯晓青教授认为，现代企业知识产权资本运营战略应包括企业知识产权投资战略和企业知识产权价值化战略两个部分。企业知识产权投资战略按企业投资内容可分为企业专利权投资战略、企业商标权投资战略、企业著作权投资战略等。从投资战略的角度看，一方面，知识产权已成为企业投资战略决策的重要因素；另一方面，知识产权本身越来越成为一种重要的投资方式。近年来，随着投资结构的变化，知识产权在投资中的比例越来越高。知识产权投资战略是企业，特别是西方跨国公司在开拓市场及获取巨额利润时特别重视运用的一种重要手段（冯晓青，2012）。

知识产权作为投资方式在理论上被称做知识产权的资本化。知识产权的资本化是将知识产权转化为资本的机制，是在重视知识产权资源、在认识和评估知识产权价值的基础上，实现知识产权价值与资本的转换，促进知识创造的企业运营机制。知识产权的资本化运营策略对企业创造利润具有重要作用，特别是专利技术资本化运作，可有效利用技术创新成果，实现技术创新成果价值最大化。

其作用主要表现在：第一，专利技术资本化对发明创造人员具有物质和精神上的多重激励作用，从而激发科技人员和管理人员的创新动力，有利于企业形成创新型文化，创建学习型组织。第二，专利技术资本化运作对专利技术评估作价，作为资本投资入股组建新企业，以减少企业在投资中对资金的占用。第三，专利技术资本化运作可以实现企业间的并购，其中涉及专利技术等无形资产的资本化，以确定并购后的合理的产权结构，保障双方的合法利益。第四，企业解散或破产时的清算，需要对企业现存资产进行清算，以便剩余资产分配或在破产的情况下作为清偿债务的依据，对其中的专利权等知识产权，也需要通过知识产权资本化评估作价。第五，通过专利权的转让和许可使用，使技术创新成果在技术贸易中发挥它的最大价值，而技术贸易的前提是必须通过专利技术的资本化，将专利权量化作价计算出来，交易才有基础。第六，企业专利权的权利质押。这也是专利技术资本化运作的一种方式。我国《担保法》规定专利权可以作为权利质押，这需要签订书面质押合同并由主管部门登记公告。第七，企业专利权的证券化。在我国，专利证券化是专利资产投资经营领域一个新颖的问题。但是，随着专利资产经营范围的拓展，企业专利证券化是一个不可阻挡的趋势（田高良和董普，2007）。

在国外，企业专利证券化问题已逐步引起人们的重视。例如，1999 年 1 月设在旧金山的环球资产资金公司最早宣布进行专利资产证券化。该公司将一种抗癌药物的专利的预期赢利证券化，并将其出售给投资者。对我国来说，专利资产证券化的实现还有待于改善我国金融投资环境、完善相关立法。

第二章 美国、日本、韩国知识产权战略及比较分析

第一节 美国知识产权战略推进的新变化和特点

一、逐步重视国家层面知识产权战略的部署

自20世纪70年代末起，美国就已经开始实施知识产权战略，但是美国的知识产权战略并没有一个明确的文件确立该战略体系，而只是以各种各样的法案或者政策来构建该国的知识产权战略，把维护国家利益和满足企业需要作为调整政策和法律的出发点。

从奥巴马政府开始，美国连续两次发布《国家创新战略》，首次提出制定《21世纪国家知识产权战略》，并且准备用文件形式确立知识产权战略体系，这是美国政府在国家知识产权战略问题上最大的变化。《21世纪国家知识产权战略》主要涉及七个方面的内容：知识产权在创新和创造中的作用；促进技术创新、转移和商业化；激励新技术；基于人道主义和社会正义的知识产权措施；与宽带发展、国家研发基金、美国科技理工教育战略有关的知识产权；数据版权政策；执法政策。

二、因时而变、及时修法，扩张知识产权保护范围

世界上采取知识产权国家战略的国家都分别根据各自的国情制定了不同的法律法规，通过立法途径使知识产权得到最有力的保障，从而促进知识产权的创新与应用，继而带动相关经济、科技、文化的进一步发展，并且因时

而变，结合国际相关法规与本国自身发展的情况，在不同时期采取不同的战略，及时修改法律以促进经济的发展。为了维护国家的利益和满足企业的需要，适应生物技术、信息通信技术的不断发展，美国政府修改完善了《专利法》、《版权法》、《商标法》，及时将生物科技、计算机软件、电子商务、商业方法、金融产品、数据库等新技术均纳入知识产权的保护范围，以求在强化原有知识产权保护的同时保护本国最新的研发成果，维护知识产权安全。

三、研发经费投入额度和强度确保了科技强国的地位

美国政府和企业非常重视科技研发，R&D经费投入总额长期居世界第一，R&D经费投入强度一直在2.62%～2.75%上下波动，自2000年以来，美国的R&D经费投入强度出现了明显的下降趋势，这主要是美国近年来经济发展速度趋缓的结果。近10年来，美国的R&D经费投入强度一直保持在年平均2.62%以上的水平，投入强度虽不是世界最高的，但是美国GDP总额却由1997年的82 500亿美元增长到2006年的131 329亿美元，且位居OECD成员国之首，在R&D经费投入强度基本不变的情况下，美国逐年增长的GDP总额必然带来R&D经费投入金额的逐年增大，2006年美国R&D投入经费达到3440.82亿美元。

美国研发投入绝对值的增加和强度的稳定，与发明专利申请量和授权量关系密切。根据WIPO 2009年6月发布的统计数据，2007年全世界国内外发明专利申请受理数量排在第一的国家是美国，受理发明专利申请件数是456 154件；2007年世界国内外发明专利授权量排在第二的国家也是美国，授予发明专利157 283件；2007年世界国外发明专利授权量排在第一的国家仍为美国，授予发明专利77 756件。

四、推进高新技术的转移和扩散，跨越“死亡之谷”

美国国家标准技术研究所把专利技术从实验室走向市场的过程称为“死亡之谷”，如果专利技术不能实现到产业化和商品化的跳跃，掉进“死亡之谷”就在所难免，技术转移已成为一个世界性的命题。美国非常重视高新技术的转移和扩散，是西方国家科技成果转化率最高的几个国家之一，转化率达到70%～80%（石军和蒋晨，2007）。

我们通过对美国科技法律政策及其实施效果的研究可以看到，以下因素对科技成果转化起着至关重要的作用：一是政府的规范引导。通过不断制定和修改完善，美国已经形成较为完整的技术转移法律体系。这个法律体系可分为五个部分：调整知识产权的权属方面的法案；加强技术转移运作方面的法案；促进小企业技术创新进步方面的法案；加强合作研究方面的法案；保护国家安全利益的法案。二是政府对自己投入研发的项目承担成果转化责任。

美国政府把科技成果转化纳入相关部门的职责中，制定了有效的政策措施，从而进一步推动政府支持的研究开发成果的商业化。三是通过大学、研究机构和企业的产学研合作，推进和实现技术转移。为加强与企业的合作，美国研究型大学和国家实验室均建立了技术许可办公室等专门从事知识产权管理和技术转移的机构，这些技术转移机构对科技成果进行分析评估，帮助教授和研究人员获得专利许可，代表学校和实验室与企业界商谈技术转让事宜，并帮助企业获得技术许可。

五、知识产权战略贯穿美国对外贸易领域

美国对外出口十分依赖专利保护，非常重视海外专利和国外专利的确权，知识产权为美国商品进入国际市场提供了方便，而且能够有效地提高他国商品进入美国国内市场的门槛。自 20 世纪 80 年代以来，日本等国的低成本“仿制商品”严重冲击了美国国内市场，作为应对，美国通过法律手段加大了知识产权保护力度，有效地保护了国内市场和生产商利益。

美国专利政策的一个突出特点就是把专利等知识产权问题与对外贸易挂钩。其修订的《综合贸易与竞争法》使得知识产权保护在立法上成为美国贸易政策的核心内容之一，其中最熟悉的就是“特殊 301 条款”和“337 条款”①。通过专利、商标、版权等一系列知识产权保护手段，限制与美国国内相关产业冲突的他国商品进口，进而达到保护其商品和产业的目的。它们是美国知识产权保护体系中最常用的手段，同样也经常出现在中美知识产权贸易争端中。到 2008 年，中国已经连续 7 年成为美国“337 条款”知识产权调查最多的国家。在 WTO 体制下，美国政府及其企业更加重视利用 TRIPS 协议的规定，通过输出其专利技术等知识产权来进攻和控制国外市场。

1982 年，涉及知识产权的商品在美国对外出口中的比重只有 30%左右，2000 年以后，这个比重已经到了 70%，且呈不断上升的趋势。在海外加强保护美国的知识产权，就是保护美国的贸易和经济。这一点已经成为美国政府乃至民众的共识（马裕滨，2011）。

六、维护国家利益和本国企业利益，改革专利法案

2011 年 3 月 8 日，美国参议院通过一项法案，对现行专利制度实施重大改

---

① “特殊 301 条款”与“337 条款”是美国知识产权保护体系中运用最多的保护措施，是以国内法的形式处理国际贸易中涉及知识产权争端的典型单边贸易措施，在迫使他国提高知识产权保护标准、开放国内市场等方面扮演着重要角色。由于种种政治、经济及法律的原因，中国一直是“特殊 301 条款”的重点监察对象。

革，旨在提高专利审批效率，更好地保护发明创造者的权益。一是修改专利审批制度，优化专利质量和有效性。将美国专利商标局对专利审查的周期从以前的35个月缩短到20个月，在缩短审查的周期的同时提高专利质量。由于技术的快速发展，审批时间拖得越长，就意味着新发明、新产品的寿命越短。截至2011年3月底，美国专利商标局有70万件专利申请等待处理，专利审批制度已到了非改不可的地步。二是增强申请人对审查过程的控制，积极推行各国知识产权管理机构之间工作共享的“三轨审查制”，美国专利商标局设计的“三轨审查制”① 一旦实行，申请人可提出优先审查申请，从而使最有价值的发明专利投入市场的时间缩短到12个月以内。三是美国专利制度将采用“申请在先”原则，放弃“发明在先”原则。目前，世界大多数国家和地区的专利制度都采用“申请在先”原则。“申请在先”原则程序简便，费用低廉，确保专利制度的效率和确定性，这一原则的改变，将使美国在发明创造方面处于世界领先地位。

第二节 日本知识产权战略的特点

一、政府重视，推进有力

2002年2月，日本首相小泉纯一郎在施政演说中首次提出将知识产权战略作为国家的发展手段和目标，着手构筑国家知识产权战略体系。同年3月1日，日本国会批准了《知识产权基本法》，成立了政府直接领导的知识产权战略本部。本部由首相直接担任部长，官房长官以及科学技术、文化科学和经济产业部门的大臣担任副部长，其他部门的大臣以及有见地的知名人士担任成员。同年7月，明确提出了“知识产权立国”的国家发展战略目标，通过实施知识产权战略，使日本在国际竞争舞台中占有重要地位。在内阁设立专门负责知识产权战略的推进机构，将知识产权的创造、保护、应用作为一个整体来统筹考虑，根据知识产权推进战略的统一部署，各部门按照不同的分工行使职能，大大提高了工作效率。从2002年到现在，召集以政府为主导的

① 根据新的“三轨审查制”，专利申请人可以按自己的需要选择首次审查的速度。美国实行专利三轨制审查：第一轨道优先轨；第二轨道普通轨；第三轨道延时轨。美国商务部知识产权副部长兼专利商标局长 David Kappos 说：“第一轨道提供了一个全面的、灵活的专利申请的处理模式，为我们国家的创新者提供不同的处理选项，能更好地响应我们的申请人的实际需求。‘三轨审查制’将使最重要的新产品和服务更快推向市场，帮助企业在美国建立和创造新的就业机会。”优先进行审查的第一轨道最初将限制在10 000件专利。

知识产权战略会议若干次，各种专题调查会议数百次，制定了一系列从鼓励发明创造到有效保护知识产权等方面的具体法规和政策，显示出日本政府对待这一问题的积极态度和决心。

二、立法完备，修法频繁

目前，日本知识产权法律体系是以《知识产权基本法》为基础，辅之以《专利法》、《实用新型法》、《外观设计法》、《商标法》、《著作权法》、《集成电路布图设计法》、《半导体集成电路流程设计法》、《不正当竞争防止法》、《著作权等管理事业法》、《种子和种苗法》、《关于特定电信服务提供人的损失赔偿责任的限制及发信人信息披露的法律》、《技术措施及法的保护》、《大学技术转移促进法》等，这些构成了日本知识产权法律制度的基本框架。

日本的知识产权立法和修法体现了如下特点（钱孟姗，2003）：①知识产权立法适应时代变化。对于新时期出现的新问题，日本国会及时做出应对，制定相关法律予以规范。例如，《著作权法》中对公众传输的规范、对广播电视的同时再传输的规定，《不正当竞争防治法》中有关域名的规定即体现出上述特点。②知识产权立法严谨且详尽具体，便于执法操作和保持执法的统一性。例如，《著作权法》中对视听觉障碍者“录音图书网上传输”的规定；对为机器的维修及修理需要的备份进行复制的规定，都是涉及著作权中极其细微但又经常出现的问题。③知识产权立法人性化并不失灵活性。例如，大学推行权利单位归属的原则，随着国立大学法人化，为了提高产、学、研结合技术转移的效率，大学逐步推行教师发明后的所有权归学校所有。又如，日本的职务发明过去纷争不断，2005 年对《专利法》第三十五条作了修改，允许单位与发明人自由协商报酬问题。再如，日本实施拜杜法案体系①，政府资助的研发项目获得的知识产权可以归承担者所有，从而激发了项目承担者申请专利的热情。④知识产权立法与国际条约规定的一致性。日本非常重视其立法与国际条约规定的一致性，当国内法律与国际条约出现矛盾时，日本的法院也会运用判例尽量使其与国际条约相一致。⑤知识产权法律修改频繁。为应对信息社会给知识产权带来的不断变化，日本对其知识产权法律进行不断地修改。例如，《专利法》从 1998 年至 2006 年已修改过 8 次；《著作权法》从 1996 年至 2006 年已修改过 7 次。

---

① 日本拜杜法案体系：日本 1999 年制定《产业活力再生特别措施法》，参照美国的拜杜法案，在第三十条规定：受国家和特殊法人之委托研究开发所得的成果知识产权可归属于受委托人。2002 年又取消了该条款中关于特殊情况的规定，将条款适用于所有委托研究开发的预算项目。在日本拜杜法案体系框架下，政府资助的研发项目获得的知识产权可以归承担者所有，从而激发了项目承担者申请专利的热情，日本政府资助的项目专利申请量逐年增加。

三、重视研发，更重视应用

日本政府把科技创新作为国家发展战略，非常重视科技投入，每年对科技的投入都占到了 GDP 的 3%以上。2006 年日本 R&D 经费投入为 1485 亿美元，仅次于美国的 3437 亿美元，位列世界第二，但其占 GDP 的比重为 3.39%，位列世界第一（王永春和王秀东，2010）。日本在研发领域内的大量基础性投入，直接推动了企业进行自主创新投资的积极性，使企业成为创新的主体，政府主导的研发经费筹资模式已转变为企业主导筹资模式，企业研发资金占全部研发资金的比重达 70%左右。同时，日本政府通过税收优惠政策鼓励企业进行科技研发。

日本政府非常重视知识产权的应用，将知识产权的应用纳入知识产权基本法中，通过立法明确了大学等研发机构与企业有产、学、研合作的义务，同时具有将科技成果商品化的义务。为了促进大学及研究机构的技术转让，日本政府相继出台了《大学技术转移促进法》、《产业技术强化法》，在文部科学省专门成立了技术转移推进办公室，并在大学及研究机构设立了技术转移机构（TLO），促进大学研究成果向民间转移。到 2007 年，经认定的技术转移机构有 44 家，极大地促进了大学及研究机构科研成果专利的取得及向产业界转让的进程，在大学与企业之间发挥了桥梁作用。

四、强化措施，保护力度增强

一是拓宽知识产权保护范围。广泛研究有关医疗行为专利权的保护方法，医疗器械的操作方法可专利性；药品专利可以延及其制造与销售所发现的新的效果。

二是延长保护期，推进实用新型制度。实用新型的专利保护期限延长到 10 年，在实用新型登录的基础上可以申请发明专利。

三是增加地区品牌的保护制度。2005 年 6 月，对《商标法》作了修订，地域名或商品名可以作为当地集体商标注册，通过合理保护地区品牌，增强地方产业的竞争力，搞活地区经济。

四是加速专利审查。为改变专利审查周期长的状况，日本设定了审查期限目标：中期目标为到 2008 年，审查期限为 20 个月；长期目标为到 2013 年，审查期限为 11 个月。

五是强化知识产权刑事惩罚。①《著作权法》：将原来最高 3 年刑期或罚款 300 万日元以下提高到最高 5 年刑期或罚款 500 万日元或两者并用。②《反不正当竞争法》：2005 年 2 月，国会收到议案，将原来最高 3 年刑期或罚款 300 万日元以下提高到最高 5 年刑期或罚款 500 万日元或两者并用；

③《种苗法》：2005 年 3 月，国会收到议案，对严重侵犯育种者权利的可以用刑事犯罪论处。

五、战略国际化，瞄准海外市场

日本为适应国际竞争采取了以下策略：

（1）逐步建立世界专利。日、美、欧三方专利局相互承认检索结果，自 2005 年起协调日、美、欧三方专利局制度及其应用。第一步，构筑“新一代电子文档链接系统”，并从 2005 年开始应用。对于在日、美、欧三方都提交了申请，美、欧已完成审查的案子，日本专利局将根据申请人的要求，不再进行重复检索，直接决定是否授权。同时，对于日本在世界上处于领先地位的尖端技术，在申请人向日、美、欧三方均提出了申请的情况下，日本专利局将根据其要求快速检索，并将检索报告通过“新一代电子文档链接系统”向美、欧两局提供。第二步，构筑“专利审查高速公路”，使日、美、欧三局相互利用检索、审查结果。第三步，根据进展情况，原则上相互承认已在一国获授权的专利，在日、美、欧三局间实现实质性的相互承认专利的制度。

（2）积极参与国际标准的制定。作为日本知识产权战略的一部分，国际标准化战略包括国际标准化人才的培养、参与制定国际标准化规则等。

（3）积极开展海外专利申请工作，日本到海外的专利申请量大幅度提高。日本企业非常重视海外专利的申请，意图通过这一手段占领国际市场。

第三节 韩国知识产权战略的特点

一、韩国实施知识产权战略的背景

随着经济全球化和科技对经济增长贡献的加大，利用知识产权制度实现知识和技术资源的产权化和资本化，进而在国际经济活动中占据主导地位，已经成为韩国的基本国策。韩国政府把建设知识社会作为政府治理目标，并实施积极的知识产权发展战略。其战略核心是将知识产权制度发展成为对新技术的创造、产权化、商业化具有促进功能的系统化社会基础结构，强化韩国的知识创造力和知识产权竞争力。同时，为全面应对经济全球化和高技术快速发展带来的知识产权新问题，积极参与全球新型知识产权制度的建立，为企业参与国际知识产权竞争与合作创造良好的制度环境。

早在2004年3月，韩国特许厅就公布了“韩国知识产权治理：愿景和目标”计划。该计划旨在促进韩国知识产权的创造、保护和利用，确立了技术、商标和外观设计的创造与使用方向，并将改进韩国知识产权的基础结构。为此，该计划提出了七个目标：①加速专利审查，强化知识产权保护；②强化商标和外观设计的基础性保护政策；③加速专利技术商业化和转让；④扩大知识产权创造基础；⑤实现知识产权治理的自动化和专利信息的传播使用；⑥加强国际知识产权贸易和合作；⑦加强内部专利治理能力。计划实施以来，韩国的知识产权国际影响力日益增强，专利审查一度达到世界最快速度，知识产权信息化管理达到国际先进水平。但是，近年来，在韩国经济社会发展过程中，随着劳动、资本的投入回报日益减少，经济增长率下滑，发展潜力不大，韩国政府认为，迫切需要将经济发展转向以知识为基础的高附加值的经济模式，建立创新型社会，实现新的飞跃。同时，近年来，中国、日本、美国、欧盟等纷纷制定本国或本地区的知识产权战略，促进经济转型，提升经济发展质量，增强核心竞争力。面对这样的国际形势，韩国政府认为，为应对经济发展后劲不足、潜力下降等不利因素影响，应充分重视知识产权的作用，制定知识产权战略。

2009年3月，韩国特许厅联合相关部门研究制定《知识产权的战略与愿景》，在此基础上，2009年7月，直属总统的韩国国家竞争力强化委员会召开会议，审议通过了该委员会与政府13个部门联合制定的《知识产权强国实现战略》（简称《战略》）。《战略》提出三大战略目标和11项战略举措。三大战略目标：一是改善技术贸易收支；二是扩大著作权产业规模；三是提升知识产权国际主导力。11项战略举措：促进知识产权创造；促进知识产权金融政策；促进知识产权产业化；完善知识产权司法制度；建立公正的知识产权交易秩序；引领国际专利制度发展潮流；推进《知识产权基本法》制定进程；加强知识产权保护；建立知识产权纠纷援助机制；加强知识产权文化建设；建立信息化知识产权基础设施。在《战略》实施部分对战略任务进行了分解，明确了责任部门和完成时间。

2009年7月，总统咨询机构国家竞争力强化委员会提出制定国家知识产权基本法的设想。2010年8月，知识产权基本法政府方案提出，其间，还有两位议员提出知识产权基本法议案。最终以政府方案为基础，统合了两个议员的提案，制定了韩国知识产权基本法。2011年4月29日，韩国国会全体会议通过《知识产权基本法》。该法规定了成立国家知识产权委员会、制定国家知识产权基本计划等推进知识产权工作、整备知识产权环境的多项措施，是韩国国家知识产权战略的基础和支柱。

二、韩国知识产权战略的特点

（一）适应 TRIPS 协议，及时修改法律

目前韩国保护知识产权的法律有：《知识产权基本法》、《专利法》、《实用新型法》、《工业设计法》、《商标法》、《著作权法》、《计算机程序保护法》、《半导体电路设计法》、《不正当竞争防止与商业秘密保护法》、《促进技术转让法》、《种子产业法》、《海关法》等。韩国政府把实施知识产权战略与适应TRIPS 协议为主导的国际知识产权保护标准相结合，及时修改本国的知识产权法律，充分发挥知识产权制度对新技术的创造和产权化、商业化的促进功能，强化韩国的知识创造力和知识产权竞争力，提高知识产权管理的行政效率。2001 年至今，韩国政府频繁修改七部知识产权法律及其相关制度，形成了立法水平较高，较为完备的知识产权法律体系。

（二）强化知识产权保护和执法力度

《知识产权基本法》提出要加强知识产权的保护与执行力度，按照第一期知识产权计划，韩国在五年内要将知识产权保护水平提升到发达国家水平，建立以需求者为主的知识产权纠纷解决体系，构建公正高效的司法制度，建立应对海外侵权的综合体系，开发知识产权保护技术，建立国际保护合作体系。

韩国知识产权执法分为知识产权审判部（韩国知识产权局的内部机构）、专利法院和民事法院。专利法院是专门的知识产权行政法院，负责知识产权的无效和专利权范围的确定，类似于知识产权审判部，是韩国知识产权诉讼模式的一大特点。韩国重视加大对假冒商品的打击力度。韩国知识产权局、地方政府、检察院和警方之间以定期召开有关知识产权侵权的联席会议的形式密切合作，开展全国打击假冒活动，知识产权局成立了假冒品举报中心并取得显著成果。韩国政府重视对相关执法人员的培训；同时，通过发放各种形式的相关资料，提供知识产权法律和反假冒技能教育，不断强化知识产权保护和执法力度。

（三）强化知识产权行政治理、提高审查效率

1. 实施知识产权行政治理

韩国从 1999 年开始实施了知识产权行政治理全面创新计划，经过近几年的努力，韩国知识产权局已具备世界一流水平的信息技术系统和审查工作效率，全面实现了知识产权行政治理的自动化、网络化，提高了知识产权行政治理的质量效率。2002 年，韩国知识产权局已完成知识产权服务网络的全面

改进，拥有世界最先进的自动化知识产权系统。这样，韩国知识产权局在知识产权审查工作量不断增加的情况下，借助资源查询的网络化、国际化和增加审查员数量，达到国际一流水平的审查期和复查期。韩国知识产权局也因为应用先进治理理念和方法进行治理改革，为申请人提供一站式服务，被评为韩国政府机构中最佳知识治理组织。为适应知识产权司法活动对复审的要求，韩国还建立了复审案例的内部公开交流制度，举办法律研究系列报告、建立研究专家团，保证了复审决定的权威性和一致性。

2. 建立信息化基础设施

韩国知识产权局建立了数据库、网站，开发第三代知识产权信息系统，通过这一系统，企业可以更加便捷地获取高质量的知识产权信息，专利申请和审查服务效率以及便利程度也将提高 10%以上。2010 年建立了美、日、中、韩和欧盟知识产权纠纷判例数据库，为韩国企业等用户提供免费查询。

3. 简化流程，提升专利审查的质量和速度

韩国知识产权局简化专利申请流程，建立三轨制专利审查制度，实施以加速、普通、缓慢三种形式的专利审查制度以满足申请人的要求，缩短审查期限，扩大适合“专利审查高速公路”的国家范围，为韩国国内企业在海外快速获取专利提供支持（国务院发展研究中心，2007）。2012 年 2 月，韩国知识产权局知识产权裁判所将推出多项措施，旨在提升专利审查的质量和速度，构建更加人性化的专利审查管理机制。韩国知识产权局计划全面实施电子申请，将继续对电子申请投入更多网络服务支持。韩国知识产权局还在 2012 年 6 月前通过引入外观设计国际申请和注册体系，使韩国外观设计保护体系适应国际标准，简化企业向外国申请外观设计专利的程序。

（四）促进知识产权的创造

《知识产权基本法》规定，要支持创造新知识产权的行为，加强对创新行为的补偿，使研发与知识产权密切结合，第一期知识产权基本计划明确提出，要构筑技术研究与开发的知识产权体系，挖掘新的知识产权，支持知识产权创造。2010 年 9 月，韩国成立了首家知识产权管理公司，将为国家竞争力的提高购买到必需的专利、创意和技术，保护韩国企业避免与外国公司发生知识产权及许可费方面的争端。

（五）鼓励知识产权的应用

韩国政府认识到，只有将专利商业化才能促进社会对专利技术的广泛应用，发挥专利技术的经济价值，以增加对发明者的经济回报，从而实现知识产权制度既激励技术创新又促进技术扩散的基本目标。因此，韩国政府努力为促进专利技术的商业化创造有利环境。一是提供法律保障，制定《促进技术转让法》。该法于2001年开始实施，以法律的形式保障了韩国技术交易所的设立与运营，为鼓励和实施技术转让提供了有力的法律保障。二是建立知识产权市场和网上专利技术市场。韩国知识产权局的互联网知识产权市场促进了专利技术的商业化和销售，有效防止了先进专利技术的闲置。同时，积极组织知识产权市场和技术展览，为技术发明、申请和商业化活动提供有效支持。由专利审查员成立的专利技术转移促进部，参照技术合同范本，帮助企业达成合理公平的许可合同。三是扶持优秀技术和专利产品。2002年，韩国知识产权局为专利技术商业化实施了100亿韩元的投资和100亿韩元的财政资助。与此同时，韩国产业资源部在2003年投入1471亿韩元，加强专利技术的开发、转让、产业化扶持，促进专利新技术的产业化。

（六）积极参与知识产权国际合作

韩国政府主动按照国际标准建立知识产权制度，以达到国际知识产权保护的基本要求。1979年韩国加入了《建立世界知识产权组织公约》，标志着韩国知识产权工作走向国际化的开始。1980年，韩国成为《保护工业产权巴黎公约》的成员国，1984年韩国加入了PCT，1988年加入《布达佩斯条约》，1995年韩国加入WTO，同时也加入WTO有关知识产权的大部分条约，包括《与贸易有关的知识产权协议》，不断将本国的知识产权相关法律提升到国际标准。因知识产权保护得力，1999年韩国知识产权局被WIPO指定为PCT国际检索单位和初步审查单位，韩文也成为国际专利申请的可用语言之一，这为韩国申请国际专利带来了极大的便利条件。同时，韩国在PCT制度改革和技术合作中发挥重要作用，韩国知识产权局积极为PCT新成员（如菲律宾）提供教育培训。2003年4月，韩国成为马德里协定成员国。韩国还积极参与国际知识产权保护的合作和国际条约的制定与修改，在现有知识产权制度国际化基础上，进一步加强对专利审查结果的合作开发，对公有技术联合检索等领域的国际合作，积极参加中、日、韩三方知识产权峰会，以及与美国、澳大利亚和发展中国家的双边合作。

（七）提高国民意识，加快人才培养

第一，提高国民对知识产权的认识。注重培养学生及全社会的发明意识，韩国在180个学校建立了发明实验室，韩国知识产权局确定了多所发明教育模范学校，每所学校每年给予1100万韩元的资助，每年举办一次大规模、高水平的学生发明展览会，韩国政府将每年的5月20日作为“发明日”，以强调创新的重要性，培养全社会的发明意识。

第二，注重知识产权领域的人力资源开发。韩国在1987年成立了国际知识产权学院，旨在为韩国政府和企业以及亚太地区发展中国家培养知识产权专家，促进国际合作。其服务内容包括：为韩国知识产权局、其他政府知识产权治理人员提供有关课程；为企业、专利法律事务所、研究所等提供有关的知识服务；为学校教师提供促进发明和知识产权教育方面的课程；承担学校培训项目；举办WIPO亚洲论坛、国际知识产权教育研讨会和韩日知识产权执法研讨会，并为亚太地区发展中国家培训知识产权官员。2003年，韩国在国际知识产权学院创立国家发明教育中心，为今后大规模培养发明人才做准备。

第四节 美国、日本、韩国知识产权战略之比较

从总体上看，美国、日本、韩国国家知识产权战略的拟定与实施，对三个国家的知识产权制度和政策建设均具有重大意义。由于三个国家在国家知识产权战略制定和实施的背景依据、文化基础、综合实力、主旨目的等方面具有一定差异性和比较价值，因此，运用比较方法系统梳理三个国家知识产权战略的异同，具有一定理论价值和实践价值。

一、美国、日本、韩国国家层面知识产权战略的相同点

（一）以改变经济增长方式，推动本国经济发展为目标

美国、日本、韩国的知识产权战略都是在其经济疲软和产业竞争力下降，经济发展面临危机的情况下提出的战略性应对措施，通过制定实施国家知识产权战略，选择本国重点发展的支柱产业，从战略层面创造、保护和应用知识产权，来摆脱困境重振经济，增强本国的国际竞争力。

1. 美国

1979年，卡特总统提出：“要采取独立的政策提高国家的竞争力，振奋企业精神。”第一次将知识产权战略提升到国家战略的层面。从此，美国利用长期积累的科技成果，巩固和加强知识产权优势，以保持美国在全球经济中的霸主地位。作为一项国家战略，无论经济状况如何，美国各届政府都始终贯彻实施。不管是在经济发展由强转弱、面临危机的时期，还是在经济发展缓慢增长时期，以及近几年的金融危机时期，美国的知识产权战略的类型一直没有发生变化，仍然定位在科技领先、全球化外向型知识产权战略。尽管每

一届政府对美国的产业政策和知识产权政策有适当的调整，但美国仍然把战略目标锁定在“世界头号科技强国、经济强国和贸易大国”上。美国一直把知识产权战略作为经济发展的利器，在知识产权政策方面动作频频。奥巴马政府先后于2009年和2011年两次发布《国家创新战略》，意图通过知识产权政策的调整，以技术创新的先发优势继续保持美国科技领先地位，促进美国经济的振兴。

2. 日本

20世纪90年代，来自欧美知识产权方面的压力持续增大，日本在信息技术等高新技术领域竞争力逐步落后于欧美，而在传统工业和劳动密集型产品方面又面临着亚洲新兴工业国家和地区的竞争，日本连续遭受十多年经济疲软和产业竞争力下降的困扰。在此背景下，日本政府决定再次进行战略调整，将“技术立国”调整为“知识产权立国”战略。日本知识产权立国战略的核心是把研究活动和创造活动的成果作为知识产权从战略上保护应用，把产业发展的基础建立在技术、设计、品牌以及音乐、影视节目等信息化产品的知识创造上，以知识产权为基础，推进产品和服务的高附加值化，进而实现日本经济社会的新发展。

3. 韩国

韩国的知识产权制度起步较晚，但却成功地运用知识产权战略提升本国的科技水平，促进了经济的快速增长，成为发展中国家学习的典范。韩国结合本国产业发展的实际需要及时调整知识产权发展战略为侧重点，使之与国家产业政策、经济体制以及企业的需求相匹配，实现促进本国知识产权开发、保护和利用的战略目标，通过全面加强对国内外知识产权的保护，促进技术创新和技术转移活动的顺利进行，提高了产业国际竞争力，最终实现了韩国技术跨越式发展和经济快速增长。

（二）在国家层面上构建战略体系，政策措施积极跟进

美国、日本、韩国的知识产权战略都是从国家层面上制定战略体系，并采用文件的形式公布实施，同时出台相应的知识产权政策措施与之配套衔接，确保知识产权战略目标的实现。

1. 美国

美国从1979年开始制定实施国家知识产权战略，当初并没有一个明确的文件确立该战略体系，而只是以各种各样的法案或者政策来构建该国的知识产权战略，一直到奥巴马政府，才着手用文件的形式制定国家知识产权战略。奥巴马政府先后两次发布《国家创新战略》，并且将知识产权政策作为其中的

重点，知识产权政策调整主要有改革专利审批制度，缩短审查周期，提高专利质量；加强知识产权执法；积极参与国际知识产权合作等。2010 年 7 月，美国首次提出制定《21 世纪国家知识产权战略》，用文件形式确立知识产权战略体系，这是美国政府在国家知识产权战略问题上最大的变化。

2. 日本

日本是第一个以战略大纲的形式从创造、保护、应用以及人才培养四个层次上对知识产权战略作出系统规定的国家，并将其作为知识产权立国战略的四大支柱，成功建立了一个激励创造、加强利用、强化保护、注重人才的知识产权战略体系。在各个不同的战略层次，日本又针对每一项工作明确了多种实施措施，保证了战略机制的系统性和战略内容的完整性。为实施和落实国家知识产权战略的各项任务和指标，日本政府采取完善法律制度、提供管理服务保证、优惠财税政策、促进产、学、研联动等政策措施，促进知识产权战略和其他政策制度的衔接协调，注重以政策“组合拳”优势确保大纲各项任务的落实。

3. 韩国

2009 年 7 月，直属总统的韩国国家竞争力强化委员会召开会议审议通过了该委员会与政府 13 个部门联合制定的《战略》。《战略》提出三大战略目标，11 项战略举措，以实现知识产权强国、建立创新型国家的战略目标。

（三）及时立法和修法，以完善知识产权法律体系

1. 美国

与知识产权战略相适应，美国政府及时修改完善了《专利法》、《版权法》、《商标法》、《不正当竞争法》等，建立完整的知识产权法律体系，扩大知识产权保护范围，及时将生物科技、计算机软件、电子商务、商业方法、金融产品、数据库等新技术均纳入知识产权的保护范围，以求在强化原有知识产权保护的同时保护本国最新的研发成果，维护知识产权安全。

为保障技术创新成果转化，美国政府还制定了《联邦技术转移法案》、《贝多尔法案》、《反电子盗窃法》、《千禧年数字化版权法》、《美国发明家保护法令》等法案，协调政府、研究机构、企业三者之间的关系，加速科学技术的产业化，促进高新技术的转移和扩散，把美国的科技实力转化为经济实力和国家竞争力。

2. 日本

日本的知识产权法律体系是以《知识产权基本法》为基础，辅之以《专

利法》、《实用新型法》、《外观设计法》、《商标法》、《著作权法》、《集成电路布图设计法》、《半导体集成电路流程设计法》、《不正当竞争防止法》、《著作权等管理事业法》、《技术措施及法的保护》、《大学技术转移促进法》等，构成了日本知识产权法律制度的基本框架。日本的知识产权立法和修法体现了如下特点：知识产权立法适应时代变化；知识产权立法严谨且详尽具体，便于执法操作和保持执法的统一性；知识产权立法人性化并不失灵活性；知识产权立法与国际条约规定的一致性；知识产权法律修改频繁。

3. 韩国

为适应本国知识产权战略和加入 TRIPS 协议的需要及时修改法律。韩国知识产权法律体系包括了《专利法》、《实用新型法》、《工业设计法》、《商标法》、《著作权法》、《计算机程序保护法》、《半导体电路设计法》、《不正当竞争防止与商业秘密保护法》、《促进技术转让法》、《种子产业法》、《海关法》等。2009 年 1 月，韩国公布了新修订的《专利法》和《实用新型法》，并于当年 7 月 1 日开始实施，从韩国专利法修改的频率来看，2～3 年就修改一次，使之不断完善。目前韩国形成了较完备的知识产权法律体系。

（四）重视技术转移，科技成果转化率较高

2007 年，西方发达国家的科技成果转化率达到 50%～70%，美国和日本甚至达到了 70%～80%（石军和蒋晨，2007）。

1. 美国

经过 20 多年的发展，美国建立起了一个完整的技术转移体系，这一体系覆盖了国家、区域、行业以及大学、联邦实验室等各个层面。正是这样一个完整的技术转移体系，在促进由联邦政府资助的研究成果的商业化和产业化、全面提升国家竞争力、促使美国长期在国际经济竞争中保持领先地位等方面起到了非常巨大的作用。

一是政府的规范和引导。20 世纪 80 年代，美国为提高竞争力，保持其经济霸主地位，开始从国家层面上重视技术转移，特别强调和鼓励美国大学和国家实验室向企业的技术转移活动，并通过联邦立法来增强政府、大学和研究机构在技术转移中的责任。美国国家层面的技术转移法主要有《拜杜法案》、《联邦技术转移法》、《国家竞争力技术转移法》、《国家技术转移与促进法》、《技术转移商业化法》等。通过不断制定和修改完善，美国已经形成较为完整的技术转移法律体系。

二是政府对自己投入研发的项目承担成果转化责任。从 1980 年开始，美国政府把科技成果转化纳入相关部门的职责中，制定了有效的政策措施，推

动政府支持的研究开发成果的商业化。政府对研究项目不仅仅提供资金投入，而且承担成果转化责任，在对R&D投入经费时就考虑技术转移，并做好研究项目的管理。1980年，美国国会通过了《斯蒂文森-怀德勒技术创新法》。该法案明确指出，联邦政府对国家投入经费的R&D成果的转化负有责任，要求政府部门推动联邦政府支持的技术向地方政府和企业转移。该法实质上将技术转移纳入联邦政府相关部门的职责中，成为政府部门的一项任务。

三是搭建技术转移平台。美国通过立法使技术转移制度化，构筑了较为完善的技术转移组织体系，形成了通畅的成果转化渠道和信息平台。美国国会立法成立国家技术转移中心（NTTC）、国家技术信息中心（NTIS）、联邦实验室联盟（FLC）、联邦实验室研究与技术应用办公室（ORTA）等国家层面上的技术转移机构。法律明确要求每个国家实验室都要建立研究与技术应用办公室，专门负责技术转移、转化和应用推广。

在技术转移过程中，大学和研究机构与企业有不同的利益目标，大学和研究机构更加注重知识和成果的创造和传播，而企业更加看重创新技术带来的市场价值和收益。技术转移机构的任务是如何实现两者的共同利益，实现双赢。比较著名的例子是斯坦福大学的技术许可办公室（Office of Technology Licensing，OTL）孵化Google，并获得3.36亿美元的回报（杭州“天堂硅谷”制度建设研究课题组，2011）。OTL管理着斯坦福大学的知识产权资产，是美国“高校—产业”科技转让领域最活跃的机构之一。OTL的目标就是把科学成果转化为有形的产品，它接收来自斯坦福大学教师、员工以及学生公布的发明，评估这些发明的商业可行性，并决定何时将它们授权给产业界。当授权的发明取得成功时，OTL将把所得的授权使用费返还给发明者以及发明者所在的院系，以支持更多的创新。从1995年拉里·佩奇等申请了“Page Rank”专利，到1998年，Google开始以公司化运作，再到2004年在纳斯达克挂牌上市，期间OTL不断向Google提供技术顾问并联络风险投资。作为回报，Google向斯坦福大学支付一定数量A股和B股窗体底端股票。到2006年2月，斯坦福大学出售Google股票的总收入已经达到3.36亿美元。此外，它还从428项专利技术中获得了4800万美元的使用许可费。从中我们看到一幅国家、学校、产业互动的美国创新路线图。

2. 日本

第二次世界大战后的日本迅速成为经济、科技强国的成功经验之一，就是建立了面向商业应用的产业技术开发体系和技术服务体系，并制定了一系列促进技术转移的法律。

首先，规范制度和立法。1995年，日本通过了《科学技术基本法》；1996

年颁布了《科学技术振兴事业团法》；1998年颁布了《促进大学等的技术成果向民间事业转移法》，其要点是通过该法案促进大学和国立研究机构将技术成果向企业转移，以帮助企业提高技术水平，应用研究成果开拓新的产业。日本政府还在通产省设立了“产业基础整顿基金”，对实施技术转移的大学提供资金支持和债务担保。

其次，建立专门机构和制度体系。2001年后，日本的国立科研机构和大学都把技术转移工作作为优先发展的重点领域，采取了一系列措施推动技术转移工作，其中主要的措施是设立专门机构和建立较为严密的制度体系。一些大学和科研机构都建立有专门的TLO或相应机构，机构主要负责人一般由单位的高层领导担任，有专职领导、工作人员和内部组织机构。其中部分大学和机构如东京大学和京都大学，其TLO还承担了大学孵化器的管理职能和代表大学管理由技术转移形成的权益的职能，东京大学还与社会资本相结合设立了旨在推动技术成果产业化和大学生创业的风险投资基金。

最后，各级政府成立中介机构。国家主导的大型技术转移机构有两家：①日本中小企业事业团（JASMEC）。它的使命是推动官、产、学、研联合的具体项目，促进中小企业技术进步，加强人才培养和信息交流，对企业进行技术和信息指导，为大学和科研机构提供成果转移和技术合作平台，支持风险投资，支持向企业的技术转移与技术交流活动。为了促进中小企业开拓新领域、开发新产品、提供新服务，事业团还组织跨行业、跨领域、跨地区的交流活动，开办技术市场，派遣技术专家，提供交流咨询。②日本科学技术振兴事业团（JST）。在推进技术转移活动中，它致力于将大学和研究所的科技成果产业化，培养和造就出新的产业；同时积极推进与提高当地人民生活水平密切相关的科学技术实用化，积极支持和参与新技术的委托开发和中介服务，JST通过举办信息发布会、学习会和网络等形式征得技术和用户；国立机构还可通过委托开发和合作开发两种方式，以“合同”联结技术所有者和使用者。

除了这两家以国家主导的大型技术转移机构外，日本的许多地方政府、大学和大型科研机构以及民间，近年来也成立了许多类似的机构，参与技术转移的中介服务，对推动日本官、产、学、研的结合和技术转移与技术合作发挥了重要的促进作用（柳建尧，2008）。

3. 韩国

韩国在近40年中先靠贸易立国，然后又靠引进技术和反向工程（reverse engineering）等，消化、吸收了先进技术，最终实现了自主创新，创造了世界上的一个经济奇迹，成为当今极有竞争力的经济体。

根据韩国《技术转移促进法》，韩国在2000年成立了韩国技术转移中心，隶属于国家产业能源部，它是韩国首家全国性的基于技术竞争情报（CTI）的技术转移组织。通过技术交易市场，韩国技术转移中心将自己的三个网络（技术供应网、技术评估网和技术投资网）有效地结合起来。从最初的技术竞争情报、技术评估、分析宣传到评价，再到投资、商业化，实行一站式服务。为国家或企业的技术转移提供了快捷有效的服务。韩国于2001年还由政府和企业共同捐款成立了一家非营利技术转移组织——韩国产业技术财团。虽然它的成立时间不长，但它作为技术转移中介机构的工作非常卓有成效，它与学术界、产业界、研究院所和政府都有密切的联系，开展各类活动如培训、技术情报收集、国际合作及政府委托合同等。

另外，韩国企业的规模与其依据技术竞争情报所获取技术引进的信息直接相关。企业规模越大，它的技术竞争情报系统越健全，企业所获取的知识也就越多，企业所引进的技术也越多。韩国基于CTI的技术引进是有计划分层次进行的，如韩国重点引进国外的成熟技术分布在重电机工业、精细化工等领域；部分引进那些很快能消化吸收的技术，如造船和汽车等交通领域；少量引进那些成型但处于衰退期的技术，如石油化学、家电制品等。这种技术转移战略布局的成功实施，不仅使韩国在各个阶层非常有效地引进了各自急需的技术，而且韩国企业在很快的时间里即消化和吸收了这些技术，更有甚者，通过技术的集成创新又很好地完成了向境外技术转移的战略。

二、美国、日本、韩国国家层面知识产权战略的差异

（一）战略定位：领先型与追赶型之不同

1. 美国：科技领先、全球化外向型知识产权战略

美国根据自身的经济、科技发展水平以及在国际分工的位置，推行的是科技领先、全球化外向型知识产权战略，以保持其在世界上科技研发和经济实力的优势地位，通过国际市场寻求知识产权保护并获得高额利润，使美国在国际市场中保持竞争优势。美国实施知识产权战略充分体现了两点：第一，通过修订法律以扩大知识产权保护范围并促使成果转化，建立起科技研发、成果转化、产权保护的战略核心。第二，把知识产权战略贯穿美国对外贸易领域。美国对外出口十分依赖知识产权保护，知识产权为美国商品进入国际市场提供了方便，而且能够有效地提高他国商品进入美国国内市场的门槛。

2. 日本：技术赶超、创新型全球化知识产权战略

日本根据自身的经济、科技发展水平以及在国际分工的位置，推行的是技术赶超、创新型全球化的知识产权战略，重点关注本国科技创新能力的培

养和经济可持续发展，有计划、有目标地不断调整自身战略目标。第二次世界大战之后，日本是通过技术模仿来促进自主研发的，主要表现在以下两个时期。第一，技术引进、模仿时期。第二次世界大战之后，日本经济疲软，发展动力不足，主要依靠外国投资来带动日本经济发展。因而此阶段多为消化、吸收外国投资带来的新生产线和新技术，并在生产中摸索，模仿出新产品来实现技术创新。20 世纪 50～70 年代，日本依靠技术交易许可引进了国外先进技术 3 万多件，而相关模仿和改进型的创新科技则高达 10 万件。第二，自主研发、产权保护时期。从 20 世纪 80 年代开始，日本通过 30 年左右的简单模仿和经验积累，开始进入了自主研发阶段，政府和企业对研发经费的投入大幅度提高，每年 R&D 经费投入达到 GDP 的 3%左右，使得日本在汽车、摩托车、化工、信息技术产业取得技术领先的地位，取得了大量的专利技术，让世界刮目相看。

日本政府不满足于模仿创新、技术立国战略，在 2002 年提出了国家层面的知识产权战略，国家战略从“技术立国”转变为“知识产权立国”，制定了《知识产权战略大纲》和《知识产权基本法》，2007 年又通过了《知识产权推进计划 2007》，其知识产权战略的立足点就是要使日本成为知识产权的强国，在国际市场的竞争中立于不败之地，把知识产权战略当做经济增长的重要动力之一。

3. 韩国：引进创新、全球化知识产权战略

相对于美国和日本而言，韩国是后发国家，但其在知识产权战略方面也积累了相当多的经验。20 世纪 80 年代，韩国政府提出将经济发展战略从“重化工业”、“贸易立国”转变为“科技立国”。WTO 成立后，韩国的知识产权政策开始转向以赢得全球竞争优势为目标，除了大幅度修改本国知识产权法律法规，还鼓励大企业集团对发达国家直接投资以快速获取技术能力，通过投资、收购研发型小企业或与跨国公司建立联盟获得新技术。经过这一时期的努力，韩国迅速成长为世界知识产权强国，专利申请总量进入世界前列，三星等大公司在美国、英国、日本等国的专利申请量已排前列。随着知识产权实力的不断增强，进入 21 世纪，韩国提出建立知识产权强国，建立创新型国家的目标。2004 年，韩国知识产权局颁布了“知识产权管理的愿景与目标”，明确提出要将韩国建设成为 21 世纪的知识产权强国，通过强化知识产权的创造、保护和使用，提高产业附加值。

（二）战略性质：进攻性与防御性之不同

1. 美国

美国的知识产权战略的类型决定了它的战略性质是属于进攻性。奥巴马政府先后于2009年和2011年两次发布《国家创新战略》，在2010年6月，公布《知识产权执法联合战略计划》，2010年7月，首次提出制定《21世纪国家知识产权战略》。从以上可以看出，美国政府日益重视从战略角度对知识产权领域进行主动参与和积极部署，通过强调政府机构之间的协作，从国家层面整合各种资源，不断加大知识产权保护力度，继续巩固美国在世界科技领域的霸主地位以及在知识产权规则制定中的话语权。

2. 日本

日本强调其国际竞争力以及在国际上的地位，2002年2月，日本首相小泉纯一郎在施政演说中首次提出将知识产权战略作为国家的发展战略，着手构筑国家知识产权战略体系。同年3月1日，日本国会批准了《知识产权基本法》，成立了由政府直接领导的知识产权战略本部。本部由首相直接担任本部长，官房长官及科学技术、文化科学和经济产业部门的大臣担任副部长。同年7月，明确提出了"知识产权立国"的国家发展战略目标，并着手制定和完善一系列从鼓励发明创造到有效保护知识产权等方面的具体法规和政策。日本从"技术立国"到"知识产权立国"这一发展战略的转变，显示出知识产权战略具有进攻性的特点。基于此，日本强调大学、公共研究机构有必要进行全球竞争性研究开发，企业也应当制订战略性计划以在世界范围内获取和运用知识产权。

3. 韩国

2009年7月，韩国国家竞争力强化委员会制定的《战略》提出，韩国政府将采取六大措施以保护知识产权，鼓励知识创业，通过推进以上措施提高知识产业的生产效益，并实现如下三大目标：一是改善技术贸易收支状况。2007年韩国的技术出口额为22亿美元，进口额为51亿美元，收支比例为0.43，韩国政府希望在2012年将此比例提高到0.79。二是提高知识产权保护水平。目前韩国在知识产权保护方面的世界排名是第33位，韩国政府希望在2012年上升到世界第15位。三是扩大知识产权产业的规模。2008年韩国知识产权产业的规模排名世界第9位，韩国期待在2012年达到世界第5位。从以上战略可以看出具有明显的防御性特征。

(三) 知识产权创造：R&D经费投入额度与强度之不同

R&D经费投入是衡量一个国家或地区科技竞争力的重要指标，大多数国家在制定本国科技发展目标及规划时都把这一指标作为重要参量。关于R&D经费投入，有两大类指标，即绝对指标和相对指标。绝对指标即R&D经费投入的金额，用来反映一个国家（或地区、企业等）有多少资金投至R&D活动。相对指标即R&D投入强度，是指R&D经费投入的金额与其他相关数量（GDP、企业销售收入等）的比值，用来反映R&D经费投入在其他相关数量中的比重。一般来说，在对R&D经费进行国际比较时，国际上通常采用的是GERD（研发占国内总产值的比重）指标，即经费投入强度＝R&D经费投入总额/GDP。

一般认为，研发经费投入强度不到1%的国家是缺乏创新能力的，说明该国的R&D活动仍处于初级阶段；如在1%～2%，则说明该国的R&D活动正处于中级阶段；大于2%的，则说明这个国家创新能力比较强（段联合和杨帆，2008）。

R&D投入强度与专利申请量和授权量密切相关，R&D投入强度越高，专利申请量和授权量就越多，反之亦然。事实上，尽管有些国家存在专利产出量高于或低于R&D投入强度的情况，但一般而言，这是由于资金投入和发明专利申请的产出之间存在一段时滞，或因国家研发体制不同以及基础经济活动存在差异所至。

表2.1为美国、日本、韩国及中国1997～2007年R&D投入强度比较。

表2.1 美国、日本、韩国及中国1997～2007年R&D投入强度比较 （单位：%）

年份	R&D投入强度			
	美国	日本	韩国	中国
1997	2.58	2.8	2.69	0.64
1998	2.62	2.9	2.55	0.65
1999	2.66	3.15	2.47	0.76
2000	2.74	3.15	2.68	0.90
2001	2.76	3.17	2.62	0.95
2002	2.66	3.30	2.5	1.07
2003	2.66	3.35	2.64	1.13
2004	2.59	3.35	2.82	1.23
2005	2.62	3.35	2.99	1.33
2006	2.62	3.30	3.23	1.42
2007	2.68	3.44	3.47	1.44

资料来源：OECD Factbook（Science and Technology，1997～2006）（http：//www.oecd.org）及相关资料，经作者整理得出。

1. 美国

从表2.1中可以看出，美国的R&D投入强度一直在2.58%～2.76%上下波动，1997～2007年，美国的R&D投入强度一直保持在年平均2.62%以上，2007年达到2.68%，R&D经费投入为3687.99亿元，位列世界第一位。与大多数国家不同的是，美国R&D经费投入已由企业与政府双主导型模式转变为企业主导型模式，以企业为代表的非联邦政府部门对R&D经费投入在逐年升高，目前已达到70%左右。R&D的高投入必然带来科技成果的高产出，据美国专利商标局公布的统计数据显示，2010年美国共授权发明专利21.96万件，1986～2010年，美国已累计授权发明专利327.94万件。

2. 日本

日本是把科技创新作为国家发展战略的创新型国家，每年的R&D投入强度都达到3%以上。在较短的时间内完成从引进新技术到自主创新的过程，进入技术输出的行列。2006年，日本R&D经费投入为1485亿美元，仅次于美国的3440.82亿美元，位列世界第二，但其强度（占GDP的比重）为3.30%，位列世界第一，其他国家中仅韩国的比重达到3.23%，而美国、法国等其他国家均不到3%。2009年，尽管金融危机严重，但R&D经费投入预算并未减少，仍保持了基本稳定。

3. 韩国

20世纪90年代以来，韩国的R&D投入强度一直保持在2%以上，即经济处于稳定发展阶段，创新能力比较强，而且增长速度较快，2004年R&D投入强度已达到2.82%，超过了美国，R&D投入强度成为仅次于日本，R&D经费投入达到193.7亿美元，处在世界第八位，这与该国的政府和企业长期对研发投入的重视密不可分。

（四）知识产权国际合作：主导性与参与性之不同

1. 美国

2011年，美国《国家创新战略》提出了改革专利审查制度，加强知识产权执法，积极参与国际知识产权合作等原则与具体目标。《国家创新战略》的实施，以及知识产权政策的变革，将直接推动技术的进步，确保美国继续处于技术革命的前沿。由于美国长期在全球范围内推行他的知识产权政策和主张，而且国际知识产权制度的很多规则也是出自于美国的要求和主张，美国不会放弃他在知识产权国际规则制定中的话语权。在当前和今后相当长的一个时期内，美国知识产权战略的目标之一就是维护技术垄断地位，以确保其世界第一科技大国的实力，并以自己的知识产权政策主张去影响知识产权国际规则的制定和修改。例如，2011年，在美国的积极参与下，一部新的国际知识产权协议《反假冒贸易协议》结束谈判，尽管尚未最终签字生效，并将发展中国家排斥在外引起广泛争议，但参与该协议谈判的包括欧盟成员国和美国在内的近40个国家的代表已就主要原则达成初步协议。

2. 日本

日本《知识产权战略大纲》规定了多种措施，以积极投身于知识产权国际制度的建设中，推动国际规则向其有利的方向发展。日本主张“对发生侵权国家的中央政府和地方政府开展强有力的工作，最大限度地行使 WTO 创立时生效的 TRIPS 协议中所允许的权利。特别是当 WTO 的成员国大量制造和流通模仿产品时，要最大限度地利用 WTO 的审议制度，充分保护本国企业利益”。同时，日本“积极参加 WIPO 有关工业产权和版权执法的共同咨询委员会的讨论，努力强化反假冒、反盗版的国际对策”。鉴于其在专利方面的优势，《知识产权战略大纲》还规定“要不遗余力地参加 WIPO 的 SPLT 的讨论，以谋求专利制度的国际协调”。

3. 韩国

韩国重视国际知识产权规则的运用，积极参与国际知识产权保护的合作和国际条约的制定与修改，在现有知识产权制度国际化基础上，进一步加强对专利审查结果的合作开发、对公有技术联合检索等领域的国际合作。韩国是以加强国家和地区间知识产权的交流与合作为基本态度，与其他新兴国家一样，并不谋求在国际知识产权制度构建中的主导地位。2009 年 7 月，韩国国家竞争力强化委员会制定的《战略》提出知识产权政策措施，已明确表明了这一点。

第五节 美国、韩国企业知识产权战略实证分析

一、美国 IBM 公司的知识产权战略

IBM 公司即国际商业机器公司，1911 年创立于美国，是全球最大的信息技术和业务解决方案公司，是一家拥有近 40 万名员工、1000 亿美元资产的大型企业，其 2008 年销售额超过 1000 亿美元，净利润为 120 多亿美元。它是世界上经营最好、管理最成功的公司之一。在过去的 90 多年里，世界经济不断发展，现代科学日新月异，IBM 公司始终以超前的技术、出色的管理和独树一帜的产品领导着全球信息工业的发展，保证了世界范围内几乎所有行业用户对信息处理的全方位需求。IBM 公司的成功就在于有效地运用了专利战略。

（一）IBM 的进攻型专利战略

IBM 公司在美国 46 个州和全球 29 个国家或地区建立了研究机构，有 7000 多名发明家从事研发工作。由于 IBM 公司具有很强的 R&D 投入能力和技术研发能力，因此公司长期采用进攻型专利战略。进攻型专利战略主要包

括基本专利战略、专利网战略、专利技术标准化战略等。基本专利战略是进攻型专利战略的重点，该战略是企业基于对未来发展方向的预测，为保持自己新技术、新产品的竞争优势，将其核心技术或基础研究作为基本专利来保护，并控制该技术领域发展的战略，基本专利战略中的基本专利，往往是企业那些先导性的核心技术或主体技术，它具有广泛应用的可能性和获得巨大经济利益的前景。

在实践中，IBM公司还注重基本专利与外围专利的结合，构筑专利保护网，在基本专利周围尽量不残留未开发的领域，避免被他人获得专利。IBM公司在申请基本专利方面就曾经失误过。公司在向欧洲专利局申请专利后即投稿在刊物上发表，没有对该项技术加以改进和完善，形成外围专利屏障，结果让其他国家争取到有关改良专利和采用其他材料及其工艺的专利，最后，IBM公司不得不出资购买他人的专利，否则，其产品的竞争力将大大削弱，所以，基本专利战略不应孤立应用。

当一个企业不具备开发基本专利的条件时，如果发现竞争对手自己形成以基本技术为核心的专利网使自己难以开发时，可以绕过对方的基本专利，发掘对方“空隙”技术，积极开发外围技术构建自己的专利网，可与基本专利形成交叉许可。

IBM公司通过进攻型专利战略，使公司拥有的专利技术已超过3万件，2010年IBM公司的技术发明又有5896项被授予专利，这标志着该公司已连续第18年荣登世界最具创意的公司名单的首位（张腾，2011）。

（二）IBM公司知识产权管理战略

1. 知识产权管理机构

IBM公司在知识产权管理上采取高度集权模式，IBM公司拥有庞大的知识产权管理机构，在总公司设有知识产权管理总部，负责处理所有与IBM公司业务有关的知识产权事务。知识产权管理总部内设法务部和专利部，法务部负责相关法律的事务，专利部负责专利事务。专利部下设5个技术领域，每一个领域由一名专利律师担任专利经理。由于IBM公司是一个跨国集团公司，知识产权管理部门在美国本土主要设有研究所，在欧洲、中东、非洲地区、亚太地区设有分支机构。若没有设置分支机构的国家，或是由该地区各国知识产权管理部门的代理人管理，或是由邻近国家的知识产权管理部门负责，如亚太地区未设知识产权管理部门的国家，由日本的知识产权管理部门统筹管理。同时，IBM公司知识产权总部对全球各子公司知识产权部门要求严格，除向总部作业务报告外，世界各地子公司的知识产权分部都要执行总部统一的知识产权政策，并接受总部功能性管理。

2. 鼓励创新发明

IBM公司深知企业创新的重要意义，为激励公司员工进行发明创造，他们设立了累积积分制的奖励方法，即对申请专利的发明人给予计分，1项专利为3点，同时可获1200美元奖励；点数累计达12点，再加1200美元奖励。刊载在技术公报的发明或发表论文，也计为1点。发明人若是在第一次申请即获专利，则可获首次申请奖，奖金1500美元。至于第二次以后被采用时，则每次发500美元的奖金，称为发明申请奖。上述制度在总公司及子公司都共同实行。另外，如专利权对整个公司有重大的贡献时，该发明人还可依其贡献程度的大小得到若干的奖金，此奖金称为特别功劳奖。此外，公司每年举办一次盛大的科技发明奖颁奖仪式，100名获奖员工将分享300万美元的奖金。IBM公司总裁亲自颁奖，在精神和物质上鼓励发明者。仪式后，发明者可以度假3～4天，费用全部由公司承担。

3. 信息化配置

IBM公司是懂得利用信息资源的典范，其建立了知识产权网络系统(IPN)，进行知识产权信息和战略管理。知识产权网络系统的不断成熟和规模的扩大，使IBM公司在2000年5月与网络投资公司（ICG）合作成立新的Delphion公司（http：//www.delphion.com）。Delphion的调查报告显示，一个企业内部的信息和知识，仅有12%在需要时可以很容易得到；46%的信息则以纸张和电子文件的形式存在，虽然理论上很容易实现共享，但由于数据格式不兼容，或纸张文件和电子文件转换困难，难以做到真正的信息交流。此外剩余的42%的信息则存在于员工们的大脑之中。IBM公司正是基于这个原因才建立了知识产权网络系统，以加强知识产权信息管理。目前，当IBM公司的研发人员或普通员工有了创新构思或研究成果时，他们就可以及时通过知识产权网络系统报告给公司。公司的专门委员会通过评估，决定如何实施知识产权保护。这样，IBM公司就可以实现对创新信息及时、有效的知识产权管理。

目前，Delphion可以为IBM和其他公司提供以专利为主的知识产权信息检索、考察、分析、跟踪等各种服务。通过Delphion可检索到包括美国专利申请、美国专利许可、欧洲专利申请、欧洲专利许可、日本专利索引和PCT出版物等大量的专利信息情报。与此同时，Delphion还为IBM公司提供知识产权战略的系统智能分析，帮助IBM公司把从发明的提出到实现专利申请的管理过程缩短到3个月（一般企业为1年），使专利实施率达到30%（一般企业为20%）。

IBM公司研发了一套专用于企业专利管理的软件系统——专利文件管理软件。该软件可帮助企业评价其现有专利文件，寻求新专利机会，以及根据专利战略调整公司业务。IBM公司专利人员研发使用此软件来分析公司的产品文件。IBM公司称将共享公司专利方面的专家，为客户提供关于建立和管理产品专利与知识产权的建议和培训。通过自己的知识产权经验，IBM公司运用娴熟的知识产权管理配置，完成了该软件的制作，同时也证明了其自身强大的知识产权运作能力。

（三）IBM公司专利保护与开放并举战略

IBM公司是专利战略的先驱者，它通过专利的经营获取了许多战略利益。近几年，IBM公司的专利许可费收入为每年15亿美元，1999年IBM公司曾利用公司专利换来了300亿美元新部件的销路。可以说，专利战略巩固了IBM公司的行业领导地位。为了保护创新带来的超额收益，当前许多跨国公司的专利保护越来越严格，企业之间涉及专利的纠纷也层出不穷。与其他公司不同的是，IBM公司的专利战略正在发生微妙的变化，从专利的产权保护为主转向保护和开放并举，在申请专利的同时开放大量的专利，专利资源共享，同时对于未获专利保护的技术发明，也能免费供他人使用，维持创新。如2004年，IBM公司向软件开发商免费开放了500项软件专利；2005年又向卫生和教育产业软件标准设计者授权免费使用其全部专利。有计划、有步骤的免费开放专利已经成为IBM公司的既定战略。

IBM公司为什么要采取专利开放战略？主要有以下原因。

第一，超强的科技实力是IBM公司实施专利开放战略的重要前提。截至2010年，IBM公司已经连续17年成为全球拥有专利数最多的公司，现在每年申请的新专利达5000多项，积累了雄厚的知识资本，有计划、有步骤地开放专利不会动摇IBM公司在行业领域的科技垄断地位。

第二，专利保护是双刃剑，一方面可以防止企业技术外溢产生利益损失，但是如果保护过分容易给竞争对手以可乘之机。例如，TCP/IP和NetBeui网络协议之争，Ethernet和Token Ring网络之争，IBM公司所开发的Netbeui和Token Ring全都败下阵来。原因是TCP/IP和Ethernet开放得早，已经提前一步成为产业公认的标准，而IBM公司的Netbeui和Token Ring不是技术落后，而是因为被知识产权重重保护失去了成为主流技术的机会。在任何产业，谁建立技术标准就意味着谁取得主导地位。从很多产业发展的经验来看，人们不在乎哪一种技术更先进，只关心哪一种技术是主流。一项技术开放得越早，就越有可能成为主流，从而成为产业的标准。IBM公司的专利开放战略正是在惨痛教训之后反思的结果，实施专利开放战略等于在行业领域内设置了很高的进入壁垒，能够有效遏制竞争者的进入，也能为自己确立市场地位赢得先机。

第三，IBM公司的产品部门各自独立，从技术研发到产品制造基本上都处于一个相对独立的状态，由此而产生的最直接后果是，IBM公司在许多自己的产品中并没有应用自己发明的新技术，至少不是最先应用这些技术。这既导致了技术的浪费和闲置，也丧失了许多推广技术的机会。专利开放可以吸引更多技术和市场的追随者，这些追随者在IBM公司专利的基础上开发形成大量衍生技术和产品，为IBM公司的技术和产品培育更广阔的市场，推动其成为市场主流。

（四）IBM公司的技术标准战略

IBM公司推行的技术标准战略就是以拥有先进的专利技术为基础，然后在专利技术的基础之上把它上升为“法定技术标准”或者“事实技术标准”从而垄断技术领域，实现规模报酬递增。“事实技术标准”是指受到市场广泛认可、用户认同的技术标准，即使不是最优的标准，但仍可以垄断技术领域。因此，谁掌握了技术标准，谁就掌握了游戏规则的主动权，其他企业在使用这个技术标准时，就不得不使用技术标准所覆盖的相关专利。IBM公司在美国拥有17 500项有效专利，在全世界范围内拥有32 000项有效专利，其他企业如果要使用IBM公司的技术标准，就必须向IBM公司请求专利许可，目前IBM公司每年仅专利许可费的收入就达到15亿美元。

IBM公司在技术标准战略中还采用双赢策略。2001年年初，IBM公司同意采用软件企业微软公司设计的电子商务标准，从而解决了长期以来两家企业间的电子商务标准争端，IBM公司和微软的握手言和，就是希望由双方主导的电子商务标准迅速占领市场，避免其他竞争对手染指，两家公司的技术也同时变成了标准技术，其他公司在接受该技术标准的同时，就不可避免地使用IBM公司和微软公司的专利技术，而承担支付许可使用费的义务。

IBM公司不仅实施专利开放战略，还实施了标准开放战略，在2006年公开了150项软件标准，供有关人员免费使用。由于IBM公司的专利和标准开放是根据自身发展需要有计划、有步骤、有策略地推进的，对追随者的技术和产品开发具有一定的引导性，追随者在获得技术的同时往往也实现了IBM公司对某些技术进行推广的战略企图，推动了IBM公司在产业新标准制定中主导地位的建立。IBM公司实行专利和标准开放战略的本质就是要通过“技术倾销”逐步谋求在未来产业标准中的长期主导地位。标准之争已经成为跨国公司竞争的制高点，谁控制了标准，谁就会在产业发展中拥有长远的支配性地位。因此，IBM的专利和标准开放战略只不过是眼前利益和长远利益两方面权衡的结果，在不失去主导地位的前提下，通过放弃部分专利收益来谋求长远的技术霸主地位无疑是一种明智的选择。

（五）专利共享许可战略

2010年，IBM公司和韩国三星电器有限公司（简称三星）在获得美国授权专利数上分别排名第一和第二，成为世界信息产业行业中两家最具创新能力的公司。2011年2月，IBM公司与三星达成专利共享许可协议，宣布两家公司将相互授予对方专利许可。在过去数十年中，IBM公司与三星在半导体、电信、视觉及移动通信、软件和技术服务等多个领域建立起了强大的专利组合。专利共享许可协议将允许双方自由使用彼此的专利发明并进一步创新，从而保持两家公司在技术创新上的领先地位，更好地满足市场需求。

二、三星的知识产权战略

三星缔造了一个传奇。1998年，刚刚经历了亚洲金融危机的三星负债170多亿美元，处在破产边缘，后来经过传奇人物尹钟龙的点拨，并且通过对研发和品牌的大量投入，实现了企业的跨越式发展并创造了巨大财富。到2004年，三星实现了552亿美元的销售额，利润为103亿美元，并成为半导体和数码电子领域的全球性品牌。三星成功的原因可以归纳为三条：确定了学习、模仿、自主创新的技术发展模式；制定实施专利战略；实施品牌战略。

三星迟来者的身份注定了它是一家追赶型的科技公司，三星充分意识到一味技术模仿，风险大且永远无法超越竞争对手，但闭门造车也同样不可行，耗时长且投入大，三星就此形成了自己的技术发展模式，并通过实施有效的知识产权战略，实施以高技术和尖端设计为核心的研发模式，终于打造出属于自己的核心技术优势，成功自主创新引领世界潮流，成为世界一流品牌。

2008年，三星全球净销售额达到965亿美元，创历史新高，也促使其跻身全球数码企业三强之列。

（一）高投入、高技术，以尖端设计为核心的研发模式

三星的成功并不是因为它是一家技术主导型的公司，恰恰相反，是因为它是一家市场主导型的公司，而研发在其中起的其实是一种辅助性作用，推动市场目标的实现。在三星存在一个战略铁三角，它的一角是在研发上的巨额而持续的投入，另外两角分别是高端的品牌定位和以消费者为导向的高效运筹水平。三星总是可以通过更多的新品和高档的品牌定位获取比竞争对手高得多的利润，接着又用这个利润去加大研发投入，以研发出更多的新产品和新技术，以维护高档的品牌定位和高额的利润，而一个高效的运筹水平，又确保了从研发到品牌价值转换的高效性。

多年来，三星坚持将销售收入的8%～10%投入到研发领域，2008年三星的研发投入高达55亿美元。三星对研发的投入不仅仅体现在资金上，更体现在人才的培养和储备上。在三星的15万名员工中，从事研发及相关工作的人员超过40%。三星的研发费用集中投入到少数几个重点领域，这些领域分别属于三种业务，即种子业务（移动通信系统网络非存储器事业等），苗圃业务［数码电视、PDA、超薄膜液晶显示器（TFT-LCD）］和果树业务（大型彩电、显示器、笔记本电脑、手机、存储器等），三星的目的很明确，就是要争取和保持在这些领域的全球领导者地位。三星针对研发投入，有一个路线图，这个路线图提供诸如公司未来的目标，应该开发出的技术，应该在哪些方面投入，等等，再根据这个路线图，由专门的部门，在全球范围内聘请能开发出这些技术的人员。为了提高自己的研发水平，三星甚至坚持不引进成套设备，而是通过引进部件进行消化，在此基础上推出自己的成套产品。韩国人的严谨在这方面发挥了重要作用，它使三星可以静下心来去研究每一个部件，最后实现整体突破。

（二）善于利用专利信息，抓住技术机会

以三星DVD技术的研发为例。1996年年底，日本的DVD机上市，第一批产品的价位在600美元左右。三星在高利润率的驱动下，积极加入DVD技术的研发生产。一方面，收集专利等技术情报积极研发，寻找技术机会；另一方面，在中国设厂利用廉价劳动力进行DVD机芯和CDROM用激光头等产品的生产。三星于1997年获得DVD激光头领域的关键技术专利授权（专利号为US5665957），专利名称为“lens device comprising light blocking means and an optical pickup apparatus using the lens device”。该发明是在借鉴了日本、美国和德国的光学寻址、光学读取、光学转换器、光学扫描头、纠错装置、分层读取装置原理等17个专利的相关技术基础上研制而成的。这一技术不仅是透镜装置的核心技术，也是整个DVD激光头技术的核心技术，仅两年时间就被日本、美国的公司引用13次，自引6次，其后一直表现出旺盛的生命力，10年间被引用58次，平均每年被引用5.8次。

（三）用资本换专利技术，合作共赢

20世纪90年代初，三星通过对专利文献的深入研究挖掘，利用反向工程方法破解和掌握有关技术，研发能力获得大幅度提升。但此时的三星在不少技术领域与世界先进公司仍然存在差距，它想进入高端电子市场还必须依赖外国公司。因此，三星适时采用了“用资本换专利技术，专利合作共赢”的专利策略（王宪云和徐福缘，2011）。三星采取了以下具体做法：一是进一步

加强公司内部研发。二是与其他公司签订技术转让协议。三是采取收购和战略联盟的新举措：①在发达国家收购高技术企业（如1994年收购日本LUX公司，1995年收购美国AST Research的主要股份）；②与拥有尖端技术的竞争企业（如东芝、NEC、摩托罗拉、Digital、西门子等）结成战略联盟，共享技术。上述专利策略应用的一个成功实例是三星手机。20世纪90年代初，韩国手机产品还多为模拟技术。摩托罗拉手机的产品市场份额很大。三星凭借其高超的市场分析能力，发现了将来数字技术的巨大潜力。三星果断采取用资本换专利技术的策略，获得了美国高通公司当时并不被市场看好的CDMA技术的使用授权，并成功地将CDMA技术商业化，1996年，开发出命名为“Anycall”的手机，意思为在任何地方任何时间都能通话的手机。技术上的领先加上“惊奇、简约、亲和力”的产品设计原则，使三星手机成为高科技和时尚的代名词，从而获得了市场上的空前成功。这使三星手机短时间内就进入三大手机生产商行列，全球使用人数由1997年的500万人急升至2003年的1.74亿人，手机市场占有率升至全球第二，仅次于诺基亚。

（四）技术专利化，专利标准化

三星一贯重视核心技术开发的做法获得了空前成功。三星走过了购买—学习—追赶—超越的历程，已在很多领域做到了技术领先。三星为了在数字化时代保持全球领导者地位的技术，在全球先后设立了42个研究机构，为未来发展开发战略性技术和独创的技术。三星非常重视利用知识产权保护自己的领先技术，将其中的核心技术积极申请专利。2008年，三星电子拥有专利数量累计达20 510项，涉及5897个不同的技术领域，主要分布在三大技术领域：半导体与电子电路、通信、计算与控制。

三星还将“专利经营”作为企业知识产权开发增值工作的核心战略，积极开展以转让专利技术为主要形式的知识产权有偿共享。三星专利的转让许可还扩大了三星在全球的影响，有利于三星专利标准化策略的实施（王宪云和徐福缘，2011）。目前，三星已在许多国际标准上拥有了话语权。例如，蓝光联盟推出了全球光存储的蓝光标准，三星便是蓝光联盟的主要成员。三星在一些国际标准上拥有的话语权已经并将继续为三星带来丰厚的垄断利润。自2008年金融危机以来，信息产业中的计算机业、通信业和半导体业都遭受了很大的打击。在这种大环境下，三星采取了与实力相当的竞争对手谈判和解的知识产权战略，节省已不充裕的资金，共同对付市场的后来者。例如，前后历时两年多、先后在全球打了21场官司的全球彩电巨头夏普和三星的专利纠纷，在2010年2月5日签署和解协议，此前的所有官司迅速撤销，同时双方还对互相使用这些有争议的专利达成了一致。

（五）持续的国际化品牌战略

三星依靠全球化的品牌战略管理，凭借产品的领导性、系统性的品牌管理和差异化营销模式，使三星品牌迅速成功，近 20 项产品做到了世界第一，成为超越日本索尼的国际一流品牌（谢作渺和彭娟娟，2006）。三星的国际化品牌之路，大致可以归纳如下。

产品设计和工艺创新

↓

产品及工艺研究开发→形成自有品牌（own-brand manufacture，OBM）

↓

竞争性产品的研究开发→形成自有风格品牌（own special-style brand manufacture，OSBM）

↓

核心技术研究开发和自主创新→形成国际化自有品牌（international own-brand manufacture，IOBM）

三星独特的体育营销策略使三星品牌成功地在世界推广并享誉全球。为推动三星的国际化品牌建设，三星在运用传统广告促销的同时，积极运用体育营销即通过全球合作伙伴投入巨资赞助体育活动来塑造其品牌。从 1997 年三星进入第四期 TOP 赞助商计划开始，奥运赛场成为三星向全球宣传其产品的最大舞台。来自三星的数据表明，三星几乎每年都会拿出 4 亿美元作为体育营销，并将奥运会 TOP 赞助商计划作为其体育营销的最高策略。

具有独创性的产品功能设计、外观设计是三星成为国际一流品牌的又一关键因素。三星的应用设计能力被业界与学界公认是三星取胜市场的关键能力之一。三星认为产品设计是品牌灵魂的重要载体，三星将应用设计创新能力提到战略的高度来重视，于 1995 年 11 月成立了创新设计实验室；1996 年，三星管理层将当年定为“设计革命年”；1999 年，三星注资 12.6 亿美元建立了全球设计网络，分别在旧金山和伦敦、东京，后来又在上海成立了设计研究院；2000 年，三星提出“设计驱动型管理”，从内部组织机构上再一次理顺“设计先行”的战略。总之，多年以来，三星非常注重设计理念的创新，每一项创新都以市场为导向。三星拥有大量人才从事产品外观设计工作，并在国际上屡次获得设计大奖。先进的技术、一流的材质和时尚的设计，使得三星产品在市场竞争中超越了众多对手，引领了消费时尚和消费潮流，赢得了客户的认同和喜爱，直接促进了品牌价值的提升（王宪云和徐福缘，2011）。

第三章 企业技术创新的模式、难点与对策

第一节 企业技术创新的模式选择

企业技术创新并无千篇一律的固定模式，企业应根据自身经济技术实力、目标产品的定位、企业内外环境等，审时度势，选择最合适的创新模式和时机。

一、企业技术创新的模式

技术创新的模式有很多种划分方法，按照技术来源可将企业的技术创新模式分为自主创新模式、模仿创新模式、引进创新模式和合作创新模式四大类。

（一）自主创新模式

自主创新也可称为率先创新，是指在无其他企业技术引导的条件下，企业在获取技术和市场创新机会后，依靠自身力量独立研究开发，攻克技术难关，获得新的技术成果，并完成技术成果的商业化过程。自主创新在市场上主要表现为产品创新，它可以使企业获得超额利润。但自主创新也存在很大风险，需要企业具有很强的研发实力、敏锐的市场洞察力和较强的风险承受能力等。

自主创新模式的特点是：①核心技术是企业依靠自身力量独立研发而获得的。②自主创新目标具有率先性，技术成果具有独占性。③知识和能力的支持是创新成功的内在基础和必要条件。

自主创新模式的优势在于：①可获得技术垄断地位，形成较强的技术壁垒；②技术扩张后形成创新集群和簇射现象；③生产方面可优于其他企业获得产品成本和质量控制的竞争优势；④销售方面由于产品的独创性可以获得超额垄断利润；⑤优先积累技术和管理经验。

自主创新模式是一把双刃剑，由于新产品、新技术研发的经费投入高、风险高、成功率较低，它只适合高新技术企业，其他企业需慎用。

（二）模仿创新模式

模仿创新也可称为跟踪创新或转移型技术创新，是指企业直接购买引进国外或国内先进的技术和装备，在此基础上改进完善，进行再创新。模仿创新一般包括引进、消化吸收和再创新等阶段。这种模式是技术创新的一条捷径，但会受到技术供给方的制约，利润空间也往往较小。

模仿创新模式的特点是：①模仿与跟随。最大限度地吸取自主创新者的经验和教训。②创新活动的针对性。投入一定力量，对率先者的技术进一步开发。③特色的形成。在创新链的中下游环节形成自己的特色。

模仿创新模式的优势在于：①节省研发阶段所需要的大量早期投入，以及新产品投入市场的大量风险性投入，最大限度地吸取领先创新者成功的经验和失败的教训；②研发具有很强的针对性，成功的模仿创新会超越领先创新者的产品，取得后发优势；③运用差异化策略获得竞争优势，给企业带来丰厚的利润。

模仿创新模式的缺陷在于：如果在模仿中没有自己的二次创新，仅仅是被动的、机械的模仿，容易掉进竞争对手的专利包围圈；技术方向不明确，在技术积累方面很难形成自己的技术优势；市场定位经常性的变换不利于营销渠道的巩固和发展。

（三）引进创新模式

引进创新是指企业通过技术引进（如购买专利技术）方式获取技术来源，在此基础上进一步创新以实现既定目标的战略模式。引进创新的优势在于可以为企业节省大量的研发经费，弥补企业在技术及人才方面的不足。通过有偿转让引进专有技术知识和专利，尽管所需费用可能较高，但可避免知识产权纠纷，节省自行探索时间，降低风险（有时会取得许可方的技术帮助），更快、更有效地生产高质量的新产品。

（四）合作创新模式

合作创新是指双方或多方在共同利益基础上整合资源，共同完成技术创新。在这种创新模式中，资源以共享或互补形式结合起来，创新利益互惠，创新风险共担。合作创新模式可以充分利用创新资源，有利于实现技术成果与市场的有效结合，但对组织协调能力的要求较高。

合作创新的特点是：①创新主体的多元化，创新活动可以在企业、科研机构、高校等不同的主体之间进行；②强强联合或优势互补，使得创新更容易成功，且取得良好的效益；③合作形式多样，既可以资金、人才、成果形式合作（如产、学、研合作），也可以资金入股形式合作，还可以技术供方利用中介形式和技术需方进行合作，等等。

合作创新的优势在于：①通过联盟使创新要素优化组合，优势互补，提高创新效益；②可以多方分摊创新成本，分散技术创新带来的风险，打破技术和市场壁垒；③还可以发挥相互学习效应，缩短创新时间。

合作创新模式的缺陷是：由于创新主体利益的多元化，使合作各方会为创新后续风险的承担和利益分配而纠纷不止。

二、技术创新的战略机会选择

（一）选择合适的进入时机

除了技术创新的模式选择之外，企业还要根据自身实力、产品特点，选择合适的进入时机。产品周期理论认为，每个产品都有一个生命周期，包括开发、导入期，成长期，成熟期和衰退期，企业选择哪一种技术创新模式与产品的生命周期有直接的关系。

在开发、导入期，企业对市场需要的理解还不准确，研发的新产品、新技术还不成熟，新产品的应用范围、市场前景还只是一种预期，有可能出现性能低、可靠性差、成本高等问题，新产品能否真正满足某种真实需要还是一个未知数，具有一定的风险性，但这一阶段是最能体现企业的研发实力和创新能力的。实力雄厚的企业宜采用自主创新模式积极开发新产品，尽早形成技术垄断以便获取较高的垄断利润。

在成长阶段，新产品、新技术被市场所接受，并在用户中建立了良好信誉，其他企业宜采用跟随战略。例如，采用模仿创新、引进创新、合作创新等模式，以分享市场利润，降低研发成本及市场风险。这一阶段是以产品创新为主向工艺创新为主的过渡阶段，如果企业模仿创新成功，甚至可以后来者居上。对企业而言，应避免在产品接近衰退或进入衰退阶段选择进入，因为此时技术已趋于成熟，市场开始进入饱和阶段，创新改进的空间有限，且市场壁垒加强，模仿者同样面临较大的风险。

（二）把握退出或转换时机

随着产业的成熟，提高产品性能日益困难。由于技术接近极限，以及技术潜力大部分已被利用，许多产品只能作修饰性改进。竞争者很难再实行产品差别化战略，产品同质性大大增加。当企业发现市场接近饱和，需求主要来自新产品对旧产品的更替，市场被少数几个产量大的企业控制，突破性产品创新的可能性较低，大批量生产将技术重点放在工艺技术创新上，价格将成为主导性的竞争焦点。在此情况下，一般的企业应使用现有技术进入新市场，或选择适当的时机退出，不再对该产品进行研发投入，或另辟蹊径主动创新将是明智的做法（吕玉辉，2006）。

三、企业技术创新的五个阶段

技术创新是创新技术在企业中的应用过程，新技术在企业生产中的应用一般通过创新产品和创新的生产工艺两种方式体现出来。从操作层面而言，一般需要具备以下几个阶段：

第一阶段是创新思想的形成。创新思想的形成环境主要包括市场环境、企业环境和社会环境等。

第二阶段是创新技术的获取。创新技术的获取主要有三种方式：一是企业依靠自己的力量进行技术创新活动；二是企业与其他部门联合开发，主要是与科研部门、高等院校等合作；三是从外部引进。就第三种方式而言，企业引进技术软件和引进硬件的效果和条件也是不相同的。

第三阶段是企业生产要素的投入和组织、管理阶段。主要包括企业的人力、物力、资金、技术、信息等基本要素的投入与组织管理。资金的投入与管理，一般来说要把握好几个比例关系：一是研究与发展费用占企业销售额或利润的比例；二是在研究与发展费用中，基础研究、应用研究和试验发展各部分的资金比例；三是引进技术的费用与吸收费用的比例。

第四阶段是企业技术创新的效果展示阶段。企业技术创新的效果可以在经济指标和产品的物理化学性能上得到反映，改进产品的物理化学性能也常常是企业进行技术创新的出发点。在现实中，往往也只有在改进产品的物理化学性能方面取得成果后，才能获得相应的经济效益。

第五阶段是企业技术创新成果的扩散，即技术创新成果在全社会的转让与推广过程。进行创新活动的企业通过有偿转让专利、技术和出售技术设备等方式获得好处，而更重要的是促进国家经济水平的整体提高。

四、企业技术创新有“六贵”

（一）贵在联合

由于技术创新存在着高投入、高风险，需要政府和企业自身的重视，才能顺利地开展技术创新活动。一般来讲，企业在技术创新过程中遇到的难题有以下几种情况：一是技术实力不强，缺乏开发条件，自主开发能力弱。相当一部分企业属于传统技术、淘汰和限制技术，技术水平低，直接造成产品档次低、质量差、消耗浪费严重、污染环境。二是资金不足，缺乏资本积累，资本筹措能力弱，创业资本和营运资本相对匮乏。多数企业无力进行技术改造，技术开发和创新技术改造资金严重不足，投资增幅逐年回落。绝大多数企业的技术开发经费和折旧提取比例都在一个很低的水平，甚至一部分企业根本就不提取，处于只能“吃剩饭”的境地，也就难以谈及技术开发和创新。三是中小企业技术创新的成功率低、风险大，一旦创新失败，往往造成企业破产倒闭。在以上不利因素情况下选择联合策略也是技术创新的一种思路。如果企业不缺乏资金，只是苦于开发能力弱，可以寻求有实力的高校、科研院所联合开发，其形式既可以组建公司实体，也可以采取签订联合技术开发协议的方法。例如，三明制药厂和福建医学院联合开发的蛇酶注射液项目，金陵制药厂与江苏省中医学院合作开发的治疗脑血栓的中药脉络宁等都属国内首创，并取得了巨大的经济效益。如果企业苦于资金的短缺，可寻求创业资本（风险资本）的支持和中小企业科技开发基金的支持，通过技术专家与创新资本的结合来实现企业的技术创新，并推动创新技术的产业化和后续开发。

（二）贵在开发

贵在开发，即企业在技术创新中，应把主要精力放在新产品开发上，以新产品开发为本，加快推进企业的技术创新工作。在国内外市场竞争十分激烈的今天，消费者生活需求出现多样化和新潮化的格局，有相当多的企业都非常重视产品的更新换代，以赶上消费变化的快节奏，不断进行技术创新，以新取胜，并以技术创新促进产品实现质优价廉。从国际上看，中小企业在技术创新方面较大企业成功率高。这是因为，中小企业进行的技术创新大多为市场拉动型，即根据客户的需求进行技术创新活动，其主要目标是利润最大化。因此，中小企业灵活的机制十分有利于技术改进和技术成果向现实生产力转化。

（三）贵在求独创

技术创新虽然有以新取胜、抢占市场竞争先机的作用，但在大多数企业都注重技术创新而且创新能力普遍增强的情况下，企业之间创新的竞争已经呈白热化状态，如果一个企业的技术创新没有自己的独创性，就很容易被其他企业模仿甚至超越。可见，创新诚可贵，独创价更高。企业技术创新要十分注重强化独创性，既要从自己企业未来竞争的需要出发，在技术创新中注意独辟蹊径，以避免可能出现的同行业技术创新雷同，又要尽可能地提高技术创新层次，特别要积极开发居领先地位的高新技术产品，使别人很难模仿或匹敌。

（四）贵在讲时效

时效是决定企业技术创新能否成功并取得成效的一个不可忽视的重要因素。在知识经济时代，科学技术突飞猛进，一项创新思维的出现到产品实体的形成和上市，速度之快已经到了只能以月计算的地步。一个企业尽管有着良好的创新愿望，但如果在开发中不注重提高时效，结果必定无法奏效。因此，企业新技术、新产品的开发要谋事早、行动快、时效好，迅速形成批量，尽快推向市场。这样，在以新取胜的市场竞争中才能捷足先登，取得最佳销售时机，使企业的创新胜人一筹，成效卓著。

（五）贵在用法律

加入 WTO 给我国带来了前所未有的发展机遇，企业要发展，就必须通过技术创新，培育企业的核心竞争能力。企业的知识产权是企业核心竞争能力的关键组成部分。一个企业知识产权的形成是企业长期经营的积累，是企业创新的成果和企业文化的体现，更是企业在激烈的市场竞争中，通过法律途径，对自己知识产权认真保护的结果。近几年来，我国一些企业通过实施技术创新工程，开发了一批新产品，推广应用了一批新技术，使生产技术水平和产品科技含量都得到了大幅度提升。然而，许多企业通过技术创新研制的独家新产品和技术，时隔不久便被仿冒，遭受严重的经济损失；还有一些企业不知创新也需查新，无意造成了专利侵权。那么，企业如何保护自己的新产品、新发明、新创造呢。最好的办法就是技术创新中运用专利战略，通过法律制度来保障企业的技术创新成果。坚持做到创新前先查新，创新后重保护。特别是当自己的技术或产品已经达到独创水平，具有申请专利条件时，应及时提出专利申请，以求迅速被国家专利局批准。这样，企业既不会因无意间侵犯他人专利权而惹上麻烦、遭到损失，又可运用专利法来维护自己的知识产权不受侵犯，维护创新带来的利益。

（六）贵在有远见

现在，一些企业技术创新的战略意识不强，虽然能取得一些阶段性成果，但却无法在较长时期内取得更多的效益。技术创新是企业的生命力所在，特别是在知识经济社会中，创新对于企业赢得竞争和获得长远发展，更具有战略性的决定作用。因此，企业一定要从战略角度来审视技术创新工作，通过提升创新起点、强化创新个性特色，使自己的技术创新从策略性对策向战略性举措转变。诚如此，我们的技术创新才能高瞻远瞩，收益长远（华鹰，2007）。

第二节 制约企业技术创新的主要因素

根据笔者对各种不同类型企业的调研，发现制约我国企业技术创新的因素很多：有政策和法律层面的，有企业决策层的，有现行科技研发体制方面的，有企业技术能力先天不足，有企业的融资能力弱，等等（华鹰，2009a），下面逐一进行分析。

一、决策层的思想观念制约企业技术创新

目前我国企业技术创新还面临诸多困难，其中比较关键的是政府和企业某些决策层的思想观念还制约着企业的技术创新，应引起我们足够的重视。

表现之一：创新主体定位不清晰，企业还未真正成为技术创新的主体。某些地方政府还没有走出管理企业、领导企业、包揽企业的误区，而热衷于召开创新动员大会，规定多少创新项目，争取多少创新技改资金，以及怎样分配使用资金。没有真正确立企业的创新主体地位，导致企业的创新意识不强，技术创新的源动力不足，企业的技术创新活动和产品升级换代不能迅速适应市场的要求。

表现之二：知识参与分配难以落实，没有建立拴心留人的机制。允许知识资本参与分配是国家政策早已明确规定的，但许多企业在具体落实上不到位，科技人员的积极性、创造性难以充分发挥。

二、政策、法制环境制约企业技术创新

企业技术创新需要有良好的政策环境、法制环境，如政策扶持问题、技术改造资金的投向问题、高新技术企业的市场准入问题、行政性审批程序问题、税收优惠问题等。目前企业在实施技术创新过程中普遍感到政策环境不够宽松，具体表现在：R&D经费投入不足，扶持企业技术开发与创新的优惠政策不够，高新技术企业市场准入的门槛过高，行政性审批程序繁琐等。由于技术创新存在着市场、技术、制造等不确定性所造成的风险，因此技术创新需要政府高度重视，只有营造技术创新的环境，才能使企业顺利地开展技术创新活动。

从立法层面来看，我国相继制定并实施了多项与技术创新有关的法律及其配套法规，然而，尽管我国技术创新立法已形成一定的体系，但仍存在着

诸多的问题。首先，技术创新立法不系统，没有专门的《技术创新法》。同时，与技术创新有关的一些亟待法律调整的领域还无法可依，例如，风险投资、基础研究、科技投入等方面。其次，现有科技法律可操作性不强，不便于实施和检查监督。法律规定过于原则化，显得模糊不清和过于笼统，可操作性不强，缺乏应有的法律约束力。最后，执法队伍素质不高，执法力度不够。目前，我国的许多司法和执法人员对与技术创新相关的科技知识知之甚少，缺乏专门的科技法律人才。

三、现行科技研发体制制约企业技术创新

由于历史和体制的原因，我国科技人员70%集中在高校、科研院所，企业的技术人员所占比重很小，企业在技术开发和技术改造方面是心有余而力不足，科技研发系统与生产脱节，严重影响企业的技术创新，这主要表现在以下两方面。一是条块分割，产、学、研脱节。过多的科研机构游离于企业之外，不利于产、学、研的结合，科研经费、科研力量不能集中使用，造成了科技投入的普遍浪费，致使很多基础性、关键性和普遍性的生产技术问题不能解决，直接制约了技术创新的速度和进程。以部门和行业为核心的隶属关系的羁绊，给科技系统结构上的优化组合和现代企业制度的建立设置了层层障碍，使科研单位与企业的一体化遇到了无法克服的体制困难。二是中试机构建设缓慢，成果转化瓶颈问题依然比较突出。中试机构建设、人才培养、设备配备、能源和原材料供给、科技服务保障等建设步伐缓慢，措施不力，政策落实不到位，导致作为成果转化核心部分的中间试验活动发展缓慢。

四、专利信息资源的利用水平制约企业技术创新

技术创新的实施，要求企业充分运用专利信息资源，对本领域或相关技术领域知识产权发展动态跟踪，它不仅能帮助企业明确技术开发和创新思路，提高研究开发起点，而且能节约40%的科研开发经费和60%的研究开发时间。

目前，我国有部分企业和科研机构不知道或不会利用专利文献提供的信息，导致重复研发而造成有限科技资源的浪费。据资料统计，在“七五”期间，我国700个大中型企业的9760个科研项目中，约2/3是重复研发。例如，我国有一个国家级研究院，1997年在国家科委立项研制“电晕放电脱硫脱硝技术”。历时4年，投资2500万元，终于研制成功。该技术对烟尘治理、环境保护作用极为明显。但在申请专利前检索时，发现日本一个公司已于1988年在我国申请了同样技术的专利，使该研究院蒙受重大的经济损失。

五、人员、技术、装备水平制约企业技术创新

我国大中型企业虽然经过多年发展，但仍然有部分国有企业的生产经营陷于困境，工程技术人员流动频繁，技术设备老化，具有研发能力的太少。此外，非国有企业以民营企业和乡镇企业为主体，高科技企业比重较小，总体上以“家庭企业”和“亲友企业”为主流，在工程技术人员数量、素质、层次上与大中型企业相比还有较大差距。一些技术人员常常忙于日常技术性工作，很难独立开展技术创新工作。

从技术层面来讲，我国仍有相当一部分企业的技术属于落后技术、传统技术和限制技术。技术水平低，直接造成产品档次低、质量差、消耗浪费严重，污染环境；同时适用技术少，专利技术和高新技术更少。在我国效益尚可的企业中，基本上属于适用技术，而电子信息技术、生物技术等新兴的高技术所占比例甚小；多数企业无力进行技术改造、技术开发和创新，技术改造资金严重不足，投资增幅逐年回落，从而严重制约了企业的技术创新。

六、企业的融资能力影响企业的技术创新

企业技术创新遇到的最大困难，就是缺少技术创新和创新成果产业化所需要的资金支持和深入研究开发的财力投入，这是许多企业所难以承受的。目前企业在银行贷款，吸收风险投资公司资本，以及通过股票市场向社会融资方面都遇到种种困难，企业的融资能力弱是制约企业技术创新的主要瓶颈之一。

第二节 企业技术创新的应对策略

一、政府层面的技术创新策略

（一）应完善技术创新方面的政策、法律法规

进一步完善技术创新和知识产权保护方面的政策、法律法规。要借鉴外国的成功经验，结合我国的国情，尽快制定技术创新法，就技术创新的主体、R&D经费投入、R&D机构、技术创新的风险保障、技术创新的战略计划、技术创新成果的转让和使用、国家对技术创新的各种支持等方面做出明确而具体的法律规定；同时，还应尽快制定商业秘密保护法等。

进一步完善股份制方面的法律法规。企业技术创新离不开风险资本，而

风险资本进入和退出的核心是企业股权的交换，企业股份的制度安排则是实现股权交换不可缺少的基础。而《公司法》的修改已经从制度上解决了上述问题，如无形资产出资比例过低的问题、注册资本实缴制问题、公司上市业绩连续计算问题等。

进一步完善鼓励在高技术领域投资的法律法规。制定这类法律的目的主要是保障投资者利益和吸引投资，同时也有助于引导资金投向，规范政策的执行，为企业孵化和技术创新提供启动资本。

（二）改革科技研发体制、组建产学研联盟等合作创新模式

改革我国目前存在的科技研发体制条块分割、产学研脱节的现象，突破以部门和行业为核心的隶属关系的羁绊，给予科研单位与企业在结构上的优化组合的权利，促进科研单位与企业的一体化，使更多的科研机构附着于企业，更有利于科研经费、科研力量的集中使用，重点攻克基础性、关键性的生产技术问题和核心技术。关键技术和核心技术的研发需要技术积累，许多名牌高校、专业科研机构都具备坚实的科学研究基础，同时也具备专业知识积累能力，企业应与它们建立联盟合作关系，充分利用科研机构的资源，获取技术保障，尽量缩短研发周期，建立产、学、研相结合的技术研发运行机制。

（三）建立完善“三位一体”的科技投入体系

由于技术创新和创新成果产业化需要大量资金，这就应该拓宽融资渠道，加大科技投入，建立企业、金融机构、政府三位一体的科技投入体系。政府要为企业技术创新大开绿灯，继续提高科技投入比例。金融部门要全面支持企业搞技术改造和发展高新技术，不断扩大技术信贷规模。政府应设立企业技术创新基金和技术创新成果转化基金，对于技术含量高、转化投入高、收益回报率高的技术创新成果，给予重点扶持。同时，技术创新成果的实施应取得创新资本（风险资本）的支持，通过科技专家与创新资本的结合来实现技术创新成果的产业化。政府应给予高新技术企业以优惠政策扶持，例如，一定期限的减免税政策，帮助技术创新的金融机制等，来吸引风险资本的进入，利用风险投资机制的“孵化器”功能，实现企业的技术创新。

二、企业层面的技术创新策略

（一）企业应成为技术创新的主体

我国的技术创新应该以企业为主体。科学创新和技术创新是两个不同层次的创新，属于基础研究的科学创新应该由高等院校和科研院所主导，而技

术创新则应该以企业为主导，企业根据市场需要提出创新目标，整合创新要素进行技术研发，并实现技术创新成果的产业化。企业作为技术创新的主体，可以有效地解决创新成果远离市场和专利申请中的寻租行为。我国应尽快完善以企业为中心的技术创新体系，真正确立企业的创新主体地位，使企业成为技术创新的动力源，使企业的技术创新活动和产品升级换代适应市场的需求。

第一，企业要有自我积累的能力。企业如果没有积累能力，没有适应能力，就不可能进行技术创新的投资。第二，企业应该有技术创新战略。第三，技术创新必须坚持需求牵引，而不是论文牵引和样机牵引，应以能否实现最终的产业化作为创新成果的评价标准。第四，技术创新单靠一个企业的力量是无法完成的，可以通过企业与高校、科研院所之间的协同、产业联盟来实现技术创新。要实现产学研的互相配合需从制度上确立科技成果由企业和研究机构共享，其组织方式应实现产学研一体化，至少是研发一体化，即以企业为主体，科技人员围绕企业提出需求目标，有针对性地进行科技攻关，否则松散的联盟一旦利益协调出现问题就会解体。

（二）企业应构建自己的技术研发平台

企业技术研发能力的高低，直接决定着企业的生存和发展，决定着企业的成长路径，决定着企业竞争力的强弱，决定着企业对于经济社会贡献度的高低。为了培育和提高企业的技术研发能力，有条件的企业应当构建技术研发的基础平台——企业技术中心，通过技术研发平台来凝聚科技队伍。目前我国只有50%的科技人员在企业，而发达国家这一比例达到了75%～80%，因此要调整体制，使科技人员将企业作为自己的选择方向。技术中心是企业技术研发的主体，是开发自主知识产权技术的基础，是企业飞速发展的启动器。企业的技术中心可以分为科技信息中心、设计中心、基础研究中心、技术培训部和技术支持部等五大部门，这五大部门有相对独立的任务职责，同时又相互协调和支撑，以实现企业技术创新链条中的各项功能。

（三）技术研发的高投入与高产出

商务部有关资料显示，我国企业自主研发投入严重不足。2005年我国企业500强研发投入占销售收入的平均比重只有1%，比世界500强低两个百分点。企业研发投入不足的原因，从客观上看确实存在技术研发投入存在风险、效益回报不确定的因素。但从主观上看，目前多数企业还没有把技术创新的原动力建立在企业发展战略的高度上。事实上，技术创新是高新企业必须要走的一步，投资技术就是投资企业的前途，加大研发投入首要的是解决企业创新的动力。有限的研发投入必然会影响企业产品的市场竞争力，导致企业发展后劲不足，难以实现长久发展。

企业的专利申请量是科技产出能力的一项重要指标，一般情况下，科技产出能力取决于科技投入能力，科技投入能力强，科技产出能力也将水涨船高。但是，许多企业明显存在科技投入大，但产出能力弱、效果差的问题。分析其原因主要有以下几点：一是企业用人机制不合理，科研人员利用率不高。目前被部门、区域分割垄断最严重的就是人才，特别是技术骨干人才，这不可避免地出现了多数企业技术人才严重短缺，而部分企业和科研单位又存在技术人才积压和浪费的现象。二是企业未能按照人力资本市场配置的要求，通过内部用人制度、分配制度、奖惩制度形成有效的激励机制。三是企业重引进、轻创新。据资料显示，由于企业急功近利，直接通过引进设备等手段提高其生产技术水平和自我发展能力，却缺乏对技术引进的消化吸收，技术费安排不合理，为二次创新即形成“引进—吸收—创新”的良性循环带来困难。

针对以上问题，企业应加强创新人力资源的开发和利用，充分挖掘企业已有的科技人力资源，制定激励政策，调动企业工程技术人员从事研发的积极性；合理使用研发经费，集中选择重大技术项目进行攻关，围绕核心技术申请专利，形成专利群，并围绕专利技术制定国际标准，使专利技术标准化；通过产学研联盟和建立各种技术中心平台，来吸引大批工程技术人员进入企业或投入企业的技术创新活动。通过以上措施来提高企业的科技投入和专利产出。

（四）企业技术创新风险的防范和规避

技术创新作为企业核心竞争力的首要内容，被越来越多的企业所重视。实现企业利润的最大化，意味着花最少的钱做最大的事，本着这样的原则，在企业技术创新过程中，对可能发生的风险进行识别、预测和评估，并对其做出预警和防范是非常有必要的。日本学者有过这样的研究，他们把企业核心竞争力与企业技术创新研发投入联系起来，得出结论：一个企业的R&D费用如果仅占企业销售收入的1%，那么这个企业注定要失败；如果占3%则仅仅可以维持企业发展；如果占到5%则可以参与竞争；如果达到8%以上，那才可能有竞争力（肖条军和盛昭瀚，2009）。而我国企业在技术创新上的投入显然不能跟发达国家的企业相比，从这个角度看，因技术创新的失败而造成的风险更是要竭力避免的。

风险是由于各种因素的复杂性和变动性的影响，而使实际结果和预期结果发生背离而导致利益损失的可能性。风险伴随着技术创新的每一个环节，构思→设计→实验模型→工艺实验和新产品试生产→初次市场化生产→大规模生产→创新技术扩散，每一步都有可能受不确定因素的影响而险象环生。而企业实施知识产权战略，可以规避企业技术创新风险，其策略有以下几种。

1. 风险的回避

企业技术创新要对高风险领域、高风险项目和高风险方案做出必要的回避，而进行低风险的选择。如果把握不好，很有可能使企业技术创新陷入困境，造成研发投入的损失和竞争能力的下降。为了防止出现这样的状况，企业应把握以下几个原则：回避不必要承担的风险；回避那些远远超过企业本身能承受的风险和对企业造成致命打击的风险；回避那些不可控制、不可转移、不可分散的风险；技术创新有技术风险、生产风险和市场风险，要以回避市场风险为主。

2. 风险的转移

企业技术创新风险的转移是指企业将技术创新的部分风险或全部风险转移到其他企业或组织。一是企业技术风险的财务转移。企业既可以参与科技保险和项目保险，也可以吸纳风险投资，以防范财务受损。二是技术创新的客体转移。企业将技术创新的一部分或全部活动转移给其他企业或组织，可以采用技术转让、委托开发和联合开发等，在企业间各自分担一定量的风险。技术创新风险的转移一定伴随着收益的转移，是否进行风险转移，采取何种转移方式，需要进行全面的衡量和决策。当技术风险、市场风险不大，而财务风险较大时，可采取财务转移的风险转移方式。当技术风险或生产风险较大时，可采取客体转移的风险转移方式。

3. 风险的控制

企业技术创新风险的控制指企业在对技术创新风险各因素进行充分辨识和分析下，对风险进行预测和预控，从而降低风险发生的可能性或降低风险发生后的损失程度。技术创新风险因素包括可控因素和不可控因素，如决策风险、生产风险、技术风险属于企业内部风险，是相对可以控制的，可以通过论证、计划、组织、协调加以防范和控制；而有些风险因素则是不可控制的，如宏观调控政策风险、市场需求变幻风险，可采取风险回避、转移来达到防范的目的。

（五）引培结合、构筑人才高地

企业决策层应充分认识综合经济实力的竞争归根到底是科技和人才的竞争，人才是科技进步和经济社会发展的重要资源，争天下者，必先争人。企业决策层必须以强烈的人才意识、全新的人才观念、长远的育才战略、真诚的聚才方式、营造良好的用才环境，不以“职称”找平衡，要以贡献论英雄，以效益搞分配，尽快形成培养人才、稳住人才、引进人才、用好人才的机制，培育一支数量充足、结构合理、素质较高，与市场前景、企业发展相适应的人才队伍，为技术创新奠定坚实的基础。

第四章 企业技术研发中的知识产权战略

第一节 企业技术研发中专利文献检索应用策略

一、专利文献的价值

专利文献既是报道最新发明创造最快的信息源，也是世界上最精确、最严密的追溯性资料。根据 WIPO 统计，世界上每年发明创造的 90%～95%可在专利文献中查出，而在其他技术文献中反映出的只有 5%～10%。专利文献内容详细，实用性强，其内容几乎涉及人类生产的所有应用领域。专利文献对技术的公开程度是其他科技文献所难以比拟的。目前我国已构建各种专利文献数据库，有各国专利文献约 5000 万件，每年还递增约 150 万件（王朝晖，2008）。

专利文献的调查利用是企业技术研发的重要组成部分，贯穿于企业技术研发的全过程，它使企业经营决策科学化，增强技术创新活力和效益。根据 WIPO 统计，企业在研发新产品中有效地利用专利信息，可以缩短 60%的时间，节省 40%的资金。同一研究课题，往往同时或先后有许多人都在研究，并不断申请专利，通过查阅专利文献，往往能从中受到启发，开拓思路。由于专利具有公开性，利用专利文献进行技术预测，有助于确定企业的技术研发和市场研发方针。

企业技术研发的方式主要有独立研发、委托研发、合作研发、引进技术后二次开发等。不管采用那一种方式都会涉及专利文献检索与应用，由于企业技术研发具有高投入、高风险的特点，其整个过程中会面临种种风险和考验，特别是目标产品的选择，研发产品目前的法律状态，是否涉嫌专利侵权等。而专利文献集技术、法律、经济信息于一体，是企业技术研发中取之不尽、用之不竭的资源宝库，合理有效地利用专利文献，对避免企业低水平重复研发，规避潜在侵权风险，提升研发起点与创新能力，助推企业形成自主知识产权起到了积极、重要的促进作用。

二、基础研发阶段对专利文献的检索和应用

一般情况下，企业技术研发中的基础研发阶段都要经历项目的酝酿准备、开题立项、实施研发三个基本环节。从酝酿准备环节开始，选择和确定的研发目标、技术路线、技术内容、技术指标、技术水平等方面是否具有新颖性和创造性，是新产品研发成败的关键。在基础研发立项前，首要的工作就是进行专利文献检索，专利文献检索一般包括查新检索、专利法律状态检索、技术跟踪检索、侵权防御性检索等。通过检索全面准确地了解掌握国内外相关技术信息情报，查清该项目在国内外是否已有人研究过，发展水平如何，研发深度及广度如何，已解决与尚未解决的问题是什么。由此，要对该技术研发项目作出是否具有新颖性的判定。而专利文献是世界上反映科学技术发展最迅速、最全面、最系统、最直接的信息资源，通过对该领域或相关技术领域专利技术发展动态跟踪，了解该技术领域最新发展方向，找出自己可以进入的切入点，分析开发的可行性，开发的技术含量，市场前景如何，以及该项技术后续开发和延伸的价值。

三、专利二次开发对专利文献的检索和应用

引进技术在消化吸收基础上的专利技术再创新也称为专利二次开发，专利二次开发可以形成企业自主知识产权，形成具有市场前景的高新技术产品。企业可以通过对专利文献的检索，形成“专利二次开发查新报告”，以作为专利二次开发的依据。报告的主体内容包括基础专利来源、基础专利技术要点、开发项目技术要点、文献检索范围及检索策略、检索结果和查新结论等。

这种在国内外专利技术引进、消化吸收再创新的基础上，进行专利技术的二次开发一般可选择目前国内外比较先进的已公开专利，利用其原理和思路，开发出在材质、结构、功能、工艺等方面比原有专利更先进的创新技术及产品，同时又可避开相应专利的侵权问题。企业只有把握专利保护的游戏规则，把专利技术再创新作为自己实施专利战略的一个重要部分，并能“站

在巨人的肩膀”上，取得具有后发优势的创新技术，有效掌握企业专利战略的攻防技巧，在较短时间内实现技术创新的跨越式发展。

四、成果转化阶段对专利文献的检索和应用

无论是产品、设备还是工艺、功能等方面的技术研发，都是企业研发人员集体智慧与创造劳动的结晶，这些创新成果是企业生存和发展的命脉。如何将这些成果快速转化成生产力，实施工业化生产，实现创新技术及产品的商业化、产业化发展目标，是企业技术研发可持续发展至关重要的问题。企业在生产前和生产进程中应注重对自己的各类创新技术加以严密保护，适时提出专利申请。对于其中某种关键技术或创新产品是否存在潜在侵权风险或将来产生知识产权纠纷问题，更应及时地、主动地通过专利查新检索方式得以早期预见与确认（杨薇炯和殷媛媛，2007）。这时较适用的检索报告是“专利检索报告”。

随着企业知识产权保护意识的不断加强，越来越多的企业在生产经营活动中会遭遇各种专利侵权纠纷问题。企业在实施产品生产制造过程中，依据我国《专利法》规定：未经专利权人许可，生产、加工受专利法保护的发明或者实用新型专利产品或为生产经营目的使用他人专利方法的行为（直接侵权）；或者未经专利权人许可，制造专利产品的零部件，或专门用于实施专利产品的模具，或用于实施专利方法的机器、设备等行为（间接侵权）都将被视为侵犯专利权行为。为避免产品加工、生产与经营中的侵权纠纷，企业应主动采取规避侵权风险的措施，及时对其产品制造过程中的专利信息进行全面检索，以知己知彼，防止侵权纠纷事务的发生，这种侵权检索比较适用“防止侵权检索报告”。当企业被告知侵权时，为保护自己的合法利益，依照《专利法》规定，企业就对方诉告侵权的专利提出无效诉讼，更应进行专利信息检索，这种被动侵权检索目的是查找提出专利无效的依据，力争挽回侵权损失。这时较适用的检索报告是“被动侵权检索报告”。

第二节　技术研发中专利分析方法的应用

一、技术研发为什么要采用专利分析方法

（一）专利分析的含义及基本步骤

专利分析是指从专利文献中采集专利信息，通过科学的方法对专利信息

进行加工、整理和分析，转化为具有总揽性及预测性的竞争情报，从而为企业的技术、产品及市场开发中的决策提供参考。专利分析分为定量分析和定性分析两种。定量分析主要是通过对专利文献的外部特征进行统计分析，也就是通过专利文献上所固有的标引项目来识别有关文献，然后对有关指标进行统计，最后用不同的方法对有关数据的变化进行解释，以取得动态发展趋势方面的情报。定性分析是以专利的内容为对象，按技术特征归并专利文献，使之有序化的分析过程。通常情况下需要将二者结合才能达到较好的效果。

专利分析通常按以下步骤进行：①准备期。专利分析首先要确定分析目的。根据分析目的（如分析竞争对手、分析行业技术、分析特定技术等）的需求，收集背景资料，选定分析工具（分析软件）、选择专利信息源。②分析期。在准备的基础上，进行数据采集和数据分析。数据采集包括确定专业领域，拟定专利检索策略，进行检索和修正，以及分析样本数据库。分析包括数据清洗、按专利指标聚集生成工作图表、生成深度分析目标群、分析与解读以及撰写分析报告。分析方法主要包括定性分析、定量分析、图表分析等。③应用期。应用期包括对分析报告进行评估、制定相应的新产品研发策略和专利战略。

（二）专利分析获得的信息

专利文献是世界上最大的技术信息源，但如此巨大的信息资源远未被人们充分地加以利用。对企业和研发机构而言，专利是竞争者之间唯一不得不向公众透露的某些关键技术信息。因此，企业的竞争情报分析者，通过细致、严密、综合、相关的分析，可以从专利文献中得到大量有用信息，从而实现其特有的经济价值。

专利分析可以为企业竞争情报分析获得以下方面的信息：①技术信息。专利文献中包含了大量技术信息，利用专利分析可评估某专业技术的先进性，发现可供选择的技术资源，发现改进和发展自己现有产品和工序的可能性，发现解决特殊技术问题的方法或途径。②产业发展现状信息。专利文献是产业内最新研究发明成果的展示地，监测最新公布的专利文件中的关键信息是了解产业发展动向的最佳方法之一。③技术发展的背景信息。许多专利文件及专利审查研究报告，可能引用或提到与新发明有关的专利和文献，这些补充性的信息可提供某一技术发展的基本背景信息，从而减少查询该题目的时间和缺陷。④有关技术发明有用的详细信息和关键信息。专利申请者为了得到专利权授予，必须在申请文本和图纸里充分说明技术细节，这些细节使某一领域的专家能复制该发明物。通过查询这些详细的说明，可能会发现令人产生新思想的许多细节。⑤有关技术领域的状况信息。通过专利查询，可以了解这样一些信息：哪些企业正在这一技术领域从事领先技术研究，谁是技术研究的领先者，主要的研究队伍、研究人员、哪些国家处于该领域的技术前沿，哪些技术是重要性正在上升的技术、哪些技术是重要性正在下降的技术。⑥研究开发及技术产业化的信息。

专利分析可以了解以下信息：开发某一水平的专利需要的时间和投入；某一技术从研究开发到商业化所需的时间和投入；从事某一研究开发的有效组织等内容。查询专利信息可以了解竞争对手在某些技术领域和产业领域的兴趣和投入，从某一时期内、某一企业专利数量和种类的分析中就可了解该企业对某一类技术的持续偏好和持续投入，也就可以预见其未来的发展方向；从企业在国内外申请专利的分析中，可以了解企业使用某技术的重视程度；从某企业不断更新的专利分析中，可以了解企业的技术开发能力和创新欲望。

目前全球有专门提供专利信息的三大在线服务系统：德国的 STN 国际系统，美国 KnightRidder 公司拥有的 Dialog 和法国的 Questel-Orbit。我国目前有三家机构在因特网上提供中国专利数据库免费检索：一是国家知识产权局专利检索咨询中心主办的中国专利信息检索系统（简称 PATENT 系统）；二是国家知识产权局知识产权出版社制作维护的国家知识产权网站（简称 SIPO 系统）；三是中国专利信息中心（简称 CPO 系统）。其实上述三家机构都是国家知识产权局的直属机构，因此，也可以说上述三个中国专利数据库检索站点是由一家机构提供的三个不同的检索系统。

（三）专利分析的主要作用

企业的技术研发离不开专利分析，无数事实证明，技术研发的成功和失败与是否充分运用专利分析有直接的关系，专利分析带给技术研发的作用是全方位的，一般认为有以下几点。

1. 把握相关领域的技术状况

通过对相关产业和技术领域的专利技术进行检索和分析，能够把握相关产业和技术领域的整体状况（包括重点技术现状）和发展趋势，明确行业技术创新热点及专利保护特征。

2. 了解相关企业的技术活动

专利制度是被广泛认可的保护自主创新的有效方式。大多数企业通常会将自己开发出的技术尽早申请专利以求得保护，企业的技术路线和技术布局必然会体现在其专利信息中。通过对企业的专利信息进行分析，便可以了解其技术活动及其战略布局。

3. 了解竞争对手动向

互为竞争对手的企业必然处在相同或相近的技术领域，通过对该技术领域的专利信息进行分析，不仅可以发现现实的竞争对手，挖掘潜在的竞争对手，还可以通过对竞争对手在不同国家的专利文献进行分析，了解其在不同国家、不同地域的市场经营活动，竞争企业间的技术合作、技术许可动向等。

4. 了解人才分布

通过对专利文献中的发明人信息进行分析，很容易找到该领域的技术专家，并可以了解到这些技术专家在技术上的侧重点。

5. 预测新产品、新技术的市场情况

专利文献记载着当前最先进的科学技术。据 WIPO 统计，同一发明成果出现在专利文献中的时间要比出现在其他媒体上的时间平均早 1～2 年（谢顺星，2007a）。通过对专利文献信息进行分析，可以预测新产品、新技术的推出，以及相关国家的市场分布和规模等。

6. 为企业的研发、投资、兼并决策等提供依据

通过对相关领域的专利文献信息进行分析，可以了解相关领域的技术发展现状和发展趋势，可以为企业决策者把握特定技术的开发、投资方向、兼并收购等决策提供依据。

7. 为建立企业专利数据库指明方向

通过对相关领域的专利信息进行分析，并结合企业自身的发展现状和发展目标，确定合适的技术领域，确定合适的目标跟踪对象，为建立既符合企业特色，又符合行业发展趋势的专利数据库指明方向。

8. 为制定企业专利战略提供依据

专利信息不仅包含大量的技术信息，还含有大量的法律和经济信息，仔细分析和科学利用这些信息，可以为企业制定专利战略、企业发展战略乃至市场战略等竞争战略提供依据。

二、定量分析的主要指标及其应用

（一）定量分析的主要指标

专利分析的定量指标较多，不同的指标从不同的角度揭示专利信息。许多国家和知识产权咨询机构都建立了自己的一套分析指标体系，例如，美国摩根研究与分析协会（Mogee Research & Analysis Association）、美国知识产权咨询公司（CHI）[①] 等。而由于各国、各地区申请专利的习惯并不相同，指标的计算方式也可能有所不同。早在 20 世纪 70 年代，CHI 便与 NSF 一起研发出全球第一个科学成果指标，NSF 编写出版的《美国科学与工程指标》报告采用了 CHI 的专利指标体系。OECD 科技指标系列手册即弗拉斯卡蒂系列手册中的《专利手册》也介绍了 CHI 指标的概念和计算方法，并指出 CHI 指标最初主要针对公司设计，但同样适用于国家或地区。如表 4.1 所示。

表 4.1　CHI 采用的主要指标

指标名称	含义	应用
专利数量	一段时间内各技术领域、各国家、各公司、个人所获得的专利数量	通过组合对比可评估当年或历年某一技术领域、国家、公司或个人的技术活动程度和水平，演变过程和发展趋势
专利相对产出指数	公司在某技术领域的专利申请量与产业专利申请量的比例	评估公司在整个竞争环境中的相对位置
同族专利指数	某专利权人在不同国家或地区申请、公布的具有共同优先权的一组专利数量	反映专利权人申请的地域范围及其潜在的市场战略
专利成长率	某权利人在某段时间获得的专利数量/上一阶段的专利数量	计算当前较前阶段增减的幅度，可显现技术创新随着时间的变化是增加还是迟缓
引证指数	某专利被后继专利引用的绝对总次数	引证次数高，代表该技术属于基础性或领先技术，处于核心技术或位于技术交叉点
即时影响指数	某产业或企业前五年专利的当年被引次数/系统中所有专利前五年专利的当年被引用次数的平均值	如果实际被引用数与平均值相等，当前影响指数即为 1。指数大于 1，说明该技术有较大影响，小于 1，则说明影响较小
技术强度	专利数量×当前影响指数	专利数量在质方面的加权，评估公司专利的技术组合力量
相对专利产出率	某权利人在某一领域的专利申请量/全部竞争者的申请量	判断权利人的竞争位置，产出率越高，竞争力越强

① 美国知识产权咨询公司（CHI）成立于 1968 年。早在 20 世纪 70 年代，公司就与 NSF 合作，首次建立了全美国的科学文献计量指标；在 20 世纪 80 年代，公司把科学论文引用分析技术扩展到专利引用分析，用于分析企业竞争动向、技术跟踪和其他产业技术分析。公司多年来投入巨资建立了一套专利数据库，还收录和建立了 100 万条以上的非专利参考文献数据和几十万个企业的标准名录。公司在 1998 年与美国商务部技术政策办公室和美国竞争力委员会的一项合作研究，利用美国专利商标局的发明专利批准量数据建立专利技术指标，对美国、欧盟、日本和包括中国在内的其他一些国家和地区在五个重要技术领域的技术研究开发的竞争力、技术实力和技术发展方面进行了比较，为支持美国政府和企业实施知识产权战略发挥了重要作用。

续表

指标名称	含义	应用
技术重心指数	权利人在某技术领域的专利申请量/其全部申请量	判断某一国家和公司的研发重点
科学关联性	某公司专利平均所引证的科研学术论文或研究报告数量	评估某专利技术创新和科学研究关系
技术生命周期	企业专利所引证专利之专利年龄的中位数	评估企业创新的速度或科技演化速度。技术生命周期较低，代表该技术较新且创新速度快
科学力量	专利数目×科学关联性	评估一家公司使用基础科学建立该公司专利组合的程度和公司在科学上的活跃强度

（二）专利分析实例列举

专利分析可根据不同的目的确定不同的分析方案。下面通过日本东海公司打火机相关专利分析情况，说明如何利用专利数据了解该公司的技术发展特征和趋势（谢顺星，2007b）。截至 2002 年年底，该公司在中国专利数据库中有关打火机方面的专利共有 78 件。经过统计排序分析，取排位在前的 20 个国际专利分类（IPC）小组（表 4.2）进行分析。

表 4.2 1992～2002 年日本东海公司打火机专利申请前 20 名 IPC 小组排名

（单位：件）

IPC	1992 年	1993 年	1995 年	1996 年	1997 年	1998 年	1999 年	2000 年	2001 年	2002 年	合计
F23Q2/16	3	3	1	4	2	4	4	2	7		30
F23Q2/28	1			2	2	1	3		5	2	16
F23Q2/34		2	2	2	2	2	1	1	1		13
F23Q2/02						4	2	4			10
F23D11/36	2	2	2	1			2				9
F23Q2/44						4	2	2			8
F23Q2/30				2	2	1					5
F23Q2/42				1				4			5
F23Q2/167		1			1	2					4
F23Q2/46							1	1	2		4
F23D14/28	1					1	1				3
F23D3/02						1	2				3
F23D3/08						2		1			3
F23D3/06						2			1		3
F23Q2/50		1			1				1		3
F23Q3/01	1		1		1						3
F23D3/24						1	1				2
F23Q11/00				1	1						2
F23Q2/00		1				1					2
F23Q2/36	1			1							2

注：缺少 1994 年的数据。

通过表 4.2 可以看出，日本东海公司在打火机领域的专利技术十分全面，几乎涉及打火机的全部技术领域。

该公司在 F23Q2/16 小组中申请量最高，约为排名第二小组的两倍。表明，该领域是日本东海公司的核心技术领域，日本东海公司在该领域拥有较强的实力。另外，该公司在 F23Q2/28、F23Q2/34、F23Q2/02 等领域也有较多的专利申请，表明这些技术领域是该公司的重点技术领域。

从表 4.2 可以看出，F23Q2/02、F23Q2/44、F23Q2/46、F23D3/02、F23D3/08 和 F23Q2/06 等技术领域内的专利大多数是 1998 年以后申请的，同时这些领域的专利申请随着时间的变化呈增长趋势。这表明 1998 年以后，日本东海公司的专利技术开始向这些领域转移。

同时，F23D11/36、F23Q3/01、F23Q11/00 和 F23Q2/36 等领域的专利申请，多是在 1997 年之前申请的，在 1997 年之后几乎没有新的专利申请。这表明这些技术领域的技术已经相对成熟，或者已经被淘汰，日本东海公司已经不在这些领域上再做新的投入了。

该公司重点技术领域 F23Q2/16、F23Q2/28、F23Q2/34 专利申请的趋势是：F23Q2/16 小组的专利申请趋势线基本保持水平，表明该领域多年来的重点地位一直在持续。F23Q2/28 小组中的专利申请呈上升趋势，表明公司在该技术领域的投入正在逐渐增加，该领域技术实力在逐渐增强。F23Q2/34 小组中的专利申请呈下降趋势，1998 年之后下降趋势明显，表明该技术领域已经逐渐从公司的重点技术领域中退出。

三、定性分析方法

定性分析也称技术分析，是以专利的技术内容或专利的“质”来识别专利的，并按技术特征来归并有关专利使其有序化。这和统计分析仅依靠专利文献外表特征是有很大区别的。定性分析一般用来获取技术动向、企业动向、特定权利状况等方面的情况，可以从发明的用途、原理、材料、结构和方法等五个方面来考虑重要专利的内容，并将重要专利按照内容的异同分类。如果专利内容以原理为主，说明这项技术尚未成熟；如果专利内容以用途的多样性为主，则说明技术已能实用。另外，将某技术领域各主要公司的专利按专利内容列表分析，可以看出各公司的技术特色及开发重点。将有关专利按技术内容的异同分成各个专利群，对某一公司拥有的不同专利群或对不同时期专利群变化情况进行分析，可以对某项技术或产品发展过程中的关键问题、今后发展趋势及应用动向、与其他技术的关系等进行分析与预测。定性分析是对专利信息的一种技术分析，具有很强的专业性，需要专利信息工作者与专业技术人员密切配合，也需要辅之以现代化的数据存储与计算手段。

专利信息的定量分析与定性分析，一个是通过外观上量的变化，一个是通过内在质的变化来反映技术的发展状况与发展趋势。两者既有区别，又存在必然的联系。量的分析需要根据具体的质，质的变化又要通过量的变化来分析。因此在实际工作中，采用定量分析还是定性分析，应视所希望解决的问题和掌握的专利数据而定。事实上，经常需要将定性分析与定量分析结合起来才能达到好的效果。例如，可先通过定量分析确定哪些公司在某一技术领域占有技术优势（专利申请量或批准量可以反映技术活动水平），辨别这一技术领域的重要专利（某一专利被后续专利的引用数反映专利的重要性），然后再针对这些公司的重要专利进行定性分析。

四、专利地图及其应用

（一）什么是专利地图

专利地图是指将一次、二次、三次等专利文献的统计结果整理成各种图表，即将专利信息“地图化”。专利地图的形式类似于等高线地图。在地图上，一个点代表一件专利文献，两个点之间的距离代表这两件专利的技术相关程度，距离越近，技术相关度越高。主题相近的专利文献聚在一起形成山峰，峰顶用三个关键词标识出技术主题；地图中以白色表示最高峰，说明涉及该技术主题的专利申请量最多，是研发中的热点技术。点击地图上的点或等高线，即可保存或浏览相关的专利文献。

专利地图作为一种搜集、整理和显示专利信息的工具，可视性强，便于理解，一般分为专利管理图、专利技术图、专利权利图（王晋刚，2008）。

专利管理图主要包括历年专利动向图、各国专利占有比例图、专利排行榜、主要竞争公司分析图、公司专利平均年龄图、公司发明阵容比较图、公司定位综合分析表、公司专利件数分布图、公司专利件数消长图、发明人专利件数分布图等，主要显示了技术的发展趋势，进行竞争企业的实力剖析和动向预测。

专利技术图包括 IPC 分析图、技术生命周期图、专利技术功效矩阵图、专利技术分布图、专利技术领域累计图、专利多种观点解析图、挖洞技术显微图等。技术图锁定某项技术或公司进行地毯式搜索，主要显示技术演变、扩散状况、研发策略、回避设计、挖洞技术的可行性。

专利权利图主要包括专利范围构成要件图、专利范围要点图、专利家族图、重要专利引用族谱图，主要剖析研发空间和市场空间。

专利地图的制作流程：确定专利分析主题→建立专利检索策略和分类方

法→专利文献筛选、分类→专利文献阅读解析→建立专利管理图、技术图、权利图→专利地图库信息解析→重要专利全文精析→技术创新、侵权比对、回避设计→专利申请验证→专利地图更新。

由于专利地图所涉及的信息量非常大，整理起来异常烦琐，如果企业自身的实力不够，一般很难完成专利信息的搜集整理工作，还是交由专业的专利律师或咨询公司去做比较可行。尤其是进行专利侵权和有效性分析时，一定要由专业的专利律师来做。

（二）专利地图的作用

专利作为技术信息最有效的载体，囊括了全球90%以上的最新技术情报，相比一般技术刊物所提供的信息早5～6年，而且内容翔实准确。作为收集、整理、利用专利技术信息的专利地图将在未来信息世界中扮演着举足轻重的角色。

对于大多数企业来讲专利并不是偶然发现的，而是有目的地去设计开发的，很多企业在技术研发中都有这种体会，制造出来的产品要么是别人已经有了的，要么具有相似的技术，这是很大的研发浪费。有的企业准备进军欧洲市场、美国市场，投入巨大的资金做好市场准备后，发现推广产品的核心技术专利掌握在欧美某些企业手里，如果能够预先为产品专利研发设定一个较明确且不会触碰到别人专利“陷阱”的专利地图，就不会发生专利申请触礁的窘境，不会浪费大量的人力物力。

专利地图在专利信息利用中起到承上启下的重要作用，承上是指将检索到的专利信息，经过整理、加工、综合和归纳，以数据的形式归入一张图表中，可供定量分析和定性分析之用；启下是指通过对专利地图的对比、分析和研究，可作出预测和判断，从而得到可利用的技术水平、动态、发展趋势等情报，为企业制定经营战略、专利战略、选定开发目标等服务。

专利地图作为一种搜集、整理和利用专利信息的工具对企业有重要意义。通过专利地图的制作和分析，可以帮助企业在技术研发中实现以下目标（张帆等，2008）：①激发创造新专利的新概念和发现，以及可以对现有技术进行改进的领域；②对公司制定的研发项目的合理性进行验证；③对公司的技术策略进行技术方面的审慎调查，为技术投资决策提供依据；④密切关注竞争者的研究动态并发现新的竞争者；⑤通过研究可以发现在技术相对密集的领域的技术发展机会点；⑥帮助制定避免专利侵权的策略或可以专利诉讼的策略和打击对象。

（三）专利地图的分析

对专利文献的分析可以由点及面、巨细无遗地揭示技术信息。通过对单件专利的技术文献分析，可获得目前所遇问题的解决方法，获得技术发展新创意，回避现有专利陷阱。以时间为主轴，分析每周全球最新核准专利，可以迅速反映新技术动向；以专利权人分析为主轴，可以了解该专利权人的技术与市场布局；以技术为主轴，对时间、专利权人交叉分析，可以掌握技术趋势，对某一技术领域做出综合判断。

通过专利地图分析，可以得到相关技术领域中竞争者的如下信息：①对手的研发活动年期分析。观察其在此期间不同年份对研发活动的投入，可知各公司在此期间所使用的研发资源；②专利的年龄分析。专利年龄等于各专利年龄总和除以专利件数。专利年龄越小，说明该公司在本领域享有较长的技术垄断优势，反之亦然。③专利的自我引证次数分析。自我引证越多，说明注重自我研发，与外界的技术互动有限。④被其他公司引证总引证次数分析和引证率分析。被引证得越多，证明该专利的价值越大，可能是该技术领域的基础或核心专利。⑤技术独立性分析。用一个系数来表示技术的独立性。独立系数越高，表明研发的独立性越高，专利侵权的可能性越小；反之表明技术研发路线比较标准，侵权的可能性相对大一些。⑥主要竞争者专利相互引证分析。通过相互引证关系分析可以清楚地看到被引证最多的公司基本上是处于本技术领域的领导者地位。而引证者往往处于相对的技术从属地位。⑦重要公司的专利排行榜分析。可以看到本领域内技术上的竞争态势。⑧重要公司的历年专利件数分析。可以看到在不同阶段各个公司的技术研发趋势和整个技术的发展趋势。

专利地图一方面可以作为经营管理的重要信息，更重要的是还可以进一步归纳出每一个专利的技术及功效类别，通过分析这些图表隐含的与技术研发方向相关的信息，可以了解特定技术的动向，并进一步预测技术的未来走向。在专利分析活动中，可以通过专利分析报告指导企业在一切可能的核心空白点上部署各种类型的专利，从而封杀国外竞争对手的仿冒空间，合理配置自主开发和获得授权。

第三节 新技术、新产品研发中的创新策略

一、新产品研发的意义

从市场营销学的角度看，新产品不是从纯技术角度理解的，凡是企业向市场提供的能给顾客带来新的满足、新的利益的产品，即可视为新产品。新

产品主要包括以下几类：新发明的产品、换代产品、改进产品、新品牌产品（仿制新产品）、再定位产品和成本减少产品等。企业新产品开发的实质是推出不同内涵与外延的新产品，而并不一定以申请专利和基础专利为目的。而对于大多数企业来讲，是改进现有产品而非创造全新产品。创新是企业生命之所在，如果企业不致力于发展新产品，就有在竞争中被淘汰的危险。努力开发新产品，对于企业的生存发展有着极为重要的意义。

市场竞争的加剧迫使企业不断开发新产品。企业的市场竞争力往往体现在其产品满足消费者需求的程度及其领先性上。特别是现代市场上企业间的竞争日趋激烈，企业要想在市场上保持竞争优势，只有不断创新，开发新产品；相反，则不仅难以开发新市场，而且会失去现有市场。因此，企业必须重视科研投入，注重新产品的开发，以新产品占领市场，巩固市场，不断提高企业的市场竞争力。

产品生命周期理论要求企业不断开发新产品。产品在市场上的销售情况及其获利能力会随着时间的推移而变化。这种变化的规律就像人和其他生物的生命历程一样，从出生、成长到成熟，最终将走向衰亡。产品从进入市场开始直到被淘汰为止，这一过程在市场营销学中被称为产品的市场生命周期。产品生命周期理论告诉我们，任何产品不管其在投入市场时如何畅销，总有一天会退出市场，被更好的新产品取代。企业如果能不断开发新产品，就可以在原有产品退出市场时利用新产品占领市场。值得注意的是，在知识经济时代，新技术转化为新产品的速度加快，产品的市场寿命越来越短，企业得以生存和发展的关键在于不断地创造新产品和改造旧产品。创新是使企业永葆青春的唯一途径。

消费者需求的变化需要不断开发新产品。消费者市场需求具有无限的扩展性，也就是说，人们的需求是无止境的，不会永远停留在一个水平上。随着社会经济的发展和消费者收入的提高，对商品和劳务的需求也将不断地向前发展。消费者的一种需求满足了，又会产生出新的需求，循环往复，以至无穷。适应市场需求的变化需要企业不断开发新产品，开拓新市场。

科学技术的发展推动着企业不断开发新产品。科学技术是第一生产力，是影响人类前途和命运的伟大力量。科学技术一旦与生产密切结合起来，就会对国民经济各部门产生重大的影响，伴随而来的是新兴产业的出现、传统产业的被改造和落后产业的被淘汰，从而使企业面临新的机会和挑战。这是由于科学技术的迅速发展，新产品开发周期大大缩短，产品更新换代加速，从而推动着企业不断寻找新科技来源和新技术专利，开发更多的满足市场需要的新产品。

二、新产品研发中的创新策略

企业新产品的研发要以满足市场需求为前提，以获利为目标。企业应遵循以下研发原则：一是根据市场需要，开发适销对路的产品；二是根据企业的资源、技术等能力确定开发方向；三是量力而行，选择切实可行的开发方式。

新产品研发的策略很多，根据不同划分标准，可以有不同的策略。采用何种策略则要根据企业的实际情况，根据市场情况和竞争对手的情况，当然与企业决策者的个人素质也有很大的关系，开拓型与稳定型的经营者会采用不同的策略。

（一）新产品研发的高起点策略

面对新技术、新发明不断涌现的知识社会，企业要在竞争中求生存和发展，占领市场和技术优势，就必须按独特的创新思路去开发技术和产品。一是要走出仿制他人技术的思维方式，充分剖析，吃透现有技术的缺陷，避开现有技术的研究思路，提出全新的技术方案；二是要提高技术的起点，走技术进步和技术创新之路，要利用已有的技术优势，针对重大技术，加速创新技术开发形成自主的知识产权，逐步形成具有市场竞争力的专利产品，并在国内和国际市场中占有一定份额。

（二）新产品研发的模仿创新策略

对于技术较为落后的企业往往是通过购买专利引进技术作为振兴企业的生长点；通过消化、吸收他人的专利技术来提高企业的技术水平和创新能力。模仿创新并不完全照搬抄袭别人的技术，它同样要投入一定的研究开发力量，对已有的专利技术进行进一步的开发，只要改进产品的技术特征与原有专利的技术特征不同，提高了产品的档次，企业可就改进部分的技术特征申请专利。甚至可迫使对方与自己签订交叉许可合同，相互允许对方免费使用自己的专利。因此模仿创新并不是单纯的模仿，而是一种渐进性的创新行为。由于模仿创新使技术开发的针对性大大增强，这就回避了研究开发竞争所带来的风险，从这个意义上与自主创新战略相比，模仿创新战略是一种风险较低的战略（李谊民，2003）。

（三）新产品研发的集成创新策略

在现实生活中有一种有趣的现象，即我们都知道电灯泡是谁发明的，但不知道波音飞机是谁发明的，这就是原始创新与集成创新在公众认知层面上的区别。当然，这并不意味着原始创新就比集成创新简单，恰恰相反，原始创新永远是我们在自主创新进程中追求的最高目标。但就现阶段而言，对于中国的多数企业，集成创新更具市场价值和社会意义。

这是因为，当今科学知识越来越扩散，单个企业已经不可能掌握所有的科学技术，自己从头开始搞创新；开发一种产品所需要的科技知识基础越来越广泛，产品的市场环境越来越复杂和不确定。在这种条件下，仅仅在创造单项技术方面见长已不足以使企业获得优势。因此，竞争优势将被赋予最善于选择技术的企业。可见，技术集成乃是企业集成创新的基础和核心。我国的企业应当合理而有效地利用已有的技术成就，在技术集成的基础上进行创新。研究表明，任何一项创新，包括根本性的重大创新，都不可能完全脱离现有的生产技术，都会尽可能多地利用已有的或成熟的技术成就。同时，对于集成创新的理解又不能简单地概念化，集成式的创新并非多种新技术、新知识的无机“捆绑”，它必须是一种在逻辑上的有机“结合”，只有如此，才能称为集成创新。

集成创新的目的是很明确的，它最终是要形成自主知识产权。而在企业具体操作过程中，与传统研发模式“拿着技术找产品”的形式截然相反，集成创新应首先定义市场产品、定义自主知识产权为起点，再选择相关可用技术，并在两者之间的不断互动中确定最后的集成创新方案。集成创新并形成自主知识产权绝非易事。以“第三代移动通信系统研究开发”（即 C3G 项目）为例，项目启动伊始，便面临严峻的知识产权问题。经查新，1999 年初国外公司在我国申请有关 3G 的专利已近 2000 项，其中许多核心专利已纳入国际标准，形成了很强的专利保护和技术壁垒。也正因为如此，C3G 项目领导小组首先明确了“必须进行集成创新，形成自主知识产权”的目标，在其后的研发中，围绕此目标，通过企业与高校积极参与，通过项目组对专利数量的要求以及建立知识产权联盟，最终取得了具有自主知识产权的研究成果。

（四）新产品研发的小而新策略

技术开发中的创新是企业经济持续增长的不竭源泉已成为共识，但对于如何创新，其着力点又在何处，是由每个企业的实际情况而定的，不能一说到技术创新就认为只能是高科技，甚至将技术创新与高新技术、尖端技术画等号，从而陷入创新只有求“高”、求“尖端”唯是的误区。重大发明创造、重大技术革新是创新，小发明、小创造、小改小革同样也是革新，创新存在于每一个细节之中，关键是企业如何去发现这种细节，如何去发现现实的和潜在的市场需求。日本松下公司创始人松下幸之助成功后，有人问他早年成功的奥妙，他伸出一根手指，再伸出两根手指，后伸出三根手指，其意是说将单头插座改为双头插座，再改为三头插座便是成功的奥妙。这一奥妙说透了一点也不深奥，但这一小改革成就了后来的知名企业。松下幸之助的成功之道，值得我们思索。

（五）新产品研发的反向工程策略

反向工程是指通过对从公开渠道取得的产品进行拆卸、测绘、分析等技术手段而获得该产品的有关技术信息的方法。反向工程破解的是他人的技术秘密和技术诀窍，而不是专利。反向工程是从外部获得企业所需技术的产品，运用内部的技术力量对产品进行解剖分析，破译出企业所需的技术知识。许多国家的企业正是依靠反向工程从发达国家的领先企业获取技术，以达到先进水平，最终实现赶超。最为典型的是日本企业，近代日本的照相机、汽车等企业通过实施反向工程实现了对欧美企业的技术获取和技术赶超。

在反向工程的实施过程中，企业技术能力是其成功的核心和关键。反向工程需要一定的技术支持，没有相应技术能力的企业是难以实施反向工程的，例如，技术感知能力，对于有价值的商业信息和技术成果能够迅速识别，抓住反向工程的启动时机；技术分析能力，能够打开技术黑箱，破译技术秘密和技术诀窍；技术还原能力，将已经破译的技术点、知识点重新还原成为产品生产的技术组合；吸收与应用能力，学习外部的技术知识并将其内化为自身的知识基础和技术力量，并在实践中进行应用等（和金生和王雪利，2006）。因此，反向工程是企业获取、吸收新知识和先进技术的学习过程，同时也是企业不断提高技术研发的起点和水平、开发出新产品的过程。

（六）新产品研发的“逆向思维”开发策略

“逆向思维”开发策略又称反向式新产品开发，就是运用逆向思维，不循常规，反其道而行之来开发新产品。逆向思维改变了人们的固定的常规的思维模式和轨迹，可以提供全新的思维方式和切入点，从而发现正向思维所看不到的事物。在采用逆向思维时往往需要与顺向思维交替进行，在交替使用这两种思维方法时，不断变化解决问题的重点途径，这就要求人们灵活地、变通地思考并寻求自己恰当的方法。

（七）新产品研发的“类比式”开发策略

类比式开发策略是指将某一领域的原理、方法、技术或构思移植到另一领域从而形成新事物的方法。企业采用该策略开发新产品时，需要运用类比思维，举一反三，触类旁通，由已有的技术、工艺、原材料产品去类推另外的新产品。一是原理类推。即把思维原理等类推到新的领域。例如，把社会化大生产原理运用于改造传统零售业，就创造了连锁经营的形式等。二是技术、工艺类推。例如，日本日清食品公司首先发明了方便面，根据此技术工艺，许多企业开发出了方便米饭、方便米粉、方便粥等。三是原材料类推。例如，矿泉水问世后，许多企业又开发出了纯净水、太空水、绿茶饮料、维生素饮料等。

综上所述，可供企业选择的技术开发策略很多，每种策略都有其优缺点和适用范围，对于企业来讲，无论选择哪种策略，都要根据顾客的需要、企业的资源，以及市场环境等条件来考虑（华鹰，2009b）。

第五章 企业技术创新中的专利战略

技术创新是企业专利战略的原动力，没有技术创新为动力的专利战略是没有生命力的，不可能产生具有核心竞争力的专利技术。反之，企业专利战略的实施又可助推企业的技术创新。企业的技术创新与专利战略是由若干相对应的环节构成的一个体系，整个系统构成一个价值链。企业的技术创新应导入专利战略。

第一节 技术创新与专利战略的关系

一、企业专利战略的目标及作用

（一）企业专利战略的含义及目标

“战略”一词起源于军事学，它是同“战役”、“战术”相对而言的，指对战争全局的筹划和指导。后来，它被扩展并广泛地应用于政治、经济、科技、社会、教育等各个领域，其含义也相应地更为普遍化了。《辞海》对战略的定义是：战略是重大的，带有全局性的或决定全局的谋划。这样，凡是带有全局性的策划都属于战略范畴。一般而言，战略具有三个本质特征：全局性、长期性、层次性。

企业专利战略是企业运用专利制度这一武器，选择适合于自己的专利攻防策略，规避技术研发中的风险，实现在技术创新中的突破，形成有利的专利技术竞争态势，增强企业的核心竞争能力，谋求本企业持续稳定、快速发展的重大措施和策略。

实施专利战略在企业决策层面上，企业决策者要有市场眼光和技术眼光，能够评估技术变化所产生专利产权的价值变迁，在其中辨识机会，规避风险，发现新技术发展方向或重新界定企业主导产品的业务范围，运用专利制度对技术创新战略作出科学决策，并确定企业技术创新发展方向和专利工作目标。

实施专利战略在企业管理层面上，要对技术创新中涉及的具体专利问题，如专利申请、专利信息利用、专利实施、专利引进、专利合作、专利保护、专利诉讼等进行研究和决策，制订实现战略目标措施，建立和健全有关管理制度，规范创新中的专利活动，以充分调动职工发明创造的积极性，充分维护企业的合法权益；采取一系列策略和手段，遏制竞争对手，保持竞争优势。

企业实施专利战略的主要目标和任务是通过企业专利战略方案的制订和实施，提高企业主动运用专利制度的能力，强化具有自主知识产权的技术创新活动，以具有专利保护的核心技术或产品增强市场竞争能力，获得市场竞争的有利地位，最大限度地获取市场份额和由此产生的经济利益。具体化应包括以下几个方面：一是制定企业自身的发展战略，确定企业正确的发展方向；二是按照“有所为”的原则，正确选择科技创新的重点和突破口，发现和提出研发创新领域的技术创新路线，并提高企业技术创新的起点；三是为企业重点领域的技术、产品的创新发展，提出市场控制的知识产权策略；四是增加企业自主知识产权数量，提高企业知识产权质量；五是为企业技术引进的决策提出方向性、策略性意见；六是提高企业参与国内国际市场核心竞争的能力。

（二）企业专利战略的特征

1. 保密性

企业专利战略中所谋划的专利申请、专利信息利用、专利实施、专利引进、专利合作、专利保护、专利诉讼等战略战术属于企业重要机密，对外是不能公开的，企业技术人员和高管人员对有关专利战略的内容等事务必须保密，这是竞业禁止义务所严格要求的。

2. 目的性

专利战略是关于企业专利经营长远发展的纲领，是为企业适应未来环境变化具有创新性的对策。它不是为了维护企业的现状，而是为了创造企业的未来。它谋划了企业专利工作的方向、基本发展趋势以及未来的主要目标。

3. 风险性

制定和实施专利战略的多数为高技术领域的企业，此类企业属于风险企业，具有高收益和高失败率的风险性。同时企业的外部环境是变化的，具有很大的不确定性、随机性、偶然性。由于决策对象的复杂性和面对问题的突发性以及难以预料性，因此专利战略制定的好坏决定了企业技术创新的成败，它的制定和实施具有一定的风险性。

4. 法律性

专利战略所实施的专利保护，是以专利法和国际知识产权公约作为依据，受专利法制约的专利制度，在专利战略中起着举足轻重的作用，它为专利技术竞争提供了可靠的法律保护，它是制定专利战略具体措施的行为准则，是用于维护专利权的有力武器。因此，专利战略具有鲜明的法律性特征。

5. 特殊性

企业专利战略没有一个固定不变的模式，它是根据企业的具体情况而制定的，每个企业的专利战略是根据其自身的各阶段的不同情况而定的，每个企业的专利战略都有自己的特征。

6. 综合性

企业仅依靠专利战略是不可能在市场竞争中取胜的，还要与企业经营的其他战略，如企业研发目标的选择、高质量与低成本战略等综合运用才能取得最佳效果。

（三）企业专利战略的作用

1. 突破专利技术壁垒

由于我国多数企业专利的缺失，在产品的生产和经营中常常受到跨国企业“专利大棒”的打压和限制，无法打破国际市场的技术壁垒。因此企业需要根据自身情况，制定适合自身发展的专利战略，通过精心的专利规划和布局，逐渐构筑起可以与跨国企业周旋的专利堡垒，避免专利侵权和专利诉讼。通过合理的专利规划和布局，突破跨国企业专利重围。这一专利突围历程，也是国内企业由弱到强，由国内走向国际的发展历程。

2. 占领技术制高点

专利可以创造出类拔萃的产品，扩大公司市场份额、提高利润。在某种情况下，专利甚至还能成为公司进入新行业的基础。例如，切斯特·卡尔森独创的静电复印技术专利就帮助施乐公司在近20年时间里合法地垄断着静电复印市场，并让其利润保持率和收入保持率以两位数的速度增长。

3. 获取高额利润

在制造领域，有一个非常著名的“微笑曲线”[①] 告诉我们，制造型的企业赚取的是汗水利润。制造型企业不但技术含量低、利润空间小，而且市场竞争激烈，容易被成本更低的同行所替代，因此成为整个价值链条中最不赚钱的部分。而优秀企业通过知识产权、品牌和服务所提供附加价值，为企业制造了高额的智慧利润。这一过程的实现，是渐进式的过程，科学的企业专利战略为这一过程的实现提供了保证，能够为企业利润的增长提供强大支撑。

4. 实现专利资产增值

在知识经济时代，知识产权就是财富，专利就是财富。按照制度的设计，专利的申请和维持需要大量的成本，但是专利的商品化和资本化又使专利增值非常快的无形财产。科学的专利战略，不但能够帮助企业保护合法利益，而且能够直接将专利转化为财富，赚取行业的绝大多数利润，成为企业发展梦寐以求的目标。青岛海尔集团就成功地将知识产权管理与企业运作结合起来，根据不同专利对于公司价值创造的贡献差异，采取了区别对待的经营策略与管理措施。

5. 阻止竞争对手

世界上 90%以上的信息在专利文献中都能查到，企业可以利用专利信息，通过专利的科学规划和布局，并通过专利检索和专利分析，跟踪竞争对手，洞察行业动态，预测发展趋势。进而可以为企业的近期、中期和远期目标发展规划提供决策依据，从而有效地阻止竞争对手。

6. 掌控行业话语权

合理的专利战略可以帮助企业逐渐积累优势，并在行业中确立自己的位置。高通公司通过 1400 多项专利的申请，成为 CDMA 的霸主，诸多手机厂商只能俯首称臣，并通过支付高额专利费获取市场准入资格。英特尔公司通过对计算机芯片处理器的核心技术掌控，并申请了大量专利，成为几乎所有计算机厂商无法绕开的一道天堑。英特尔处理器代代升级，身后从不缺乏蜂拥的追随者，并以能够使用英特尔的处理器为荣。

---

① 微笑嘴型的一条曲线，两端朝上。在产业链中，附加值更多地体现在两端设计和销售，处于中间环节的制造附加值最低。微笑曲线中间是制造，左边是研发，属于全球性的竞争；右边是营销，主要是当地性的竞争。当前制造产生的利润低，全球制造也已供过于求，但是研发与营销的附加价值高，因此产业未来应朝微笑曲线的两端发展，也就是在左边加强研发创造智慧财产权，在右边加强客户导向的营销与服务。微笑曲线有两个要点：一是可以找出附加价值在哪里；二是关于竞争的型态。

二、企业技术创新与专利战略的互动关系

（一）专利战略对企业技术创新的助推功能

1. 专利战略的运用降低了企业技术创新的风险

在企业技术创新过程中，对可能发生的风险进行识别、预测和评估，并对其作出预警和防范是非常必要的，专利战略的运用可以减少企业技术创新的风险。

1）利用专利文献调查战略来规避技术创新的技术风险

利用专利战略促进技术风险规避的着力点是通过专利文献获取相关技术知识和技术发展趋势等，以尽可能减少技术风险概率。为此，企业在技术研发中应做到以下几点：①在尊重他人专利权利的前提下，通过专利文献调查，尽可能多地获取与待开发技术相关的技术知识，加快自身技术创新的步伐。②充分借鉴已有专利技术的经验和教训。新思想的借用对于技术创新，尤其是模仿技术创新是十分关键的，特别是跨技术领域的借用可能结出丰硕的成果。同时率先发明者的经验教训是可以被借用的，这使得技术创新者少走弯路，不但节约了大量的人力、财力和物力，而且降低了技术风险，提高技术创新效率。③进行相关领域技术预测。一项技术的发展往往带动相关领域技术的发展，相应地，一项技术的发展又受到相关技术的支持、促进或制约。通过相关领域专利调查分析，可以更好地预测本领域技术发展趋势，并对相关领域技术发展做出判断。

2）运用专利战略降低技术创新的市场风险

运用专利战略降低技术创新市场风险的着力点应主要在于通过专利信息调查，进行市场预测，通过申请专利并采取灵活策略以巩固市场地位。

（1）对技术创新的市场预测。通过对现有专利技术的内容、权利要求和申请区域等分析，可以进行以下市场预测和判断：第一，新产品出现的可能性；新产品的主要市场区域分布；新产品对老产品的替代性影响；新产品的本国需求潜力等。第二，对技术的先进性和市场的成熟程度做出判断。技术成长规律表明，技术成长是非均匀的，技术突破常常伴随着大量专利申请，而当某个领域专利稀少时，常预示着技术的成熟和被替代，进而也预示着市场的逐渐饱和。第三，通过专利调查找准竞争者的技术优缺点，进行相应的市场定位。市场定位越准确，市场创新的风险就越小，技术创新的成效就越大。

（2）对创新技术市场的保护。第一，及时申请专利保护市场。为保证创

新技术的市场免受竞争对手侵占的风险，应注意专利申请的及时性，法律只保护首先申请专利的创新者。第二，注意专利申请策略，灵活有效地保护市场。一般情况下，企业只对容易被人模仿的那一部分技术申请专利，通常将技术核心部分作为专有技术保留下来，以此来提高技术的保密程度、垄断地位以及该技术的商业价值。第三，适时适度进行专利技术的转让，培育创新产品市场。选择适当的需求者对自主技术进行转让，有利于培植与扶持一批行业竞争者。理想的行业竞争者有助于吸收需求波动，填补市场空白，改善现有的市场结构，分担市场开发的成本，普及创新者的技术标准，这对强化创新企业的市场竞争优势，奠定企业在产业中的核心地位具有重要的作用。

2. 专利战略的实施使企业在技术创新中实现专利布局

国内外企业的成功经验表明，在激烈的市场竞争中，谁能巧妙地运用专利战略这一重要的“隐形武器”，谁就能在激烈的市场竞争中克敌制胜，立于不败之地。反之，就有可能“败走麦城”。因此，各种类型的企业对专利战略，不可不加以重视，不可不加以研究，不可不认真运用，尤其是高新技术企业，要在技术创新中实现专利布局。

专利布局的路径主要有以下几种：①争取在核心技术领域创造几项基础专利。即使绝大多数核心技术专利都掌握在国内外其他企业手里，只要企业掌握有若干基础专利，国内外企业就不敢小视。②封锁下游技术专利。通过大量申请下游发明专利、实用新型专利、外观设计专利，就可以堵死其他企业对下游技术进行市场化的主要路径。③加强在国外市场的专利部署。如果国内企业没有能力就相关技术在国外市场部署专利，那么应当迅速把相关技术公开，从而防止国外竞争者申请专利。④强化专利分析。在科研立项、产品立项、市场布局之前，企业都要进行专利分析。

在专利布局中如何发挥后发优势，如何用外围专利去抢占市场，这是我国企业应该研究的问题。例如，对于手机行业来说，我们要去和高通、诺基亚竞争基础专利就非常困难，但是，我们可以用一些外围专利封杀手机市场。有人以为专利申请得有很高的创造性，其实不然，专利布局不在于有多少高精尖的技术，而在于你针对这个行业怎么“跑马圈地”，这是一种战略。

3. 专利战略促进了技术创新成果的权利化

在技术创新过程中，必然伴随着发明创造的产生，若不运用专利制度加以保护，就会使研发者花费大量人力、物力、财力开发出的发明创造，很快被国内外的同行或竞争者仿制或使用，不仅使技术开发者的市场竞争力大大减弱，还将损失掉技术贸易的收入。如何防止竞争者在了解技术信息后，抢先使用或生产出同样工艺的产品占领市场，研发者只有及时申请专利，使创新技术获得法律保护，才能使技术成果的安全性得到有效保障。

在技术创新过程中专利战略的服务和保护功能是非常明显的，技术创新成果采用专利保护方式具有一系列优点：①专利是国家法定机关依法授予的一种确定的权利，这种权利状态在一般情况下是比较稳定的；②专利权的保护范围非常明确，即以权利要求书记载的内容为限；③专利权具有唯一性和排他性，专利不能重复授权，一项发明被授予专利权后，他人即使独立研制取得了相同的发明，也不可能再取得专利权；④获得回报，为下一轮技术开发准备资金。随着高科技的发展，科技投入也越来越大，没有专利的保护，就不能收回科技开发的投入，更不能获得高额回报，也就不能为下一轮技术研究与开发准备资金。

（二）技术创新活动与专利战略价值链分析

企业的技术创新与专利战略由若干相对应的环节构成，整个系统构成一个价值链，各环节之间是一种相互影响和制约的关系，价值链上的每一项价值活动都会对企业最终能够拥有多少专利、生产销售多少产品、实现多大的利润造成影响。

专利战略与技术创新活动价值链分析如下：①专利战略贯穿于企业新产品研发、生产、销售及服务等技术创新活动的各个环节之中，它们息息相关，紧密相连。②在技术创新中启动专利战略，可以有效利用专利信息资源，避免重复研发、规避研发风险。有效地获得核心技术、产品等竞争性资源，保持竞争优势。③在技术创新中实施专利战略，可以更好地对技术创新成果进行专利挖掘，及时发现专利空白点，寻求研发成果最有效的法律保护方式，促进技术创新成果形成技术产权（专利），实现技术创新成果专利保护的全覆盖，形成专利网。④在技术创新中实施专利战略，可以充分利用专利制度的特性和功能进行专利运用管理，对专利从市场、技术、法律的角度进行综合评价，从而决定专利的维持或放弃。⑤在技术创新中实施专利战略，可以充分利用知识产权预警机制，及时发现侵权行为，寻求解决的途径。⑥实施专利战略，以专利产权为核心，从本质上规范创新活动，是对企业技术创新进行科学管理的有效工具。

技术创新活动与专利战略价值链分析，如图 5.1 所示。

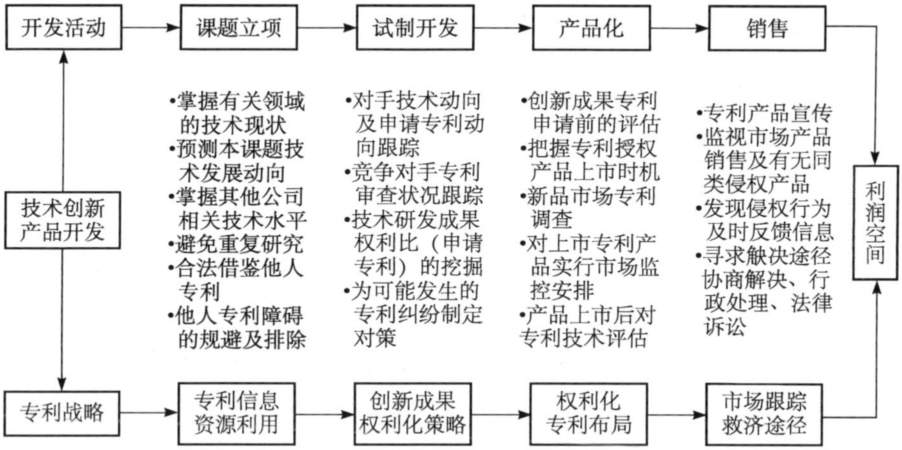

图 5.1 技术创新活动与专利战略价值链分析

第二节 企业专利战略的制定

一、前期准备

1. 人员组成

组建企业专利战略课题组时要注意人员的职能构成和智力结构。专利战略是企业总体经营战略的重要组成部分，涉及经营、技术、法律、管理等多方面知识，课题组主要由下列人员组成：一是具有决策资格的企业领导；二是能够进行文献检索，提供定性、定量数据，分析专利权利要求影响范围的专利事务专家；三是能够判断已有专利技术对本企业产品、技术开发影响的工程技术专家；四是能对专利产品的市场占有现状及前景走向做出判断的销售专家。

2. 资金和资料准备

要保证研究经费的落实，这是开展专利战略研究的基本物质保证。同时，要收集足够的专利和非专利技术情报资料和市场情报资料，并注意情报的时效性。

二、确定目标

专利战略目标来源于对各种情报的合理、正确分析，包括上层目标分析、专利情报分析、市场分析和企业自身能力分析。

1. 上层目标分析

企业专利战略在企业发展中有其独到的功能和作用，是企业其他任何战略或规划不能替代的。同时，企业专利战略又是企业总体经营战略的一个组成部分，企业总体经营战略对专利战略具有约束和指导作用。国家的行业政策、企业的总体经营目标就是企业专利战略的上层目标，只有经过分析、体会、理解，明确上层目标的要求，才能确保专利战略的制定和实施。

2. 专利情报分析

检索国内外相关专利文献和主要非专利文献，特别是主要竞争对手的资料，进行数理统计；对其法律状态、应用前景、有效期限、相关技术发展现状与发展趋势等相关数据进行分析、研究，画出统计比较分析曲线，搞清楚与本企业主导产品和技术有关的几个方面的问题：①专利的数量及分布；②专利的先进性；③保护的区域；④法律状况。在此基础上，进行专利技术的分析和预测，对竞争各方势力范围的划分、竞争对手的市场专利战略意图、剩余市场、有关技术的空白领域等得出定性和定量的结论。

3. 市场分析

市场分析包括三个方面。一是已占有市场分析。主要从市场发展趋势、市场占有强度、占有市场的主要原因三个方面进行分析，以保持垄断地位为战略目标。二是未占有市场分析。主要从未占有原因和市场前景两方面加以研究，如市场前景较好，以突破专利封锁为战略目标。三是市场预测。对国内外有关市场进行分析，预测需求变化的趋势、发展方向及新兴市场领域。

4. 企业自身能力分析

企业自身能力分析主要包括科研实力和财力两个内容。反映科研实力的主要指标有：科研经费、科研人员能力、企业专利及非专利技术的数量和质量、技术引进和转让情况、与竞争对手相比自身优势和不足等。财力分析侧重于科研开发和实施专利战略资金的投入能力。如实力较强，专利战略可以以新产品的创新来占据市场有利地位为目标；实力较弱，可以以技术改进达到专利权交叉许可来分享部分市场为目标。

三、撰写专利战略研究报告

拟定专利战略研究报告主要涉及以下内容：与研发技术相关的各国的

专利技术、非专利技术、产品市场占有率的过去、现在、未来的发展状况和趋势，主要竞争对手的专利技术、产品占有状况及所处地位，本企业上述内容的现状及所处地位（包括存在的问题），本企业相关产品进入市场存在的法律、技术障碍，提出进入、垄断、挤入市场等可行的能供决策者参考的上、中、下策略或对策，研究方法，相关专利文献权利要求保护范围分析表，相关专利文献汇总表，主要竞争对手专利文献汇总表及其权利要求分析表，关键性专利的剩余市场参考表（同族专利），相关失效专利汇总表，相关专利文献统计表，等等。要指出的是，对统计数据的分析贯穿着整个报告。

四、拟订专利战略方案

企业专利战略方案是实现企业专利战略目标的可行途径。企业专利战略方案包括运用专利战略取得专利权和运用专利保护手段获得市场竞争优势地位的策略两方面内容（冯晓青，2007）。其中前者有：①专利调查战略，包括技术动向调查、专利性调查、公知情况调查、法律状况调查、同族专利调查、监视性调查。②专利布局战略，包括基本专利战略、外围专利战略、拦路专利战略、储备专利战略。③专利申请战略，包括申请前的决策分析、抢先申请专利、写好权利要求书、弱保护期的应对。后者有：①专利实施战略，包括专利输出战略、交叉许可战略、专利返销战略、专利收买战略、利用失效专利战略、绕过障碍专利战略。②专利防御战略，包括保留关键技术战略、文献公开战略、取消对方专利战略、证明先用权战略、专利预警战略、主动和解战略。如表 5.1 所示。

表 5.1 企业专利战略的内容

企业专利战略体系	专利调查战略	（1）技术动向调查
		（2）专利性调查
		（3）公知情况调查
		（4）法律状况调查
		（5）同族专利调查
		（6）监视性调查
	专利布局战略	（7）基本专利战略
		（8）外围专利战略
		（9）拦路专利战略
		（10）储备专利战略
	专利申请战略	（11）申请前的决策分析
		（12）抢先申请专利
		（13）写好权利要求书
		（14）弱保护期的应对

续表

企业专利战略体系	专利实施战略	（15）专利输出战略 （16）交叉许可战略 （17）专利返销战略 （18）专利收买战略 （19）利用失效专利战略 （20）绕过障碍专利战略
	专利防御战略	（21）保留关键技术战略 （22）文献公开战略 （23）取消对方专利战略 （24）证明先用权战略 （25）专利预警战略 （26）主动和解战略

第二节　企业技术创新中的专利战略

企业专利战略是企业结合自身优势和经济发展的实际情况，通过对专利情报及其有关信息的搜集和研究，预测相关技术、经济发展趋势与方向，开展技术创新，为获得自主知识产权形成专利技术优势、竞争优势乃至整个市场竞争主动权，而作出的总体和长远的谋划与对策。实施企业专利战略，有利于强化企业自主知识产权的创新活动，提高可持续发展的创新能力，培育核心技术竞争力。因此，企业家对企业专利战略，不可不加以重视，不可不加以研究，不可不认真运用。

一、专利调查战略

《孙子·谋攻篇》中说："知彼知己，百战不殆；不知彼而知己，一胜一负；不知彼不知己，每战必殆。"知彼知己，这是军事家所推崇的重要军事谋略，也是企业确定经营谋略的重要基础。对于专利战略体系来说，专利调查战略是一项基础性战略。专利调查包括下列六种。

1. 技术动向调查

技术动向调查是指在广泛搜集过去及新近出现的技术信息的基础上，分析当代技术水平并预测今后技术发展动向而进行的调查。主要供研究、开发新产品或新技术参考。例如，通过对一项技术专利申请量逐年变化的情况，便可以对该项技术是"朝阳技术"还是"夕阳技术"作出初步判断，并用于指导制定研究开发策略，选择研究开发课题。

2. 专利性调查

专利性调查是把在专利申请前为判断该发明创造有无专利性而进行的调查。这里讲的有无专利性，对发明和实用新型而言，是指有无新颖性、创造性；对外观设计而言，是指有无新颖性。

3. 公知性情况调查

公知性情况调查是指为判断已公开或公告的发明创造专利申请，或已获得专利权的发明创造的专利性（专利可靠性）而进行的一种调查。这种调查，对新产品、新技术的研究开发、回避侵权行为和专利权无效宣告请求等，是必不可少的。

4. 法律状态调查

所谓法律状态，是指某项特定技术是否是专利技术、是何种专利技术、是否是有效专利、专利权的期限还有多长，以及特定技术和特定专利之间的关系等。这种调查，对于技术和新产品进出口、技术价值评估十分重要。

5. 同族专利调查

同族专利调查是指特定国家的特定专利是否在其他国家取得专利而进行的一项调查。这种调查，对该技术商业价值的评估、技术和产品的进出口十分重要。

6. 监视性调查

这里讲的“监视”，一是指对特定竞争对手专利申请动向和取得专利权的情况的监视，二是指对特定的引人注目技术的专利发展过程的监视。这两种监视，常常可以相互结合，或交替使用。专利调查的主要工具是专利文献，但也不应排除非专利文献（如重要的科技刊物、专著、手册等）。

二、专利布局战略

（一）基本专利战略

基本专利是指独创性非常高的发明，一般是划时代的、先导性的核心技术或主体技术，是开拓了一个新的技术领域的专利，它具有广泛应用的可能性和获取巨大经济效益的前景。例如，世界上第一件电话机专利、第一件飞机专利、第一件晶体管专利、第一件录音机专利等。在研究开发活动中取得的奠基性、首创性发明创造，都应当申请专利，依法取得专利保护。除申请本国专利，还应选择若干市场前景看好的外国提出专利申请。

基本专利战略是企业基于对新技术领域未来发展方向的预测，为保持自己新产品、新技术的竞争优势，将其核心技术或基础研究作为基本专利来保护，并控制该技术领域发展的战略。通过申请基本专利而拥有强而有力的专利权即垄断权，可以转化成排除竞争对手和最大限度地占有市场份额的法宝。一般认为，谁拥有基本专利，谁就可以在激烈的技术竞争中取得垄断地位和支配权。正因为如此，国际上一些具有远见的企业无不首先考虑这一策略并能长盛不衰，独占某些高新技术领域的控制权。例如，美国杜邦公司尼龙基本专利的开发和运用，给该公司带来了巨大的经济效益。基本专利如果和技术标准相结合，使基本专利被接受为工业标准，那么在该技术领域的统治地位将进一步加强。

然而，基本专利战略的运用效果将受到一些条件的制约。基本专利中的基本发明尽管具有很强的应用前景，但它在应用时，往往需要一系列技术配套措施。如果基本专利权人不注意及时开发外围专利，那么在基本专利技术内容公开后一旦被他人抢先开发，在他人获得外围专利后，基本专利的权利人反而会受他人控制。为了避免此种情况，企业应采取以下策略：第一，基本专利发明人应尽快开发外围专利，给核心技术筑起牢固的专利保护网；第二，应采取多种手段和措施，阻止他人在核心技术周围领域获得专利；第三，基本专利有一定保护期，为长期拥有垄断优势，对产生基本专利的技术作一定的技术储备，以便在基本专利期满时，通过取得改进专利仍能起到保护作用。

（二）外围专利战略

外围专利战略是指企业开发的新产品取得专利后，为防止别人开发外围产品或利用其他方法生产相同产品与自己竞争，企业必须迅速地开发外围产品并取得专利，形成严密的专利网，不给竞争对手留下任何可利用的空隙，从而最大限度地保护自身专利（冯晓青，2002）。企业在将自己认为的关键技术申请专利的同时，还应加快对外围技术的改进和专利申请，形成专利网和市场垄断。如果认为自己已经掌握了关键技术的专利，别人很难绕过去，放慢了继续投入和后续技术研发的速度以及专利申请的紧迫性，其他企业就会围绕自己的关键技术专利申请相关外围专利，甚至替代专利，企业不但没有依靠已有的专利形成市场垄断，而且还会出现自己在技术应用过程中面临许多障碍，以及丧失了以较低代价继续改进技术方案的机会，自己原有的技术优势、速度优势会逐步减小，企业不能用简单的申请专利有用、无用，或紧迫、不紧迫来决定申请策略，最终导致专利行为的失误。

因此企业对重要的技术和产品，应采取“全立体式”保护，既申请发明专利保护技术的实质，又申请实用新型保护产品的结构，包装图案及装潢申请外观设计，形成一道“疏而不漏”的专利保护网，再狡黠的侵权者，也很难寻找到规避的突破口。专利网的威力是巨大的，它扩大了企业对产品和市场的保护范围，使竞争对手在这一领域丧失活动余地，从而避免了竞争对手在同一产品及类似产品中对自己的直接威胁。

国外许多著名企业大量申请专利，既为保护自己的未来市场权益不受侵害，也为堵住别人技术超越的“空隙”。很多企业在一项技术发明之后，就要在该基本专利周围同时申请一些外围专利，构筑一道道保护的专利网。据欧洲专利局调查，欧洲每年申请的发明专利中，最终只有50%能够获得专利权，获得专利权的专利中只有10%能最终付诸实施，其中很大一部分是出于战略考虑用来“圈地”的。

（三）拦路专利战略

拦路专利战略是指出于战略考虑，申请“拦路专利”。企业可以将技术实质、构思、方案先行申请专利，甚至可以申请一些“拦路专利”、“非实施专利”来钳制竞争对手。通俗地说，就是申请一些或许根本无法实施的专利。当然，这方面在技术方案的公开上存在技巧，要由申请人和代理机构共同来做好这项工作。

（四）储备专利战略

企业有时申请专利并不是急于将专利技术开发成产品投放市场，而是储备技术，待前一代专利产品充分发挥市场作用，再推出第二代产品，以延长第一代产品的市场寿命。对一个企业来说，储备的专利越多，潜在的竞争优势就越强。

三、专利申请战略

（一）企业在专利申请中存在的误区

1. 专利无用论

长期以来，为鼓励企业专利申请，过多地强调了专利的作用，而没有恰当地为企业策划专利申请策略、普及合理的专利思维。许多企业在申请专利时，是抱有自己的预期的，但由于专利的特性，一个或几个专利很难形成在某一市场的市场独占权或某一技术领域的完全领先优势。这样，企业在专利工作开展初期，就迫切地期望专利发挥抑制对手的作用。此时，有限的专利、专利的滞后作用，以及专利质量等原因，使有限的专利并不能如期实现其赋予的使命，致使企业认为专利投入只是花钱，很难获得回报。一方面，是企业为获得专利而产生的必要投入；另一方面，是有限的专利难以发挥抑制对手的作用。因此，它们得出专利没有用的结论，不愿意为专利而付出，更谈不上预测专利行为的投入与产出的关系。

2. 专利进攻论

该理论认为专利是万能的，有了它就可以肆意地打击对手，而忽视专利的防护作用。大多数企业在专利工作开展初期对专利的认识，或者说申请专利的主要动因在于抑制对手。事实上，由于专利的特性，以及专利的部署初期很难达到理想的效果等原因，短时期内形成的少量专利所能够发挥的作用是有限的。对于企业来讲，专利的首要作用以及最先得到体现的作用在于专利的防护作用，即专利的最主要作用在于能够阻止他人由于专利涉及的技术方案而带来的麻烦，而不在于进攻。实践中，专利的进攻效能与许多因素有关系，例如，市场环境，专利运用策略等。当过分夸大专利的进攻作用而运用不当的专利策略时，实际通过专利获得的收益往往会大大低于期望值，从而产生对专利的认识错误。

3. 专利无关论

企业通常会根据自己对技术的判断将核心技术以及重要的外围技术等申请专利，以构成某一技术方向的专利网。然而，企业决策者对于自己的技术也有看走眼的时候，例如，对于延伸层次较多的技术方案，以及自己判断专利性问题较多的技术方案，认为与自己准备申请专利的技术方案的关联性相对较弱，或者申请成功的可能性较小，就判断这样的技术方案没有申请价值，而选择放弃这些方案的专利申请。但在实践中，技术方案的专利性以及专利发挥的作用是难以预估的。另外，部分企业决策者认为不申请专利也可以形成新产品的市场优势，自己不会侵犯他人专利，他人也不存在侵犯自己的专利，不相信专利侵权纠纷会落在自己头上，因此不愿意为专利而多付出，也不相信通过专利能获得收益。

（二）专利申请战略

1. 申请前的决策分析

一项新技术或新产品是否申请专利保护，通常应当从以下几个方面论证分析。

（1）选择专利保护，还是技术秘密方式保护。凡是产品上市以后，其技术和秘密是极易被他人识破和掌握的，企业最好申请专利。方法发明有的可采用专利保护，有的可选择商业秘密保护。如果有众多竞争对手同时都在研究同一项目，一般情况下，应申请专利，以防他人抢先申请专利。

（2）结合多种因素，判断技术方案的专利性。技术方案专利性判断，除了根据发明创造本身的技术创新程度或技术含量高低来确定以外，还要针对权利要求进行，如果企业不能对技术方案提炼出恰当的权利要求时，或不对技术方案作深入剖析时，就擅自评价技术方案的专利性，极其容易导致判断失误。而判断失误的结果通常以不申请专利为结局，这样就很容易将该技术方案的申请权和使用权让给竞争对手，自己尽管能够避免专利费用的投入，但是却可能在市场竞争方面、未来的无效、诉讼方面导致更大的投入。例如，有些企业简单地将自认为缺乏专利性的技术方案不申请专利，事实上技术方案的专利性的判断是很容易失误的，在代理实践中，往往会出现审查时认为没有新颖性、创造性的技术方案，而实际上具有新颖性和创造性。也经常会出现审查时认为具有新颖性、创造性而获得授权的技术方案，最终被宣告无效。

（3）结合成本原则与市场需求作出判断。在申请专利时必须考虑成本原则，即以最小的代价获得最大的收益或最大限度地避免损失。这首先要以市场需求为基础，申请专利后，专利产品或技术能否形成市场，规模大小及持续时间，并认真分析申请专利行为付出的代价，以及对自己和竞争对手的影响，以此得出结论，去影响是否申请判断，以及决定申请何种类型，说明书内容和权利要求的布置。例如，对一个遭到专利性质疑的技术方案，如果可以用最低的代价申请专利，并在其中最大限度地公开与自己的专利和技术秘密无关的内容，阻止对手获得专利；或者通过权利要求构建迷惑对手的专利，至少可以减少对手可能带来的麻烦。

成本原则的意义在于，从市场竞争需要、专利申请、无效、诉讼、侵权等多维角度考察，由于专利行为付出的代价和由此为企业带来的收益的关系，从而在确定申请策略和决定专利行为时，不仅要考虑是否申请专利，还要考虑专利申请点的分布、专利应当为市场需求和企业发展战略需要所作的贡献等，进一步考虑专利内容的公开、权利要求的策划，以及为专利行为付出的直接代价的确定等，从而实现用最小的代价获得最大的收益，或最大限度地避免损失。

（4）论证申请专利的最佳时机。是有了基本构思就申请，还是试验或试制成功后申请，或是成果通过鉴定准备投产前才申请，都应结合方法与产品的特点及市场前景等加以分析论证。

2. 抢先申请专利

在我国申请专利实行先申请原则，同样的发明创造，谁先申请，专利权就归谁。当一项发明创造基本成熟并适宜采用专利保护时，应尽快抢先申请专利。因为同一新产品或技术的开发，往往有多家企业分别在进行研究，如果没有抢先意识，很可能被后发明者抢先申请专利，从而痛失应有的权利。

在抢先申请的同时，还应注意先申请后公开。向专利局提出申请之前，不宜向社会销售或扩散该产品，以防失去新颖性。我国《专利法》虽然规定申请日前在某些场合向社会公开，6个月内不丧失新颖性，但它不包括向社会销售或扩散。此外，在专利申请后授予前的弱保护期内，最好不要把技术或产品有偿转让给他人，以避免泄密后第三人借口已为制造相同产品做好制造、使用的必要准备，因而取得在原有范围内继续制造使用的特权。

3. 写好权利要求书

权利要求书是一项发明创造的技术成果要求取得专利保护的实质性内容，是用法律语言来叙述要求保护的发明创造范围。权利要求书具有直接的法律作用。权利要求书写得好坏直接影响到专利申请人是否能取得较充分的专利保护或最佳专利保护范围。在专利申请文件之一的权利要求书中，对显示发明创造内容的技术特征，不能只想到如实描述，叙述完整，其结果往往是把西瓜描写成核桃，使专利申请文件的覆盖范围很窄。企业应站在市场的角度评价技术的创新，专利申请应在专利战略的指导下进行，其目的除了为保护自己的技术外，还要制约竞争对手，并占领未来技术发展的空间。因此申请人应该重视和了解对权利要求书的撰写要求。

我国专利法对权利要求书的要求是：权利要求书应该使用简洁、精练的语言从正面清楚、完整、准确地限定发明的技术特征。申请人了解权利要求书的书写要求，可以通过分析相同领域的发明或实用新型的权利要求书来确定其保护的范围，一方面，可以修改自己的发明或实用新型的权利要求书，使专利申请得到最大的保护；另一方面，可以在提交申请前使自己的发明或实用新型避开已有技术的保护范围，而取得应有的专利权保护范围。权利要求书的内容应分项表示，各项权利要求简称为权项，权项分为独立权项和从属权项两大类。独立权项应从整体上反映发明或实用新型的技术内容，并记载实现发明或实用新型最主要的技术特征。从属权项是引用一项或者多项权项进一步限定其保护范围的权项，从属权项的保护范围比独立权项保护范围较窄。

4. 弱保护期的应对

由于在发明专利申请公布后，还没有被审查和授权的弱保护期内，任何人都可以了解、研究并实施该发明，这就提出了一个如何保护申请人在未获得专利权时的利益问题。《专利法》第十三条对此作了规定："发明专利申请公布后，申请人可以要求实施其发明的单位或者个人支付适当的费用。"这是对发明专利申请被申请受理审查机构早期公开后可能会被任意实施的一种补救方法，是一种临时保护措施。当申请人发现有人实施了已经申请专利的发明后，可以先发出一个警告通知，说明该发明已经申请专利，要求对警告前的实施行为支付申请人适当的费用。如果实施单位接到申请人的警告通知后，以享有“先用权”为由，或有关发明尚未被授权为由拒绝支付适当的费用，那么申请人可以开展取证工作，并将收集的证据保留，等到专利权被授予后再行索取。专利权人既可以请求管理专利工作的部门调解处理，也可以直接向人民法院起诉。专利权人要求支付使用费的诉讼时效为两年，自专利权人得知或者应当得知他人使用其发明之日起计算，但是，专利权人于专利权授予之日前即已得知或者应当得知的，自专利权授予之日起计算。

申请人在专利弱保护期的应对策略如下：

（1）尽快提出实质审查，缩短弱保护期的时间。发明自申请人提出专利申请到发明内容予以公开，是处于绝对保密状态的，但自申请日起满 18 个月对发明内容予以公开至专利正式授予前，即进入专利弱保护期，而实质审查要根据申请人的请求才予进行。因此，要缩短弱保护期的时间，除了专利申请受理审查机构要尽快在规定的时间内审查结案，更重要的是申请人要尽早请求实质审查。这要根据申请人的实际情况而定，如果发明技术已经趋于比较成熟，对发明的实施工作有了较大的把握，申请人既可以要求专利申请受理审查机构提前公开其发明创造，也可以尽早请求实质审查，以缩短专利申请在专利申请受理审查机构审查的时间。提出实质审查的请求应于公布发明时同步进行，只有这样才能缩短弱保护期，达到提前取得专利权的目的。

（2）申请专利时保留关键技术。由于发明专利申请后到专利正式授予前有弱保护期的存在，他人依据公开的专利文献可以了解，研究并实施该发明，仿制出效果相同或相似的产品。但如果申请人在公开自己发明内容时保留其中关键的技术，仿制产品就达不到最佳效果，从质量上难于形成对专利产品的竞争力。这就要求申请人在撰写专利申请文件的权利要求书时把握好“度”的界线，权利要求书中既要对发明的关键技术予以保留，不能一览无余地被他人识破，同时对技术特征又要描述全面、准确，不能遗漏，以实现对该项发明的最大范围的保护。

（3）通过市场调查及时发现实施者。由于专利弱保护期至少有两年至两年半时间，在这段时间及易被他人实施，申请人应随时观察同类产品的市场动态，通过自己的营销网络或有关渠道，及时发现市场上有无相同或相似产品出现，经过对比分析，调查取证后确认实施者。

四、专利实施战略

（一）专利输出战略

专利输出战略包括专利权有偿转让战略和专利有偿许可使用战略两种类

型。企业通过技术创新所获得的专利技术、产品除自己实施生产外，还可以通过有偿转让专利的所有权或使用权的方式，收回技术创新的投入，并获得更大的利益。专利转让往往是一些实力雄厚的大企业常采用的策略，正逐渐成为国际技术贸易的一种重要方式。

在一定的时机、一定的环境条件下，转让专利技术从战略上讲是合理的。例如，没有利用专利技术的能力，或者是竞争者已牢固地占据了市场，在这种情况下不进行专利转让，将会促使竞争者围绕该专利技术开展发明创造活动，如果有一个或多个竞争者获得成功，这时专利产品的市场份额就会被划分，专利权人就只能得到很小的市场份额。但是通过专利转让，企业不仅可以防止别人模仿自己的技术，还可以通过转让专利技术，制定技术标准和收取转让费，而竞争者则可以获得一种比较廉价和风险小的技术投资方案。专利技术转让可以加速按照企业的技术将产业标准化的过程，如果有几家企业在推进该专利技术的发展，转让不仅可以使这种技术合法化，而且还有利于加速它的发展。有的专利转让，还实现了企业之间的技术互换。

当然，在选择转让对象时，企业应慎重，否则就会因不恰当的转让而创造了不必要的竞争者，最终因贪图短期利润而丢掉了自己的竞争优势和有利地位。如果转让给非竞争者，由于非竞争者很快将变成竞争者，专利转让者必须通过转让条款或确保非竞争者不会变成竞争者而使这种风险最小化。为了确保受让方是一个非竞争者，转让方不仅必须考虑它服务的现有市场或细分市场，而且还必须考虑它将来可能进入的市场。如果将专利技术转让给一个竞争者就应选择好的竞争者，因为好的竞争者可以在促进需求、阻止进入和分担开拓成本等方面发挥重要作用。

（二）交叉许可战略

交叉许可战略是指企业间以专利技术作为合同标的进行对等交换，求得“双赢”的一种战略。适用于双方的专利比较接近，专利权的归属又错综复杂或互相依存，可能在市场上产生恶性竞争或相互指控专利侵权造成两败俱伤的情况。当双方专利技术比较接近时，企业之间为了防止可能发生的侵权行为，而引起专利权的讼争，双方可采用认同的策略，互相认可对方的专利。在以复杂的综合技术为对象的领域中，这种许可作为有力的专利战略被广泛运用。一个企业不可能开发所有的技术，也不可能保证所有开发的技术都能获得专利权。如果本企业拥有自主开发的优秀专利，而竞争对手的专利对本企业的生产经营又构成妨碍时，就可实施交叉许可战略。

交叉许可战略通常在企业间的专利比较接近，而专利权的归属又在错综复杂或相互依存的情况下适用。如就改进发明与原发明、从属发明与基本发明，有必要相互许可对方利用自己的专利，订立专利交叉许可合同。在专利实施许可合同中规定的“反馈条款”也属于企业运用交叉许可的范畴。这在技术贸易中是常见的。还有一种情况则是就互不关联的两项专利技术，各方搞出的发明创造取得专利权后，相互之间都可以自由使用。西方一些大企业为合作垄断技术市场，就常常利用这种交叉许可战略达到对专利实施的垄断。

交叉许可战略的运用对企业双方来说都是有好处的，特别是对那些相似专利技术而言，为了防止相互侵权、促进共同发展，更具有意义。例如，日本一公司在申请了离子膜交换制碱法专利，不久另一公司也申请了类似专利。此后两公司为争得高层独占权而打得不可开交。为避免两败俱伤，双方以签署专利交叉许可协议的方式握手言和，并以此为基础成立了联合技术公司，共同占领了国内外市场。

（三）专利返销战略

企业在引进输出方的专利后，对专利进行研究、消化、吸收和创新，改进原有技术，在申请到专利权后，再将创新后的技术以专利的形式卖给原输出方，或以自己的专利权为筹码，与对方进行交叉许可的战略。需要注意的是，在引进别人专利基础上的技术创新，其申请专利的权利要求中应有新的技术特征，如果技术特征是在原有专利权项的覆盖之内，则不可能申请专利。这种战略既可以使引进技术方提高技术创新的起点，又能够使自己摆脱专利输出方的控制，对欠发达地区的企业具有重要的意义。特别是对我国准备引进国外先进技术的企业，要充分运用这一战略。

（四）利用失效专利战略

失效专利是专利权已过保护期或因故提前终止的专利技术。专利权有一定的保护期限。保护期一旦届满，该专利技术即进入公有领域，任何人都可以自由利用。我国《专利法》规定发明专利的专利保护期为 20 年，实用新型和外观设计为 10 年，均从申请日起计算。专利权除因过期失效外，还可由于专利权人自动放弃，未按规定缴纳年费而提前终止。利用失效专利战略就是从失效专利中有针对性地选择相关技术进行研究开发、生产的一种战略。

利用别人放弃的专利进行第二次开发，进而占领市场获取巨大的经济效益，也是一种专利战略。目前，世界上专利技术的储量已有约 5000 万件，而且每年还在以 150 万件的速度递增。到目前为止，全世界有 2000 多万件专利已过期或失效，我国也有几十万件专利过期或失效。导致专利失效的最直接原因是超过了专利的保护期限，或者是由于因法律规定的其他原因而失效，对于如此巨大数量的失效专利已成为全世界的公共财富，人们不需要支付任何费用即可以使用，失效专利中有许多具有较高甚至很高的使用和开发价值，以及广阔市场前景的技术，利用空间十分巨大。企业可以失效专利作为研发、创新的起点，在此基础上申请新的专利。企业使用这些不再受法律保护的失效专利技术风险小、效益高，是一种既简捷又经济省力的途径。这对于科研经费不足的企业，不失为一种简捷、经济的战略。

具体地说，利用失效专利战略包括两方面内容，一是以到期的基本专利作为继续研究开发、创新的起点，重新组织专利申请的战略；二是对失效专利技术的实施使用战略。就前者而论，企业应在基本专利终止之前即开始实施，这样可以争取时间，以便在基本专利终止之时能迅速组织专利申请。为此，企业应对基本专利进行跟踪监视。就后者而论，企业不能抱有失效专利都是没有利用价值的观念。实际上，许多失效专利的技术内容对许多企业来说是颇有开发价值的。在专利历史上，盒式磁带录音机专利就颇耐人寻味。磁带录音机是由荷兰飞利浦公司（简称飞利浦）发明的，该公司先后将多国专利主动放弃，因为公司以为此时发展录音机产业会没有市场。精明的日本人即利用失效专利战略，先后开发出品质不一的各式录音机，受到消费者的普遍欢迎，因而获得了巨大的经济利益。

（五）绕过障碍专利战略

有些情况下如果企业竞争对手的专利权十分牢固，并且将对本企业构成制约，则可以采用迂回策略，实行绕过障碍专利战略。主要方式有以下几种。

1. 绕过权项，开发不抵触的技术

如北京科技大学为绕开日、美钕铁硼专利，开发出与日、美专利不抵触的新技术，先后申请了多项制备钕铁硼直接法合成合金的新技术的专利，其中直接法的系列新技术在国际发明展览会上还获得了优秀发明奖。对于在这种情况下开发出的技术在受到竞争对手专利侵权指控时，企业应当分析本企业的技术与专利技术是否存在抵触关系，弄清对方专利的权利要求范围。如果证实本企业技术与专利无抵触关系，不在专利权利范围之内，则可据理反驳。即使到了对簿公堂的地步，也有胜诉的把握。

2. 使用替代技术

绕过其他企业的专利，避免专利讼累，企业可以考虑采用与专利不抵触的替代技术。不过，使用替代技术本身也有一定的局限性。例如，替代技术效果明显不如专利技术，使用替代技术会给企业带来一定的损失，而且替代技术是否侵犯他人专利权，也要心中有数，以适得其反。如果专利权人愿意

与企业订立专利实施许可合同，企业是否有必要使用替代技术，需要从经营战略的角度综合权衡。

3. 不受专利地域保护范围内利用他人专利

专利权除具有专有权、时间性特征外，还具有地域性特征，即专利权只在申请的国家或地区才有效，据此，我国企业对于超过优先权期间没有在我国申请专利的外国企业的国外专利，完全可以在我国使用，不构成专利侵权。但是，如果将利用该国外专利生产的产品出口，就有可能被当做侵犯专利权对待，这是应当加以注意的。

五、专利防御战略

专利防御战略是为保护自身的利益或将损失减少到最低限度的一种战略，是利用专利捍卫自己的专利阵地，防止受他人专利的制约，或对他人专利实施战略性防卫的手段。专利防御战略主要有保留关键技术战略、文献公开战略、取消对方专利战略、证明先用权战略、主动和解战略等。

（一）保留关键技术战略

保护专利权是专利制度的核心，我国专利制度是采用人民法院司法审判与专利行政主管部门行政处理“两条途径、协调运行”的专利保护模式。许多企业在发现自己的专利被他人侵权后，比较重视运用法律的手段来给予保护，多数情况下是通过诉讼程序，也有一部分是通过行政程序，其禁止侵权和维权的效果都比较好。而现在许多企业缺乏的是对专利制度的运用，不注重事前防范，只忙于事后诉讼，这无疑给企业增加了专利保护的成本和负担。

申请专利时保留关键技术是事前防范的主要措施之一。各国专利法都要求专利说明书应写得全面而充分，但专利申请人为加强专利获权后许可证谈判的筹码，以及为了防止技术内容公开后会很容易地被他人仿制，通常要将其发明的一部分关键技术要点作为技术秘密进行保密，这样仿制产品就达不到最佳效果，从质量上难以形成对专利产品的竞争力。

（二）文献公开战略

根据我国《专利法》的规定，发明创造欲取得专利权必须具备新颖性等特征。所谓新颖性，是指发明创造成果具有前所未有的特点。新颖性是一个客观事实，它不以专利申请人的主观意志为转移。新颖性的标准由各国法律规定，依据大多数国家专利法的规定，如果某项技术是“现有技术”中所没有的，它就具有新颖性，反之则不具备新颖性。现有技术是已公开的技术，是在专利申请日以前，公众能够得知的。

文献公开的战略就是一种以公开自己发明的方式，主动丧失申请专利必备的“新颖性”，意在阻止竞争对手申请专利、获得专利的战略。以公开发明来阻止部分对手申请专利、获得专利的战略。如果企业认为自己开发成功的技术、产品没有必要取得专利权，但又担心其他企业取得这一技术的专利权将给本企业带来威胁时，就可以采取抢先公开技术内容的方式，使之丧失新颖性，从而阻止竞争对手获得专利权。国际上一些企业如美国的IBM公司就常常采用这种战略，西方一些报刊也时常登载企业提供的一些技术文献，使他人申请有关专利的计划流产。

（三）取消对方专利战略

这是排除竞争者对该企业专利威胁的一种最为有效的方式。这种战略既可以作为企业主动进攻的手段，也可以在企业遇到专利纠纷，受到专利侵权指控时作为防御策略运用，实现以攻为守的目的。其主要措施是利用竞争对手专利上的漏洞、缺陷或不符合专利条件的情况，运用专利法赋予的权限，启动专利权撤销程序或无效程序，指控对方专利无效。专利复审委员会对宣告专利无效的请求进行审查后作出决定，全部或部分取消对方的专利权，并由专利局登记和公告。这是企业在遇到专利侵权指控时最常用的战略。

我国《专利法》规定，自国务院专利行政部门公告授予专利之日起，任何单位或个人认为专利权的授予不符合专利法规定的，可以请求专利复审委员会宣告该专利权无效。关于无效宣告申请的理由，除了缺乏单一性和权属争议不能成为无效宣告理由外，说明书公开不充分、权利要求书得不到说明书支持、对说明书的修改超过了原说明书记载的范围、不符合专利“三性”的要求等，都可以成为请求无效宣告的理由。

企业要想使无效宣告成功，关键是要收集到竞争对手专利权无效的充分证据。主要渠道有以下几个方面。

1. 研究对方专利说明书对技术内容公开的充分性

由于专利法的目的是鼓励和推动发明创造的实施，各国专利法都要求专利说明书应写得全面而充分。我国《专利法》规定：说明书应当对发明和实用新型作出清楚、完整的说明，以所属技术领域的普通技术人员能够实现为准。但在实践中，我国《专利法》对实用新型公开充分性的问题是不作审查的。对于发明专利而言，尽管这一问题在专利申请实质审查中已经解决，但由于客观条件的限制，有些说明书公开不充分的发明专利申请依然获得了专利权。如果企业有充分的证据证明对方专利说明书公开不充分，即可行使无效宣告请求权。

2. 分析调查竞争对手专利说明书在审批中的修改、变动情况

专利说明书的修改、变动是法律所允许的。发明、实用新型专利申请的说明书及其附图、权利要求书公开的发明创造内容是以后修改的基础。但是，修改后的专利说明书不得超出原说明书的范围。企业如果找到竞争对手这方面不符合专利法规定的证据，即可请求宣告该项专利无效。

3. 分析调查竞争对手不符合专利“三性”的情况

我国现行《专利法》对实用新型专利申请并不进行新颖性、创造性、实用性这“三性”方面的审查，因而实践中不符合专利“三性”的实用新型专利申请被授权的并不少。对发明专利而言，由于专利审查员知识的局限性和技术本身的复杂性，也很难保证被授予的发明专利都符合专利“三性”要求。企业可以通过文献调查、产品调查和追踪调查来判断有无相似技术或产品已经公开或实施，以及其他关于专利“三性”方面的事实材料，进而决定是否请求宣告对方专利权无效。

此外，尽管我国《专利法》取消了专利之前的异议程序，但竞争对手的专利申请在公开以后或授权之前，企业仍然可以向国务院专利行政部门提供涉及该专利申请的专利性条件、申请人资格等内容的情报，阻止对方专利申请。但应当注意，此举应当是善意的，即不能有意提供虚假情报。

（四）证明先用权战略

先用权是相对于专利权而言的，是对专利权的一种抗辩。根据我国《专利法》的规定，企业先用权具体是指企业在他人专利申请日前已经制造相同产品、使用相同方法或者已经做好了制造、使用的必要准备，享有继续在原有范围内制造使用的权利。先用权的设立是基于保护没有取得专利权的另一发明创造人的最低利益。

专利法先用权的设立也可理解为专利权的一种例外。当企业对自己的产品或方法享有先用权时，那么在竞争对手取得专利权后，只要是在原有范围内继续制造或使用的，就不能被视为专利侵权。但也应看到，由于企业的先用权会受到生产规模、生产销售范围等的限制，且先用权本身不是独立的交易对象，它既不能单独转让，也不能成为许可贸易对象，不具独占性。因此，企业先用权战略是一种被动的防御性战略。

（五）主动和解战略

如确属侵犯他人专利权，在权衡利弊后，如认为即使向对方支付一笔使用费，自己仍有利可图，便可主动求和。和解的最佳方案是庭外和解，也可在法官主持下和解。和解方式，庭外和解可签和解协议，或补签实施许可合同。在法院开庭调解达成协议的，法院将制作民事调解书。国外的企业家都十分重视这一战略。例如，1989 年美国霍尼维尔公司向美国明尼苏达州联邦法院状告日本美能达公司侵犯其自动调焦（AF）相机专利权，要求被告赔偿 1.74 亿美元。最终于 1992 年由美能达公司赔偿霍尼维尔公司 1.27 亿美元达成和解，霍尼维尔公司允许美能达 AF 相机继续在美国销售。

第六章 企业技术创新中的标准化战略

知识产权与技术标准领域的新特点是专利技术标准化，技术标准越来越成为企业技术创新的一种重要形式，同时技术标准也包含越来越多的专利技术。专利技术标准化趋势对我国技术创新有重要的影响，有条件的企业应启动技术标准战略。

第一节 技术标准与技术标准战略

一、技术标准的含义与类别

（一）标准与标准化

“标准”是一定历史条件下的产物，至今已有100多年的历史。“标准”的原始定义，是指重复性的事项在一定范围内的统一规定。现代标准是指为在一定的范围内获得最佳秩序，对活动或其结果规定共同的和重复使用的规则、导则或特性的文件，该文件经协商一致制定并经一个公认机构的批准。标准的基础是科学、技术和经验的综合成果，标准的目的是促进最佳的社会效益。标准一般以系统的方式存在并发生作用，例如，为规范某种产品的质量，企业制定了该产品的质量标准，为达到该标准还必须制定对实现产品最终质量要求起保证作用的原材料、零部件、工艺装备以及管理等标准，共同发挥作用。

“标准化”是指制定标准工作的总称，即为了在一定的范围内获得最佳秩序，对实际的或潜在的问题制定共同的和重复使用的规则的活动，它包括制定、发布及实施标准的过程。标准化活动是一种特殊活动，其结果是生产一种特殊产品，即标准。也就是说，标准是标准化活动的成果。

标准按照标准化对象可分为技术标准、管理标准和工作标准；按照级别可分为国际标准、区域标准、国家标准、行业标准、地方标准和企业标准。根据《中华人民共和国标准化法》，我国的标准分为国家标准、行业标准、地方标准、企业标准四级。

随着高新技术的发展，标准化的对象和领域都在不断的扩展和深化，标准的内容也变得越来越丰富，特别是包含有一些特定技术解决方案的技术标准越来越多，所以研究有关技术标准的问题对促进国际贸易有其重要的作用。

（二）技术标准的含义与类别

技术标准是指对标准化领域中需要协调统一的技术事项所制定的标准。技术标准的原始定义，是指重复性的技术事项在一定范围内的统一规定。按照国际标准化组织（ISO）对标准的定义，技术标准是指一种或一系列具有一定强制性要求或指导功能，内容含有细节性技术要求和有关技术方案的文件，其目的使相关的产品或服务达到一定的安全要求或进入市场的要求。也就是说要通过在技术标准中，确立技术要素和设立技术指标的手段形成贸易的技术壁垒，限制其他产品的进入。从宏观上看，技术标准的实质就是对一个或几个生产技术所设立的必须符合要求的"门槛"，以及能达到跨越该"门槛"的实施技术。它包括两层含义：①统一性，即对技术要达到的要求划了一道线，并以此线区分其技术为合格还是不合格，能达到此线的认为是合格的生产技术，达不到此线的就是不合格的生产技术。②方便性，即技术标准中的技术是完备的，如果谁的生产技术达不到要求，可向标准体系寻求技术的许可，从而获得相应的达标生产技术（张平和马晓，2002）。

技术标准是从事生产、建设及商品流通的一种共同遵守的技术依据，各级技术标准按其内容、作用和性质又可分为以下几种。

1. 按其标准化对象特征和作用分类

技术标准按其标准化对象特征和作用可分为基础标准、产品标准、方法标准、计量标准、安全卫生与环境保护标准等。基础标准，是在一定范围内作为其他标准的基础并普遍使用，具有广泛的指导意义。该技术要求综合性强、立项、审定和审批过程复杂，任务难度大，完成时间长，适合于技术关联度大、综合性强的系统类技术产品。产品标准，是对产品结构、规格、质量和检验方法所做的技术规定。产品标准对市场面广的通用性产品意义巨大，适合于公共消费类技术产品。方法标准，是规范行业应用的一种标准，适合于检测方法类的技术产品。计量标准，是对用于计量类技术产品的计量检定所做的技术规范，适合于计量类技术产品。

2. 按其标准的性质分类

技术标准按其标准的性质可分为推荐性标准和强制性标准。推荐性标准，又称非强制性标准或自愿性标准，是指在生产、交换、使用等方面，为了要努力达到特殊的兼容性或实施的先进性，通过经济手段或市场调节而自愿采用的一类标准。这类标准不具有强制性，任何单位均有权决定是否采用，违犯这类标准，不构成经济或法律方面的责任。但推荐性标准一经接受并采用，或各方商定同意纳入合同中，就成为各方必须共同遵守的技术依据，具有法律上的约束性。推荐性标准一般用符号 T 表示，例如，国家标准《电子材料晶片参考面长度测量方法》（GB/T13387—1992）就是指该标准为推荐性标准。

强制性标准是指必须要求执行的标准，通常适于保护、生产、管理、兼容，它强调了绝对的最小限度可以接受的要求。例如，2003 年 12 月 14 日，欧洲标准化委员会对打火机 ENISO9994 安全标准由原来的一般执行改为强制执行，这将成为中国打火机行业的一道难越的“门槛”。因为 ENISO9994 标准规定，打火机气箱承受温度要达到 65℃，这要比现在中国打火机的承受温度高出整整 10℃，而温州地区 600 多家打火机企业中至少有 2/3 的企业达不到该标准。

3. 按标准的来源分类

技术标准按其标准的来源可分为法定标准和事实标准。法定标准是指由政府及其授权的标准化组织或国际标准化组织制定或确认的技术标准，它的产生是一种创设的过程。事实标准是指不是由标准化组织制定的，而是由处于技术领先地位的企业、企业集团制定，由市场实际接纳的技术标准，它的产生体现了新经济时代的特点。

事实标准又可划分为两类：一类是“形成的事实标准”；另一类是“普通事实标准”。所谓形成的事实标准，是指单个企业的某种技术产品由于市场运作的成功而自动形成的统一或单一的产品格式，这种格式由于受消费者偏爱，导致其技术竞争者难以进入该市场而成为一种标准。这类标准的特点是，既不是产生于特定组织的标准制定行为，又不是企业从本质上所追求的，而是由于市场运作的成功而自动形成的。例如，美国微软公司的 Windows 操作系统和英特尔公司的微处理器及 QWERTY 的打字键盘布局，均得到世界公认，在计算机产业被人们视为标准而广泛采用与承认，这种形成的事实标准在实际中比较少。

所谓普通事实标准，是指企业或企业的联合出于标准化工作或标准许可的目的，通过有目的的标准化工作产生的非法定标准。例如，DVD生产技术基本由两大事实标准机构所控制，一个是6C联盟，另一个是索尼/飞利浦企业联合组织。这两个组织都是典型的企业间通过专利技术控制DVD产品生产的普通事实标准联合组织。普通事实标准从一开始就是企业所建立的企业标准，随着企业的发展而逐渐成为行业标准和国际标准，这种普通事实标准一旦成为国际标准将比事实标准的威力更大。例如，在DVD事件中，6C联盟的核心专利技术还没有以国际标准的面目出现，仅以事实标准运用的初级阶段而出现，就已经对我国DVD企业造成了一定的影响。如果6C联盟将DVD的核心专利技术完整成一套国际标准，那么，对我国企业的制约力将会比现在大得多。据有关部门统计，我国有60%的出口企业曾遭到过国外技术壁垒的限制，因此使我国的出口额每年损失约500亿美元（孟庆珍，2008）。

事实上，在现在的标准中，最多的是法定标准和企业联营中的事实标准（普通事实标准）。尽管人们试图加快标准化制定程序，但由于法定标准制定程序中的公开性或一致性等问题往往难以在较短时间内产生，一般制定标准的周期平均为4～5年，所以普通事实标准正是利用了法定标准的缺陷，而得到了快速的发展。

二、技术标准的确立过程及特点

（一）法定技术标准的确立过程

技术标准产生于技术的发明和创新过程中，并随着专利的积聚而上升为技术标准。技术标准产生的先后顺序往往先是企业标准，然后是行业标准和国家标准，最后是国际标准。在技术标准的产生过程中，往往是那些在技术创新中先发明技术和产品的企业具有占先权。如彩电行业，背投彩电的技术标准主要由长虹公司决定；而数字彩电的技术标准则参考了美国的技术标准。

法定技术标准的形成过程是，企业在技术创新中积累核心技术和必要专利，在此基础上抢先制定技术标准，并在生产和市场上运用推广，通过信息反馈不断修正和完善，尽可能多的被其他企业所认可和接受。最关键的一步是企业主动将自主技术标准向政府及其授权的标准化组织或国际标准化组织申请，确认为法定技术标准，一旦被确认为法定技术标准，便在该行业中推广，形成技术垄断，其他企业要使用该技术标准，往往需要取得技术标准背后的专利许可。

（二）事实技术标准的确立过程

事实标准的产生通常取决于产品的市场份额，当使用该技术的产品拥有足够大的市场份额时，技术就形成了事实标准，同一个产品还可能存在多个事实标准（梁志文和李卫军，2004）。因此企业制定的自主技术标准没有被确认为法定标准，只要为其他企业所接受，就会被市场接纳为事实标准。事实标准还产生于法定标准过度迟延的产业，法定标准由于制定程序中的公开性或一致性等问题往往难以在较短时间内产生，法定标准的制定周期一般在四年左右，由于法定标准产生的滞后性，因此在过度迟延发布法定标准的产业中就一定会产生事实标准。

事实标准形成的特点区别于法定标准，法定标准是由官方组织、行业组织等正式组织制定，并有相应规则执行的技术或技术组合，它的产生是一种创设过程。因此，决定能否成为事实标准的不是因为它为标准化组织所制定，而是在产业上被人们视为标准被其他企业广泛采用与承认。

（三）技术标准确立过程的特点

1. 被选择的技术标准，是应用最广泛的技术标准

在新技术产生后法定标准出台前，市场上有不同技术标准生产同类型的不同产品。因此，比产品竞争更剧烈的是技术标准的竞争，技术上的优势不能保证在技术标准确立上的优势。分析一些被采用的技术标准可以发现，那些最先占据市场较大份额的技术，最终被选定为法定标准，也就是说使用范围广的技术最终获胜。而且，先被采用的技术方案，可以通过规模经济迅速降低生产成本，回收技术投资，进而继续扩大市场份额，在法定标准出台前成为“事实标准”。

国家在对技术标准的选择上，技术的先进性往往不是唯一的因素，必须考虑到在市场上被认可的技术使用情况，以及技术标准确定对用户既有产品维护、更新的影响。因此，为了照顾用户的使用成本，往往倾向于采纳使用范围最广的技术，那些技术未必最优的企业，就可以通过市场手段建立在技术标准确立上的优势（葛亚力，2003）。法定标准在一般情况下比较开放，缺点是企业和市场可能不认同，可能成不了事实上被接受的标准。

2. 与事实标准相比较，法定标准在技术性能上未必是最优的

一种新产品研发出来后，可能有多个企业先后以不同的技术路线生产该产品，因此，不同企业以产品形态在市场上竞争时，也包含了在产品技术路线上的竞争。失败的一方将失去回收技术投资的机会，也失去通过已有技术进行深度开发，推出下一代产品的机会。而成功的一方，则可以通过市场范围的扩大，推动企业标准成为市场上的事实标准；还可以通过出让专利获得收益。由于法定技术标准确定的滞后性，往往是被用户广泛接受的技术方案，

最终成为法定的技术标准。

对技术性能的评价，一般是以技术使用的效率来衡量，对于那些被市场采纳的技术标准，通常能够被确定为法定技术标准，但是那些被市场采纳的技术标准有些未必就是技术性能最优的方案，如 QWERTY 键盘设计、个人电脑（PC）的系统结构、录像机的家用录像系统（VHS）系统等。因此，技术相对落后的企业，可以通过构建技术标准战略，使自己的技术标准获得市场上的广泛认同，以事实标准来对抗竞争对手的技术优势。

3. 技术标准一经确立,具有一定的稳定性

由于用户已经在使用中形成了习惯，对被广泛使用的技术标准进行改变，必然增加用户的转换成本。所以，从用户的角度来看，希望技术标准是稳定的，以迁就自己的使用习惯，或者出现更方便、更容易使用、效果更好、学习更简单的标准。如微软的建立在 Windows 平台下的 Word，替换了 DOS 平台下的 WPS 就是如此，Word 比 WPS 更方便，容易使用、效果更好、学习更简单，微软也通过 Word 树立了文字处理上新的技术标准。同时，用户还希望后续的技术开放能兼顾以往的使用习惯，减少技术升级因改变使用习惯而增加的学习成本，减少因学习新技术而浪费的时间成本。

只有用户喜欢的标准才能成为法定的技术标准，也只有用户肯定的标准才能成为法定标准。而且，法定的标准一经确立，用户就希望能够稳定，在技术升级过程中也能保持既有习惯。除非新出台的技术标准能提供更简单、易用的技术（葛亚力，2003）。技术标准的特性，使得企业在技术竞争落后的形势下，能够通过构建技术标准战略，构建竞争壁垒，营造持续的竞争优势。

三、技术标准战略是打造超一流企业的必然选择

2012 年是我国加入 WTO 的第十一年，我国已全面兑现加入 WTO 时的承诺，已经基本融入世界经济全球化之中，我国企业一方面直接参与到国际分工之中，分享经济全球化带来的好处和利益；另一方面面临着与外资企业在同一个舞台上展开激烈竞争——“与狼共舞”。企业间的竞争主题，已从传统的“拼规模、拼成本、拼质量、拼营销”演进到了“拼标准”的至高境界。而标准正是技术能力和成果的凝结，是全社会共同遵守的、法定的或事实的技术准则，它可以作为全球通用的技术语言，在推动科技进步、保证可持续发展、规范市场经济秩序、促进贸易发展等方面具有不可替代的作用，已成为经济全球化背景下提升国家竞争力的重要手段，谁掌握了标准的制定权，谁的专利成为标准，谁就掌握了产业竞争的制高点和市场的主动权。业界广为流传的一句俗话，“三流的企业卖苦力，二流的企业卖产品，一流的企业卖

专利，超一流的企业卖标准”，简单通俗地阐释了产业分工的金字塔结构。研发和掌握标准的企业是处在金字塔的顶端，是获取最丰厚的利润，乃至控制产业命脉，主导产业发展的大赢家。

例如，CDMA 标准制定者——美国高通公司研究和开发了移动通信的一整套技术和解决方案，整合为标准，并申请专利，专利加标准成为一种新的垄断，然后许可中国联通、韩国 SK 电信、印度和巴西等移动运营商使用，收取高额的标准专利使用费。高通公司仅有 5000 名员工，远远低于中国联通 20 万名的员工数，但其创造的年利润却高过中国联通。只要中国联通采用了高通的标准，更换其他标准几乎不可能，难度不亚于给一个人换血并改变其血型，标准和技术的不同在于技术具有可替代性，而标准几乎没有可替代性。标准一旦采用，整个产业链条从源头被锁定，整个产业的每一个环节都深深刻上标准的烙印，标准下游产业的生产制造和设计研发都必须遵循标准，受标准制约，整个产业的升级以标准的升级为前提条件。

实践告诉我们，技术标准正日益成为抢占高技术产业制高点的有力手段，成为专利技术追求的最高体现形式，更成为国家核心竞争力的基本要素。标准既是技术主导的产物，更是利益的载体，基于谁的技术制定的标准，谁就自然成为先行者。“得标准者得天下”，已被高技术产业界无数活生生的事实演绎得淋漓尽致，DVD 产业如此，中、美围绕无线局域网鉴别与保密基本结构（WAPI）的纠纷如此，3G 三大标准之争同样如此。“技术专利化—专利标准化—标准垄断化”已成为国际高技术公司不战而胜的经营秘诀。在知识经济时代，知识型企业的最高境界就是卖标准，靠卖产品所构成的市场份额已经不具有左右行业的力量，标准的垄断相比市场的垄断是质的超越。当我们的很多企业还在辛辛苦苦卖力气、赚劳务费的时候，世界上所有超一流企业已经收紧核心领域，将标准牢牢控制在自己手中。因此，发达国家利用其在国际标准化机构的技术主导权，尽可能将有利于本国的技术法规、技术标准及检测方法纳入国际标准；少数发达国家甚至动用高层政治、外交资源，迫使我国采用符合其自身利益的标准，更彰显出技术标准在未来国与国竞争中的极度重要性。而发达国家用知识产权构筑的技术壁垒中，标准也往往充当了最锐利的武器，无论作为合理的贸易技术措施，还是作为抬高门槛的贸易保护壁垒，技术标准是维护国家利益和安全的基本手段，是确定无疑的。可以说，在当今世界科技、经济较量的方方面面，标准都是我们绕不过去的一道“坎儿”。

综上所述，无论是考察发达国家的经验，还是根据我国的具体国情，无论是考虑到建设创新型国家的需要，还是着眼于技术标准制定及标准背后的巨大的知识产权利益回报，加快实施技术标准战略迫在眉睫、势在必行，它是实现企业基业长青、国家繁荣文明的必然的战略选择。

第二节　技术标准与专利的结合——一种新的游戏规则

技术标准是在一定的时代背景下出现的，而且伴随着技术的发展而发展。在传统产业里，由于技术的更迭缓慢，经济效益主要取决于生产的规模和产品质量，技术标准主要是为了保证产品的互换性和通用性，因而技术标准和专利是相互分离的。如今，对高新技术产业来讲，经济效益更多地取决于技术创新和知识产权，技术标准主要集中在技术含量高的高新技术领域，这些技术标准都由一个技术体系所支撑。其中，专利技术是技术标准方案的必不可少的内容，特别是核心技术几乎都以专利的形式获得法律保护。这些技术标准不仅仅是某一个国家的标准，往往是国际化标准、区域化标准或产业联盟颁布的标准。“技术专利化—专利标准化—标准垄断化”已经形成了知识经济条件下国际竞争的新游戏规则。

一、专利是形成技术标准的基础

技术标准的建立主要集中在高新技术产业领域，对绝大多数技术标准体系而言，专利是技术标准的核心，技术标准离不开专利，技术标准的背后往往以大量的专利作支撑。因此，技术创新和创新成果获取专利就成了企业技术标准战略的前提，企业只有掌握了某一技术领域的必要专利，其制定的技术标准才有可能被认定为国家标准或国际标准，而技术标准的推广和使用又往往是以专利许可的形式出现的。积极鼓励创新和申请专利，不但可以增加技术标准中的资源，而且可以利用专利和技术标准的工具性手段进行产业竞争。事实上，发达国家的企业正是利用专利和标准化的优势进行竞争获胜，飞利浦推广激光唱片技术就证明了这一点。20 世纪 70 年代末，飞利浦率先开发出了具有专利权的激光唱片，并立即做出了同日本分享这项技术的大胆决定，其交换条件就是要求日本索尼公司（简称索尼）采纳飞利浦的技术标准。后来，两家“巨头”经过数月的讨价还价，最后达成一项协议，索尼接受飞利浦的技术标准，其他亚洲和欧洲的索尼公司生产商都要支付给飞利浦专利使用费。据此，飞利浦占领了世界上 20%的激光唱片市场，飞利浦通过许可专利技术并推广相应的技术标准，赢得了市场优势。

目前，我国信息产业中的许多企业在拥有专利技术的基础上参与或牵头起草国际主流标准。例如，中兴通讯公司就是在有数十件相关专利和专利申请的基础上，于2003年在日内瓦举行的（光和其他传送网ITU-T SG/WP15）全会上获得ITU-T新标准G. Raman的起草权，这是中国企业在光通信领域首次牵头起草国际主流标准。大唐电信也是在获取自主知识产权的基础上起草的第三代移动通信TD-SCDMA标准，已于1999年11月5日被国际电信联盟（ITU）正式采纳。西安的西电捷通公司也正是在申请了“无线局域网移动终端的安全接入于无线链路的数据保密通信方法”等多项专利的基础上，参与制定的WAPI被认定为强制性国家标准。正因为专利是技术标准的基础，所以从某种意义上讲，技术标准实际上对专利持有人特别是必要专利持有人赋予了竞争的优势地位，技术标准许可的实质是技术标准所含技术专利的许可。

二、技术标准是专利的最高表现形式

技术标准是某一技术领域必须共同遵守的准则而被其他企业广泛的使用，如果能把具有专利的标准提交到标准化组织修正并得到认可，专利就将升华为标准，专利权人就有权对技术标准中的必要专利使用要求回报，以获取更大范围的技术垄断和效益。所以，专利技术以“技术标准”的形式存在，能够在更大的范围内发挥其专有性效用，以专利技术为支撑的技术标准许可能够为标准的拥有者带来巨大的经济效益。目前，发达国家许多大公司制定的技术标准一般都具有大量的核心专利，他们谋求在专利技术作为标准后，通过控制标准、引导标准的发展方向，达到最终控制市场的目的。企业拥有的必要专利一旦变成某个产业的技术标准，就成了企业用来左右市场游戏规则的力量，使众多的厂商和用户及竞争对手不得不跟着他的标准走，英特尔公司就是通过技术标准控制了计算机市场竞争的节奏和游戏规则。事实证明，在激烈的市场竞争中，技术标准已经形成了市场准入的通行证和排挤其他竞争对手的杀手锏。因此，上升为国际标准的专利能够影响的不再是几个企业的利益而是整个行业的利益，并直接影响到国家的经济利益和经济安全。

对于一些技术上不发达的国家来说，由于它们缺乏技术的研发能力，就只能通过从标准体系获得许可而形成生产能力，这些国家除了付费之外，关键是要服从标准的管理，而标准管理的实质和核心就是技术体系中对于以专利权为主的知识产权的管理。由于知识产权有其地域性和排他性，一旦这种标准得到一定的普及，就会形成一定形式的垄断，尤其在市场准入方面，它会排斥不符合此标准的产品，从而达到排斥异己的目的。因此，企业必须按照技术标准生产产品，否则就没有市场，而每销售一件符合标准的产品都要向专利权人支付不菲的专利技术许可使用费。日本标准化的一项经济评价结果表明，如果一项新技术能制定成国际标准，就能产生 300 亿～1000 亿日元的经济效益。

正是由于技术标准这种巨大的效益作用，才使得国际市场的竞争已由产品、技术之争发展到标准之争。标准的制定和被广泛的认同，对各国产业的国际竞争力影响重大。事实证明，在高技术领域谁的技术标准领先，谁就控制了未来市场。因此，主要发达国家在 10 年前就高度重视科技政策中标准化的作用，把技术标准作为战略性竞争手段。由于发达国家的许多企业是技术标准的制定者，而技术标准的背后隐藏着专利，发展中国家的企业要使用该技术标准，就必须支付高昂的专利许可使用费，这使得发展中国家企业生产的一些低成本产品失去市场价格的优势。例如，2000 年美国政府规定，凡进入美国市场的 13 英寸以上的彩电都必须具备“童锁”功能。而 2003 年 6 月，加拿大 Tri-Vision 公司就声称这种“童锁”技术已被该公司申请了专利，要求中国出口到美国和加拿大的彩电就“童锁”缴纳专利使用费。又如，欧盟 2002 年公布了针对打火机的 CR（child resistant）法案，要求销往欧盟市场的打火机必须安装安全锁。这一标准的目的虽说是为了保护儿童的安全，但由于围绕这一标准的技术已被发达国家的公司申请了很多专利，要达到 CR 法案标准，中国企业必须支付专利使用费。

三、专利技术成为技术标准的条件

专利标准化会给专利权人带来很高的利益，但是并不是所有的专利都能纳入技术标准，专利进入技术标准是有条件的。

（一）纳入技术标准中的专利只能是必要专利

在一项标准中的专利一般被认定为必要专利，在有些著作中也被翻译成核心专利或基础专利。根据国际化标准组织的定义，所谓必要专利是指“经技术标准体系认定是该技术标准体系所必不可少的一项技术，且该技术是一项专利技术而被专利权人所独占”。只有被确定为必要专利的技术，才可以在技术标准中被列入技术方案。通俗地说，必要专利可以被理解成为实施一项标准时必然会侵犯的专利，不存在其他替代专利，必要专利成为唯一通道上的“收费站”，任何需要到达目的地的企业，都必须向该“收费站”交纳“买路钱”，而不可能绕行其他路线。

无论是法定标准还是事实标准，只有必要专利的许可达到一定的积累，才能使标准体系得以建立。而要获取必要专利，则必须有一个技术标准体系向专利权人申请获得许可的过程。根据 ISO/IEC 导则和我国国家质量监督检验检疫总局发布的《标准中规范性技术要素内容的确定方法》的规定，在标准建立初期，标准的提案工作小组要求参与标准制定的各方申报与该技术方案有关的知识产权。这个声明和披露的过程就是为了保证标准建立后，能够使权利人尽快地按照声明对外实施技术许可，使标准得到普及。如果专利权人拒绝做出许可声明，则将重新考虑是否将其专利纳入标准体系中；如果无法绕开此项专利或找到替代技术，该标准提案将被搁置。也只有在标准中所涉及的所有专利权人许可声明齐备的前提下，一个标准才能够出版。同时，在披露过程中，如未声明提交的技术包含专利或专利申请，则将被认定为一个不含有专利技术的技术标准提案，而如果声明人仅在事后主张自己知道的知识产权权利的，则违反了民法上的诚实信用原则和禁止反悔原则，破坏了规范采用者的知情权，其主张的权利将不被支持。

（二）技术标准的建立往往需要整合必要专利

随着科学技术的发展，高科技产品的复杂程度使得一种产品往往会涉及多项专利技术，某一家企业想独立取得相关数十种专利技术，会力不从心，现实情况是这些专利技术分别为不同的专利权人所掌握，相互之间形成互补关系，拥有其中一项或几项专利技术不足以在此领域形成垄断。专利权人一方面希望自己的专利技术为他人所需求，另一方面又希望能以合理的价格获得其他专利权人的许可，在这种情况下，他们有必要进行交叉许可或专利联营组建专利池，即签订一定形式的协议，相互许可对方优惠使用自己的专利技术，而对外则共同许可第三方使用这些专利技术。

（三）以必要专利形成的技术标准一定要被市场所接受

企业制定技术标准体系能否取得成功是有一定风险的，个别企业如果抱着“为标准而标准”的想法来制定技术标准体系是非常危险的。对于与专利相结合的技术标准来说，并不是标准制定出来，就能够成为被其他企业所接受的技术标准，只有真正被市场所接受的技术标准才能成为产业中的事实标准。

制定技术标准的风险主要是技术标准可能由于某种原因而不被市场所接受而失败。日本高清晰度彩电标准制定就是这样的例子。20 世纪 70 年代，日本政府协调并扶持了各种高清晰度电视技术的开发。1979 年，日本公共广播公司 NHK 开始用其模拟的“Muse”系统进行试验性传播。日本公司和政府花了大约 13 亿美元来开发高清晰度电视技术。到 1991 年，NHK 每天播放 8 小时的节目，然而由于高清晰度电视机价格昂贵，一直没有被市场广泛接受。直到 1994 年最便宜的高清晰度电视机仍高达 6000 美元。由于没有获得足够的市场用户基础，当 1993 年和 1996 年欧洲和美国分别推出高清晰度数字电视标准时，日本的模拟标准彻底被市场所抛弃，所有的投资将化为乌有。

对于企业来说，如果创立新的技术标准的风险太大或者时机不合适，还不如接受现有的技术标准，并以此为基础进行组件创新，同样可以获得成功，例如，华为和中兴通讯就是这样，而不必盲目地进行技术标准的投资。

第三节 技术标准战略对技术创新的作用

一、技术标准战略对技术创新的推动作用

（一）技术标准战略促进了企业技术创新

技术标准战略是指企业从自身的发展出发，利用技术标准的建立和推广，在技术竞争和市场竞争中谋求利益最大化的策略。技术标准战略贯穿于新产品的研究、设计、开发、应用和产业化的全过程，对技术创新具有促进作用。企业的技术标准战略不仅仅是要求企业采用国际标准和国家、行业标准生产产品，使产品的质量在国内外市场上具有竞争力，更主要的是运用技术标准战略促进企业的技术产品研发和创新，形成具有竞争力的新的技术标准，并且被国际标准化组织所认可，被产业链的其他企业所采用。从某种意义上讲，技术标准战略是要通过技术创新来实现企业技术和产品的创新，最终实现技术标准的创新。

例如，制造微处理器的英特尔公司通过从 IBM 公司获取许可证后，制造了几乎能被所有 IBM 兼容机采用的微处理器，进而综合知识产权战略，确立了业界的“技术标准”，迫使除苹果以外的每家公司都采用英特尔芯片，所有新机型的技术规范设计都围绕英特尔的标准进行，最终掌握了该领域技术标准竞争的主动权。

（二）得专利者得标准，得标准者得天下

在传统意义上，人们会认为标准是公知领域的技术，专利是独占领域的技术，两者毫不相干，甚至相悖，但在现代意义上技术标准与专利已不再分离。国际上超一流企业制定垄断市场的重要战略是：将自己的专利容在技术标准中，通过运作技术标准达到出售专利的目的。标准能成为自主创新的技术基础，源于标准制定者拥有标准中的技术要素、指标及其衍生的知识产权。它以原创性专利技术为主，通常由一个专利群来支撑，通过对核心技术的控制，很快形成排他性的技术垄断，尤其在市场准入方面，它采取许可方式排

斥竞争对手的进入，达到市场垄断的目的，从而实现利益最大化。进入知识经济时代，凭靠一纸标准“坐而通吃”的现象越来越突出。例如，日本的索尼、美国的微软和英特尔都在技术标准上赚了大钱。特别是作为出售知识产权的高通公司，先将自己拥有的1400多项技术全部申请专利，然后将这一套解决方案申请为国际通信标准，通过标准许可费用、产品专利费用、芯片等三种形式获得巨额收入。

目前，技术标准和专利的结合是高技术产业发展的必然趋势，这是因为高新技术产业相对于传统产业其经济效益更多地取决于技术创新和专利权，而专利加上技术标准颁布后的开放性和使用的强制性，将会构成先进应用技术的制高点，为企业带来效益，因而技术标准又逐渐成为专利技术所追求的最高形式，而且往往是产品未到，标准先行。在技术创新中，专利和技术标准的结合可以让“1＋1”迸发出大于2的能量。我国企业要运用专利与技术标准获得市场准入和优势，技术创新中实施专利战略和标准战略是一种明智的选择。专利是对一种产品的垄断，技术标准是对一个行业的垄断，得标准者得天下。

（三）专利以标准为依托规避反垄断法

当专利权人进行交叉许可或组建专利池后，第三方如要使用这些专利技术，必须经过专利权人的共同许可，而且是整个必要专利的许可，从而获得更多的专利许可费。但是这种做法有时可能招来被许可人提起反垄断之诉，因为其行为有可能被认为是“搭售”性的多重许可，剥夺了被许可人选择的自由。

然而各专利权人如果采取以标准为依托，则可能有效地规避反垄断法。由于标准是建立于各方协商的基础之上的，在制定标准时，各方专利权人完全可以要求将相关的专利技术都纳入该标准体系之下，形成标准体系。当此种标准为国际标准化组织所认可以后，其影响力与权威性使得该技术标准能够迅速推广。即使该技术标准是推荐性的，由于消费者更倾向于购买经过国际标准化组织认可的技术标准而生产的产品，因此绝大多数企业都会主动选择该技术标准，同时也会主动接受各项专利许可，这样一则达到了共同许可的目标，二则也洗掉了“搭售”专利之嫌疑。

二、滥用技术标准战略对技术创新的阻碍作用

从创新的角度讲，对知识产权保护不足和保护过度都会阻碍技术创新。保护不足，其创新热情将会随其创造收入而减少；保护过度，市场上涉及知识产权的产品的价格会上扬，产品的传播会受到阻碍，创新的成本会增加，

因为创新本身离不开对前人和别人成果的借鉴。技术标准在许可中涉及知识产权的许可，而标准化组织或标准持有人有可能利用标准的优势从事垄断市场或滥用标准、滥用知识产权的行为。例如，在思科诉华为案中①，思科占据了全球绝大份额，利用其优势地位设置了相当数量的"私有协议"，而且是不开放的，拒绝第三方使用。这与作为通信产品应该互联互通的基本要求是相冲突的，这实际上是对技术标准的滥用，阻碍技术创新的发展。

（一）事实标准中的知识产权滥用

限制竞争。事实标准的形成将淘汰一些不符合标准的生产企业，也将阻碍产业中市场新的加入者。由于新加入者必须考虑与事实标准原有用户在产品兼容方面的需求而设置接口或类似装置以及程序等，这无疑会遭遇事实标准所有人以知识产权为名义的阻击战，新加入者只能与事实标准所有人谈判并支付许可费而取得实施许可（梁志文和李卫军，2004）。要么增加新加入者的经营风险，在知识产权诉讼时面临败诉的风险。

损害用户利益。事实标准所有人对产业的控制首先体现在产品的定价上，事实标准所有人可以利用垄断力量获取高额利润。其次，事实标准的存在还可能限制用户的选择，事实标准所有人可以通过"私有协议"排斥用户对其他商品和服务的选择，由于兼容等方面的考虑，用户可能只有选择事实标准的产品。

（二）技术标准中的专利权滥用

技术标准中的专利权滥用主要包括：①技术标准采用者实施在后专利时请求在先专利权人许可，而在先专利权人无正当理由不予许可；②技术标准采用者在与专利权人签订专利许可时，专利权利人有意抬高要价，或者签订一揽子许可；③其他滥用行为。

国内著名知识产权学者李顺德教授曾在2003年4月26日世界知识产权日所作的《知识产权与技术创新》的主题演讲②中指出：需要警惕的是技术标准中的知识产权滥用有可能成为非法技术贸易壁垒，而正确处理技术标

① 2003年1月22日，全球最大的互联网设备制造商思科系统公司和思科技术公司（Cisco Systems，Inc）在美国得克萨斯州马歇尔（Marshall）联邦地方法院对中国最大的电信设备制造商华为技术有限公司及其在美国的两家子公司 Huawei America，Inc.，Futurewei Technologies，Inc. 提起诉讼，指控华为侵犯其知识产权。历时一年半的思科诉华为侵权案终于以和解而告终。

② 2003年4月26日，深圳市隆重举办知识产权与技术创新论坛，以纪念世界知识产权日。国内著名知识产权专家、中国社会科学院知识产权中心副主任李顺德教授作了《知识产权与技术创新》的主题演讲。他认为，知识产权与技术标准相结合将对高新技术产业产生深远影响，需要警惕的是技术标准中的知识产权滥用有可能成为非法技术贸易壁垒。

准中与知识产权之间的关系应当注意四点：一是采用技术标准应充分注意其中涉及的知识产权；二是制定技术标准应尽可能结合自己的知识产权；三是应重视技术标准与技术法规的衔接；四是标准化管理与知识产权管理应紧密结合。

技术标准虽然在一定程度上能够为一些权利人带来利益，但技术标准的目的是为大众利益服务的，因此并非所有的技术标准都需要纳入知识产权的保护范畴或知识产权的许可范畴。美国有学者认为“应用程序接口”不应该被版权保护或专利保护，因为这些接口往往是一些技术标准规定的对象，将他们纳入知识产权范畴，既妨碍公共利益，也不利于技术进步。

三、在技术标准战略运用中遵循利益平衡原则

专利技术的标准化无疑是使专利权人的专利技术发挥最大化效用的重要手段和机制之一。专利法对专利权的保护本身存在平衡机制，这种平衡机制要求对专利权的保护给予一定的限制。在专利法的框架内，专利法对专利技术标准化以后产生的对专利权的变相或者间接性的垄断却难以控制，因为当专利技术纳入强制性标准后，无论是法定标准还是事实标准，它会成为实施有关技术的必然选择，解决这一问题可以通过修改完善专利法的形式实现。国家知识产权局于 2005 年 3 月发布的《专利法》及其实施细则第三次修改指南，即有关于国家强制性标准与专利权关系问题的主题，在标准化立法和相关制度中把握专利技术专有权与公众合理使用技术的平衡点，合理规范和平衡专利权人与社会公众之间利用专利技术的利益关系，适当规范公众可以获得相应许可的方式、条件和程序，成为与知识产权有关的标准化问题研究应当高度重视的方面。

第四节 企业技术创新中的技术标准战略模式选择

专利与标准化相结合被认为是实施知识产权战略的最高层次和境界，是最高级的知识产权战略。面对外国企业咄咄逼人的技术标准战略，国内一些企业也开始尝试建立自己的技术标准战略，并取得了一定的效果，如华为、联想、中兴、海尔等。但是，国内能够制定出有效的技术标准战略的企业并不多，国内企业一定要根据自己的实际情况来制定和实施技术标准战略。企业实施技术标准战略的最高目标，就是要拥有自主知识产权的技术标准，然

后推而广之成为影响或控制产业链的公共标准（国际标准、国家标准或行业标准）或是事实标准。企业实施技术标准战略，要关注两个关键问题：一是企业在技术标准竞争环境中所处的位置；二是企业自身的资源条件，如技术研发能力、自有核心技术及专利比重、营销网络渠道、产品市场占有率等以及应对标准国际化的能力。针对企业所面临的外部环境差异及内部资源条件的不同，技术标准战略的运用也就有不同的模式。

一、产业扩展型企业技术标准战略——掌控技术标准影响整个产业链

产业扩展型企业是指企业所处的行业面临激烈的技术标准竞争，但尚未形成完整的行业标准体系，企业本身拥有非常强大的技术研发、创新能力，并且已具有相当竞争实力的系列产品。这时，企业可以通过内外部资源整合，在行业（或产业）层面开展技术标准竞争，从整体上实施突破，以强占行业（或产业）技术标准制高点，向海外强势扩展。“产业扩展型”技术标准战略一般比较适合电子信息、基因工程、电动汽车、磁悬浮等高新技术产业。目前，我国少数企业如华为、中兴等已经具备这样的能力。对于“产业扩展型”企业而言，如何充当“领头羊”，将企业现有相关产品的系列技术标准或技术标准群整合扩展至整个产业链，并积极寻求技术标准的国际化，是“产业扩展型”企业影响与掌控整个产业链的关键。产业扩展型企业要有主导标准的意识。积极参与行业标准、国家标准甚至是国际标准的起草工作，争取标准话语权。

而构建专利联盟（专利池）整合各种分散的必要专利资源，是“产业扩展型”企业建立技术标准体系的主要路径。通过专利池的构建，形成行业或产业的技术标准。专利池的构建主要有两种类型，普通型专利池与技术标准型专利池。普通型专利池是将该产业的必要专利都吸收到专利池中，然后通过技术标准的制定，将专利池中的专利技术融入技术标准之中。

由于专利与技术标准的结合，技术拥有者成功地将自己的专利（私权利）包装到技术标准（公权利）中，再通过“公权利”的力量将自己的“私权利”得到最大程度的推广和延伸，以实现专利联盟成员利益的最大化。一方面，其他企业采用标准就必须对其中的专利技术付费，这是标准的产权效应。另一方面，采用一个标准就必须采用标准涉及的全部专利，这是标准的捆绑效应，发达国家和跨国公司就是通过这种手段实现其全球扩张的。

二、产品竞争型企业技术标准战略——抢占技术标准制高点

产品竞争型企业在行业（或产业）的技术标准竞争中并不处于绝对优势，

而且行业（或产业）的技术标准体系也已基本完善，企业本身仅在个别产品上拥有较强的技术研发与创新能力，而且产品技术标准领先，但要在行业整体上取胜比较困难。这时，企业可以在个别产品标准竞争上进行突破，生产出高技术含量、高附加值的产品。通过开拓高端产品，向全球市场扩展，避免形成产品同质化—价格战—反倾销—公司超微利甚至亏损的恶性循环。“产品竞争型”技术标准战略一般比较适合技术比较成熟和市场竞争充分的家电、电子、精细化工、机械设备等传统产业。目前我国已经拥有一批具有技术竞争能力的企业，如长虹、TCL 和海尔等。

对于“产品竞争型”企业而言，剥离部分业务（或产品），将企业现有但不具有技术领先的部分业务（或产品）外包出去，集中资源将优势产品做强做大形成高端产品系列，尽快打造企业技术标准核心竞争平台，由“规模性经营”向“技术性经营”转变，是“产品竞争型”企业获取高端市场利润，走持续发展之路的关键（刘驰，2005）。

三、市场引领企业技术标准战略——事实标准引领市场

企业制定技术标准体系能否取得成功是有一定风险的，制定技术标准的风险主要是技术标准可能出于某种原因而不被市场所接受而失败。标准在市场竞争中的主导地位不容置疑，但标准最终只能市场化才能体现其价值。没有一定数量用户的产品，即使制定有非常高的技术标准，仍然会被束之高阁或被市场淘汰（刘驰，2005）。

例如，美国的“铱”星系统是一个非常庞大的低轨道卫星网络，“铱”星公司拥有 66 颗工作卫星和 8 颗备份卫星，号称地球上任何“能见到天的地方”都可以进行无缝隙通信联络。1998 年 11 月，“铱”星公司的全球卫星通信系统全面建成并正式投入商业运营，随着时间的推移，“铱”星公司在项目论证上存在的严重问题就逐渐暴露出来，公司所吸收的卫星电话用户的数量远远低于原来的预期，甚至达不到当初预计数字的零头，由于得不到市场的认同不得不无疾而终，最后使 66 颗卫星坠入大气层销毁。

与之相反，如果企业现有产品或技术拥有庞大的用户和市场潜力，虽然其技术标准并不是最先进的，但企业同样可以通过市场先确立“事实标准”，再谋求标准国际化，从而最后赢得竞争。“市场引领型”技术标准战略一般比较适合新兴行业（或产业）和产品，如物流、TD-SCDMA、小灵通等。目前，我国最大的优势之一就是拥有巨大的市场，这种规模效应完全可以催生技术普及成为标准。在国外难以形成标准的技术，在中国可能因市场的迅猛普及反而会更快形成标准，并向全世界扩散。跨国公司研发中心纷纷移向中国，以及在中国投放最新款式的产品，与此都有一定的关系。

四、采用国际标准跨越企业技术标准战略——定位追赶、重点突破

采用国际标准和国外先进标准，跨越国外技术贸易壁垒，是我国大部分特别是传统行业和企业参与全球技术标准竞争的主要途径。在多数情况下，我们只能被动地执行国外或国际标准，受制于人。如果企业现有产品执行的技术标准整体水平较低，要跨越国外技术壁垒，分享全球化带来的国际分工，唯一的途径就是采用国际标准和国外先进标准。

如何找准企业自身技术特点和潜力，根据所处行业的技术发展动态和趋势，制定适合自己的企业技术标准体系和企业标准战略，做到定位追赶、重点突破、向国际标准靠拢，是企业产品升级、参与全球市场竞争的关键。

第七章 专利池构建与运作模式研究

专利池（patent pool）的构建和运用在我国才刚起步，目前只有少数产业联盟在筹建和运作，为了使专利池健康有序运行，充分发挥它特有的功效，防止专利池许可中权利的滥用，有必要对专利池的构建与运作模式进行一种制度安排，为产业联盟提供参考模式，以推动我国产业联盟专利池战略的实施。

第一节 专利池的利弊分析及有效利用

一、专利池的含义及特征

专利池是指各专利权人之间通过协议的方式，将各自拥有的在某一生产领域所必需的专利集合起来，形成的一个专利组合或称专利联盟。专利池通常由某一技术领域内多家掌握核心专利技术的企业通过协议结成，各成员拥有的核心专利是其进入专利池的入场券。专利池可以依其是否对外许可，分为封闭式专利池和开放式专利池两大类。其中，封闭性专利池只在专利池内部成员间交叉许可，不统一对外许可。而开放式专利池成员间可以以各自专利相互交叉许可，对外则由专利池统一进行许可。开放式专利池是大多数现代专利池的主要形式。开放式专利池的对外许可方式通常为打包许可，即将所有的必要专利捆绑在一起对外许可，并且由组织内部制定并采用统一的许可费标准。许可费收入按照各成员所持必要专利的数量比例或具体约定等原则进行分配。专利池对外的专利许可事宜，可以委托本专利池中部分成员代理，也可以授权专设的独立机构进行管理。

目前，技术标准下的开放式专利池已逐步成为具有影响力的专利池，专利池的组建常常基于特定技术标准。例如，欧盟数字视频广播（DVB）标准的“必要专利池”，3G标准中的“必要专利平台”，动态图像专家组（MPEG-2）标准中的“必要专利组合”，DVD标准的3C和6C专利联营等。

专利池的特征主要表现在以下几个方面。

1. 入池专利只能是必要专利

根据国际化标准组织的定义，必要专利又称核心专利或基础专利，是指经技术标准体系认定是该技术标准体系所必不可少的一项技术，且该技术是一项专利技术而被专利权人所独占。构建专利池时，由专利池中的各专利权人共同制定统一的标准，组织专家对准备加入专利池的专利进行全面评估，准确衡量该专利是否属于本专利池中不可缺少的核心专利，这是加入专利池的前提条件。同时，随着科学技术的发展，应把那些已过有效期或他人已经注册的无效专利及时地从专利池中剔除出去，以保证专利池中的专利都是必要专利。

2. 入池专利必须具有互补性

专利之间存在着三种关系：障碍性关系、互补性关系和竞争性关系。障碍性专利和互补性专利之间互相依赖，通过构建专利池实现交叉许可促进技术的推广与利用。而竞争性专利之间相互可以替代，不具有互补性，这种专利池的联合授权许可很可能构成垄断或不正当竞争而成为各国对专利池进行反垄断审查的重要内容。因此，构建专利池必须排除竞争性专利的进入。

3. 入池专利与技术标准的结合

当今世界，“技术专利化—专利标准化—标准垄断化”已成为标准先行者主导的标准运作的基本模式，标准化成为专利技术追求的最高表现形式，专利池中的专利与技术标准越来越紧密地结合在了一起，围绕技术标准建立起来的专利池成为构建专利池的一种重要方式。同时，技术标准拥有者通过专利池模式将企业标准升级为行业标准或者国家标准，从而形成技术壁垒，扩大自己的市场甚至垄断市场，获取超额利润，使自己在竞争中处于十分有利的地位。

4. 专利池具有垄断性

专利池具有单项专利所达不到的目的——垄断，这也是企业构建专利池的一个重要原因。专利权人通过强制性的一揽子许可方式收取许可费，被许可人在接受专利池中某一项专利实施许可的同时必须接受其他专利的许可。通过这种方式，专利权人就可以获得高额的专利许可使用费用，同时增加被许可人使用专利的成本，削弱其市场竞争力，达到打压竞争对手的目的。

5. 专利池具有营利性

营利性是专利权人构建专利池的最终目的，专利池实现营利的主要方式是通过专利的使用许可来获得高额的专利许可使用费。专利池建成后，需要成立一个独立机构或者委托其成员来进行统一管理专利池的许可事务。通过专利的使用许可，收取许可费，然后按照专利占有比例向专利权人分配所得利润，所以专利池的构建必须选择市场前景好的产品。

二、现代专利池发展的动因

（一）西方国家对专利池的重新认识和评价

20 世纪初，专利池在美国已经非常普遍，但专利池构建开始受到越来越多的争议。反对者认为专利池形成垄断和不正当竞争，认为专利池成员互相勾结排斥竞争对手，控制市场价格，以非必要专利甚至无效专利进行不合理收费。此后一段时期美国司法部门对各专利池进行严格的审查，并在一系列案件中作出对专利池不利的判决，专利池的发展陷入低谷，这一状况一直持续到 20 世纪 90 年代才开始改观。

1997 年，基于 MPEG-2 数字视频压缩标准的 MPEG-2 专利池成立，其中包括哥伦比亚大学、富士通公司、朗讯、索尼等成员。该专利池控制了全球 MPEG-2 标准的数字视频压缩产业。竞争者向美国司法部指控其违反了《知识产权许可的反托拉斯指南》，但司法部最终认定该专利池并未构成垄断。之后，DVD-3C 和 DVD-6C 相继成立，其产业影响更是遍及全球。美国司法部在对这两个 DVD 专利池的商业审查函中指出：虽然它们在专家审核机制上有瑕疵，但“尚无妨碍竞争的潜在可能”。欧盟也相继批准了这两个专利池，同时涉及 3G 通信、数字电视、新一代 DVD、生物制药等产业的专利池也正在形成。进入 20 世纪 90 年代以来，欧美等国政府和法院开始一改过去对专利池所持的成见，重新对它作出评判。1995 年，美国司法部和联邦贸易委员会联合发布了《知识产权许可的反托拉斯指南》，明确指出一定条件下的专利交叉许可和专利池有利于竞争。[①] 此后，美国司法部和欧盟有关机构相继批准了 MPEG-2.1394、DVD-3C、DVD-6C 等专利池。2001 年 1 月，美国专利商标局在其发布的《专利池白皮书》中公开为专利池正名，认为“生物技术领域

---

① 《知识产权许可的反托拉斯指南》2.3 许可有利竞争的好处条款第二款规定：许可、交叉许可或以其他方式对知识产权进行转让（以下统称为“许可”）能够促进被许可知识产权和互补性生产要素的整合。这种整合的结果有利于对知识产权进行更有效的开发利用，以及通过降低成本和推出新产品来使消费者受益。此类安排增加了知识产权对消费者和技术开发者的价值。通过潜在地增加从知识产权所能获得的预期回报，许可还可以激励更多的创新，从而促进对研发进行更多的投资。

的专利池将同时造福公众和私人企业”，最终的结论是：“专利池，尤其在生物技术领域，能够创造更多的创新和平行的研发，能够消除专利瓶颈并加速产品开发”。

（二）现代专利池发展的动因

1. “专利灌丛化”现象促成专利池形成

随着现代科学技术的发展，分工越来越细，一项产品所涉及的专利越来越密集，由于专利权人对专利价格的垄断和过高的交易成本，产业发展越来越受控于很多分散的、独立的专利权，产生“专利灌丛化”现象，形成了专利丛林，导致了专利授权障碍。专利授权障碍不利于技术的推广，专利技术往往无法得到充分的利用，易导致专利资源的浪费，从而损害社会公共利益。同时，专利授权障碍对于专利权人自身的生存与发展也是很不利的。构建专利池，通过池内专利权人进行交叉许可和对外的一揽子许可协议，就可以“穿越”专利“丛林”，消除专利实施中的授权障碍，促进技术的推广与应用。同时，降低交易成本，提高企业的生产效率。

2. 技术标准与专利的有效结合促成专利池发展

一种技术标准的形成往往是以该技术领域的核心专利为基础的。只有把各种必要专利整合在一起，才有可能建立产业的技术标准。由于标准是建立于各方协商的基础之上的，在制定标准时，各方专利权人完全可以要求将相关的必要专利都纳入该标准体系之下，形成标准体系。如果专利权人故意隐瞒自己的必要专利，将会对标准体系的建立和推广产生负面影响（华鹰，2009c）。

3. 现代技术周期缩短加快了专利池的形成

由于现代技术的更新不断加快，一项技术如果不能迅速实现产业化，很快就会被新技术所取代，连研发成本都无法收回。然而技术产业化进程常常为费时费力的专利授权过程所累，人们不得不借助专利池来迅速解决这一问题（詹映和朱雪忠，2007）。如 DVD-3C 联盟就是因为飞利浦、索尼和先锋公司等不及漫长的专利谈判，担心错过 DVD 产业的发展良机而抢先成立的。

三、构建和运用专利池的利弊分析

（一）专利池的积极因素和功能

1. 专利池许可有利于消除阻碍性专利

专利池许可的合理存在最主要的原因就是其能消除阻碍性专利。进入专利池的成员可以继续利用这个组合中的全部专利从事研究和商业活动，而不需要就其中的每一个专利寻求单独许可（宋贻强，2007）。通过交叉许可或专利池许可的方式，结成专利池联盟后，只要通过约定，建立良好的联盟成员内部协调机制，就可以避免结盟前可能出现的因专利对抗而导致的损失，消除研发的不确定性并降低高昂的诉讼成本。

2. 专利池许可有利于被许可人将技术产业化

由于生产某一个完整的产品涉及多个权利人的多项专利，如果没有专利池许可，某企业想生产该产品，就必须向若干个专利权人获得各个专利技术的许可。要获得这种许可就需要与各个专利权人进行谈判，并且必须保证每个必要技术的专利授权谈判都能够获得成功，否则可能导致无法完整地进行产品生产。而且在谈判前还要分析其将要生产的产品会涉及的所有的专利技术，如果遗漏了其中一个，就可能导致侵权诉讼的风险。如此烦琐复杂的专利分析和许可谈判导致了交易成本的提高，不利于鼓励其他企业对专利技术的开发利用。而通过专利池许可，专利池管理人将某一产品的核心必要专利提炼出来放到一个集合中，一揽子许可给被许可人，一次许可就可以生产该产品了，从而极大地加快了被许可人将专利技术产业化的速度。

3. 专利池许可有利于节约交易成本

在专利池许可下，专利权人和被许可人的交易成本都可能得到节约。各个专利池专利权人共同授权专利池管理人与各个被许可人进行谈判，专利池对其他企业实行一站式打包许可，并采用统一的标准许可协议和收费标准，从而被许可企业不必单独与专利池各成员分别进行冗长的专利许可谈判，极大地节约了双方的交易成本。

4. 专利池有利于减少专利纠纷，降低诉讼成本

专利池成员间的专利争议可通过内部协商解决，而无须对簿公堂。专利池所拥有的专利清单以及被许可企业的名单都会公布于众，一旦有企业侵犯专利权会很容易被查出，同时也减少了间接侵权的发生。专利侵权行为的减少意味着专利诉讼的减少，即使出现了专利纠纷，专利池作为一个整体代表专利池成员参与诉讼，可使诉讼过程大为简化。由于专利诉讼的成本高昂，因此专利池形式可以极大地节约诉讼双方的诉讼成本，不但减轻了企业的负担，而且避免了社会法律资源的巨大浪费。

（二）专利池运行中存在的弊端

在专利池对于科学技术发展和经济发展起着巨大推动作用的同时，其运行过程中也存在着许多弊端和消极作用。

1. “垃圾专利”的存在，阻碍了技术利用

进入专利池中的专利只能是核心专利即必要专利，一般只占到所有专利的10%左右，有许多专利根本不能申请进入专利池，但现实中专利权人为了某种目的，却把这些专利放入专利池中。这些专利加入专利池后，阻碍了需要这些技术的企业的使用。于是，就出现了专利池构建出发点相反的结果，为了防止其他人获得或者利用类似的或者相同的专利，专利池中存放着大量的“垃圾专利”，这既阻碍了专利技术的利用，也阻碍了技术知识的传播。

2. “捆绑许可”大量存在，导致专利池的滥用

一般而言，专利池应当遵循专利互补性原则，否则就会产生“搭售”嫌疑，而出现专利池的滥用。专利池互补性原则是判断专利池联合授权是否合法的基本依据。所谓“捆绑许可”，是指许可人将两种以上的专利进行共同许可时，被许可人要得到自己希望的专利就必须购买其他专利的行为。在专利池许可过程中，专利池中的所有专利往往是通过打包方式统一对外许可的，被许可方要么付费获得整个专利池的许可，要么放弃这种交易方式，一般不允许仅就专利池中的某部分专利要求许可。事实上，被许可方在得到某一专利池授权许可之后往往却会发现，自己花钱购买的专利池许可中除了自己想要得到的专利许可以外，还会包含不少自己用不着的专利或者其他服务。例如，很多专利池许可中的捆绑许可行为就是在专利池中掺入非必要专利，迫使被许可人在接受其需要的必要专利技术的同时还要接受其不需要的其他非必要技术，被许可人为了获得其所需要的专利技术别无他选，从而产生了专利池捆绑许可的权利滥用行为。

3. 专利池对无效专利的掩盖

由于专利池中专利数目很多，如果对入池的必要专利审查不严，有可能导致无效专利或者被宣告无效的专利，以及正在申请的专利都进入专利池，在池中鱼目混珠、滥竽充数，从而骗取被许可人的专利费。个别专利池通过把无效专利和专利申请打包放入整个专利池一起对外许可的做法，是与专利权保护的精神相背离的。目前，一些专利池实际上是违背构建专利池的初衷的，涉嫌知识产权滥用和违反反垄断法。其中影响较大的围绕DVD规范的三个专利池和MPEG-LA维护的MPEG系列专利池都存在这个问题（魏衍亮，2008）。

4. 专利池许可收费中充满陷阱

由于专利池授权许可通常是一揽子许可，在专利许可收费的计算上可能充满陷阱，如果非必要专利和无效专利“搭便车”进入专利池，专利许可费用就会增加，从而增加被许可人的成本。因此，各专利权人可以利用许可费及其分配机制来瓜分市场或者控制下游产品价格，特别是当该专利池技术拥有很大市场份额的时候，这种限制竞争的作用越加明显。

四、我国对专利池的有效利用

（一）我国专利池的构建与运作现状

1. 我国企业构建专利池的意义

专利池的出现是经济社会发展、科技进步与专利制度结合的必然产物。构建专利池，对内可以整合行业专利资源，实现专利共享和技术的推广运用，加速技术的产业化、标准化；对外可以更好地应对发达国家利用专利池对我国产业进行的围剿，在竞争中掌握主动权和话语权。同时，通过专利许可可以使我国企业获得非常可观的专利许可费用，而且，构建专利池可以解决单个国内企业抗风险能力差的问题，从而减少专利纠纷，降低诉讼成本。

2. 我国企业专利池构建与运作的现状

在跨国公司积极构建专利池打压我国的企业，收取高额的专利许可使用费，让中国企业以切肤之痛“见识”到了专利池威力的时候，我国企业开始意识到要构建自己的专利池，以应对日趋激烈的国际竞争，提升自身的国际竞争力。我国目前建立专利池的企业集中在信息产业领域，如音视频编码标准（AVS）专利池、信息设备资源共享协同服务（简称闪联）专利池、彩电专利池等。而在其他领域也建立起了一些专利池，如电压力锅专利联盟、空心楼盖专利联盟等。

但总的来讲，我国企业对专利池的构建和运用才刚刚起步，对专利池的构建、运作等相关问题认识和研究不够，有关集群创新和专利池的研究成果还很少，法律和政策方面也还是空白。很多企业还没有构建专利池的意识，一些已经组建的专利池运用的效果也不佳，没有形成真正具有行业主导性、控制力的专利池。

（二）我国在专利池构建和运用中应注意的问题

我国目前建立专利池的行业基本集中在信息产业领域，主要有 AVS 专利池、彩电专利池和闪联专利池等。我们认为，专利池构建和运用应注意以下几个问题。

1. 只能把必要专利放入专利池

在专利池构建中，专利必要性审查是由许可人选择独立的专家作为入池专利必要性审查的公断人，任何申请加入专利池的专利都必须经过该公断人的必要性审查。此外，如果任何人提出请求主张某一现有的池中专利不符合必要性要求的，由公断人对该池中专利进行必要性审查。一般认为，在专利池中包含的专利应该是在某一技术领域内互补性的必要专利，即某一标准推行过程中不可避免会涉及的专利。美国司法部反垄断司在三个商务意见书中也特别指出了专利联盟中包含的专利应该是对标准推行而言“核心的”而非“仅仅是更有优势的”专利。

2. 杜绝捆绑许可行为

专利池的构建和运用是一把双刃剑，我国企业在重视专利池的积极作用时，更应看到专利池许可中权利滥用的问题。例如，前几年国外的专利池像MPEG-LA、3C的管理机构不断向我国企业提出收取高额专利费的要求，很多专利池管理人在专利池中加入非必要专利，进行捆绑销售，构成专利池滥用，打压我国企业，致使许多企业因生产成本过高纷纷退出市场。我国企业在构建和利用专利池时，也应避免上述行为的发生。

3. 合理的许可使用费

专利池可以被若干专利权人用来横向联合限制竞争，进行价格固定。各专利权人有可能利用许可费及其分配机制来瓜分市场或者控制下游产品价格，特别是当该专利池技术拥有很大市场份额的时候，这种限制竞争的作用越加明显（司云节，2007）。为了确定合理的专利收费标准和专利池成员间的分配比例，专利池需要确定一套专利许可费收取和分配的计算方法。这些方法一般包括成本累积法、市场比价法、所得估算法等。在实践中，专利许可费率通常不超过专利产品净售价的5%。在标准化组织越来越强势的今天，可以由标准化组织制定专利费的计算方法并限定最高专利费率（朱雪忠，2008）。

4. 必须符合利益平衡原则

专利权作为一种私权的观点已经为各国法学界所认同，如何行使专利权一般来说是权利人自己的事情。法律赋予了专利权人一种合法的垄断权利，权利人可以利用该技术上的垄断优势获得最大的经济利益，既可以自己实施该专利，也可以许可他人实施该专利，还可以拒绝许可给别人，总的来说，他对该权利有绝对的处置权。但是，如果这种专利权的行使超出了法律允许的范围，或者其行使严重违背了法律，就构成了专利权的滥用。在保护专利权人权利的同时也要规范其权利的行使，以避免权利的行使妨碍其他人的合法利益或社会的公共利益。故专利池的构建和运用有一个公权与私权利益的平衡问题。对于池中专利权而言，当专利权人行使权利时超出法律规定的正当范围构成专利权滥用时，或专利权人凭借其专利权的合法垄断地位进行非法垄断技术或产品市场时，《反不正当竞争法》和《反垄断法》可分别从制止不正当竞争和非法垄断的角度，动用国家公权力来纠正由于专利权私权的滥用或垄断而产生的损害社会公共利益的行为。所以说，对专利池许可行为滥用的规制是十分必要的。

（三）如何规制专利池许可中的滥用

对专利池的有效利用首先要解决专利池许可滥用的规制问题。纵观各国对专利池许可滥用行为的立法可以看出，各国主要是通过反垄断法及专门的专利许可的反垄断法指南来进行规范的，然而《反垄断法》并不是唯一的规制途径。借鉴各国的立法模式，并结合我国的多元化立法目标，对于专利池许可滥用行为，可以从《合同法》、《专利法》和《反垄断法》三个方面进行规制，从而全面约束和制止专利池滥用行为，不仅保护社会有效竞争，也保护弱势群体的合法利益，确保社会的公正、公平以及我国经济的发展。

在《合同法》上，根据意思自治原则及其限制，对于专利池许可滥用行为进行规制，具体表现为专利池许可合同中的不公平条款或者违反《专利法》或者违反《反垄断法》的规定将导致合同无效或者部分无效。

在《专利法》上，可以适用专利权滥用抗辩。建议在《专利法》中增加一条关于专利权滥用的抗辩，即明确专利池中的滥用行为，当专利权的行使超出了其合理范围，对其他人的合法利益或者社会利益造成损害时，被控侵权人可以提出专利权滥用抗辩，不视为侵犯控诉人的专利权。同时，可以对专利池滥用行为界定为：违反专利池合法构成要件或者其他违反《反垄断法》的行为。在这里排除安全区的适用，主要是考虑到对被许可人利益的保护，从而维护公平交易和实质的正义。

在《反垄断法》上，可以通过行业主管部门颁布行政条例对专利池权利滥用行为进行特别规定。首先，可以借鉴美国《知识产权许可的反托拉斯指南》的第一条原则，即在确认是否违反《反垄断法》时，反垄断机关将专利权与其他财产同样对待。专利池许可滥用行为同样可以归纳为联合限制竞争或滥用市场支配地位的行为。其次，可以制定专利许可或者专门的专利池许可的反垄断指南或规章，即对专利池许可行为设立禁止性规定，规定在专利池许可过程中哪些行为是构成专利池许可滥用的，以对企业订立专利池许可合同和反垄断法执法进行指引。这类指南或规章可以就一般专利许可进行规定，也可以单独对专利池许可进行规定。另外，在适用《反垄断法》的过程中，建议根据我国的特殊国情适用本身违法原则，即只要专利池的构成没有符合法律规定的合法要件并且在安全区之外的，就可以认为违反了《反垄断法》的规定。这一点与美国《知识产权许可的反托拉斯指南》所提倡的合理原则相比更为严格，这是由我国的国情决定的。

第二节 普通型专利池构建与运作模式

一、普通型专利池构建模式

一定规模的产业和数量众多的专利技术是构建专利池的条件，而同一领域的专利富集区是组建专利池最理想的条件。技术处于领先地位的企业可以设立普通型专利池，即区域型中小专利池和某产业领域大型专利池，也可以设立技术标准型专利池，要注重构建“前端控制”型专利池，特别是基于技术标准的“前端控制”型专利池。普通型专利池构建模式如下（图 7.1）。

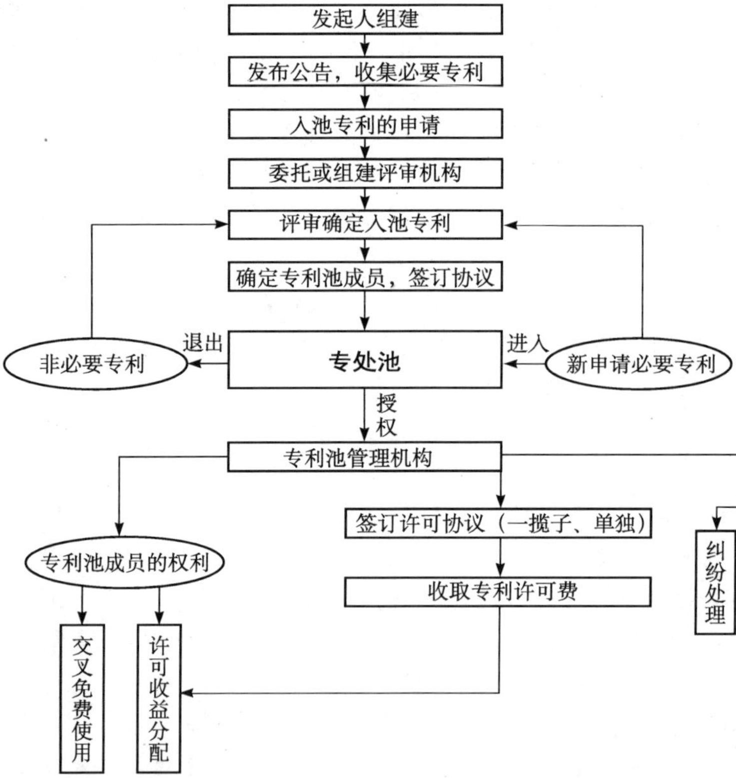

图 7.1 为普通型专利池构建及其运作模式图

（一）发布召集公告

1. 发布公告的主体及程序

专利池的主要发起人或其授权的专利池管理公司可以以专利池的名义向社会发布召集公告，召集必要专利。发布程序应包括以下几个方面：①公告的拟定，公告由掌握核心专利的主要发起人或专利池管理公司征求成员意见制定。②成员表决通过或经协商后通过。③向国家相关产业主管部门提请审批并备案，如构建信息产业领域的专利池就需向工业和信息化部提请审批并备案。④向社会发布召集公告。

2. 公告内容

公告内容包括：①专利池发起的背景与组织的性质及目标。②专利池构建原则、专利许可及收费原则、危机处置原则。专利池构建原则一般遵循必要专利入池原则、诚实信用原则、参与自愿原则、非排他性原则、非歧视管理原则。专利池专利许可一般遵循公平非歧视性原则、专利许可模式简易原则、有竞争力的许可原则。危机处理原则应遵循平等协商原则、尊重第三方评审原则。③召集的必要专利的内容，包括专利池技术标准的内容以及所含必要专利的范围。④召集期间、接受申请机构及专利评审组织。⑤评审决定的通知日期与方式及申请复审的期间与处理。⑥专利池的联络信息。⑦公告发布日期。

（二）组织评审

1. 评审机构

构建专利池必须对申请加入的专利进行评审，以排除那些非必要专利进入专利池。鉴于专利评估的结果将直接影响到包括专利权人、专利联盟各成员以及联盟被许可人在内的有关各方的利益（陈欣，2007），因此专利评估工作一般交由独立的第三方对申请加入的专利进行审查。以联通 3GWCDMA 联盟为例，其必要专利的评估工作交由一个独立的第三方机构——国际专利评价协会（IPEC）执行。但也有一些专利池，在其内部成立一个专门的专利池评审机构，负责对必要专利的评估。以我国的闪联专利池为例，在其内部成立了一个闪联知识产权小组，专门负责对进入专利池的专利进行资格审定。

2. 评审组成人员资格

评审组成人员是否具备必要专利评估的知识和技能，在评估工作中能否始终保持公平公正，对于评估结果的公正性和合理性十分重要。因此，在评审组成人员的选择上，应坚持以下标准：①评审组成人员应长期从事该技术领域的研发工作，成就显著，是该技术领域公认的技术专家，在相关专业领域具有权威性。②评审组成人员不得与所申请专利池有直接或间接的利益关系。③评审组成人员必须遵守相关法律、法规以及评审的各项基本准则。④评审组成人员必须具有良好的职业道德。

3. 评审标准

专利池汇集专利的“质”和“量”是专利联盟对外许可谈判的重要筹码，同时专利联盟中是否存在非必要专利，往往又是反垄断审查机关审查的重点。因此，构建专利池应对申请加入的专利进行严格审查，防止非必要专利的进入。判定一项专利能否进入专利池的最终标准是：该项专利是否为某一技术领域内相互补充的必要专利，即某一标准推行过程中不可避免会涉及的专利。根据国际标准组织的定义，必要专利又称核心专利或基础专利，是指经技术标准体系认定是该技术标准体系所必不可少的一项技术，且该技术是一项专利技术而被专利权人所独占。判定一项专利为必要专利必须符合以下要素：①该专利与该专利池有着密切的联系；②专利池中无两种或两种以上相同或类似作用专利存在；③专利池中专利对该专利池具有积极作用，具有不可替代性。

（三）专利池成员签订协议，建立专利池

为保障专利池有效运作，成员之间应达成协议。协议一般应包括以下几个方面的内容：①专利池构建的目的；②专利池构建与运作应遵循的原则；③专利池管理方式、机构的设置及职能；④专利池管理费用的收取；⑤专利池专利许可原则、收费标准及计价；⑥专利池成员的分配方式；⑦专利池纠纷的解决方式等。

二、普通型专利池管理运作模式

（一）组建专利池管理机构

1. 组建方式

专利池管理机构的设立一般采用两种方式：一种是由专利池另行成立一个专门的独立实体，即将标准制定机构与专利许可机构分离，专利池成员首先与独立实体签署专利授权协议，再由该独立实体统一负责专利许可事务；另一种是不另设独立机构，由专利池委托其部分成员代表专利池负责专利管理工作。我国企业在组建专利池管理机构时，可根据该专利池具体运行特点及长远发展目标，经池内成员协商达成一致协议，选择一种适合自身发展的组建方式。

2. 管理机构职能

（1）代表专利池统一对外许可。专利池可分为开放式专利池和封闭式专利池，随着经济的不断发展，开放式专利池是现代专利池的主流，其池内成员间可以相互交叉授权，对外由专利池统一进行许可，许可事宜则由专利池管理机构采取一站式打包许可方式，并采用统一的标准许可协议和收费标准，来代替被许可人与众多专利权人冗长复杂的许可谈判（詹映和朱雪忠，2007）。

（2）纠纷处理，参与诉讼。专利池内所包含的必要专利以及被许可企业的名单都会予以公示，一旦有企业侵犯专利权便很容易查出，即使出现专利纠纷，管理机构可代表专利池成员参与诉讼，从而减少诉讼成本。此外，当专利池成员间发生争议，管理机构可促使成员间通过内部协商解决，无须提交诉讼。

3. 管理机构的能力要求

专利池管理机构既要负责专利池的日常运作，又要代表专利池统一对外许可和处理纠纷、参与诉讼等专业性很强的问题。这就要求专利池管理机构必须具备相关方面的能力，才能使专利池健康有序的运作。专利池管理机构一般应具备以下能力：①对管理的专利池的市场有彻底的了解；②在标准有关的专利许可方面有成功的市场推广能力；③建立专利许可费的收取和发放运作机制；④能够通过利用内部或外部的法律专家解决专利池运作和许可过程中出现的问题。

（二）专利池的对外许可

1. 许可原则

专利池内部应遵循平等原则，专利池成员无论其专利数量多少，作用大小，一律平等对待，池中任何一项专利都是技术实施中必不可少的一部分，因此，应该平等地相互交叉许可。专利池对外许可应遵循“公平、合理、非歧视”（fair，reasonable and non-discriminatory，FRAND）原则（詹映和朱雪忠，2007）。专利池不得无故拒绝许可，许可条款特别是许可费用应该合理，对任一被许可企业不因其国别、规模大小而区别对待，这也是许多标准化组织与反垄断机关的原则要求。

2. 许可方式

在一个专利池中，对于专利池内部的成员，专利池中集结的所有专利都是开放的，成员之间可以相互交叉许可，共享池中所有专利；对与专利池外的第三方，则由专利池管理机构提供标准的许可合同，采用“一站式”打包许可，即将所有的必要专利捆绑在一起对外许可，此种方式解决了“专利灌丛”① 带来的专利授权障碍，有利于技术的推广和应用。

3. 许可协议

专利池许可协议是专利池成员根据对内平等，对外公平、合理和非歧视的原则，在协商一致的基础上订立的。内容包括：①许可方式。池内成员对专利池中专利的使用是免费交叉许可还是优惠付费许可，对外许可是采用“一站式”打包许可还是选择采用标准涉及的部分必要专利进行许可，这都需要在协议中确定。②许可费用和许可收益分配。需明确相应标准，以便于明确专利池成员以及被许可企业的权利和义务，便于纠纷发生时有据可循。

4. 许可费标准

关于专利许可收费标准，许可费率一般不超过专利产品净售价的 5%，且根据非歧视原则对外一般执行统一的收费标准，为了确定合理的专利收费标准和专利池成员间的分配比例，专利池确定专利许可费收取和分配的计算方法包括成本累计法、市场比价法、所得估算法等，由于专利池权利人在专利许可上占有强势地位，造成了专利信息的不对称性，为了保护被许可企业的合法权利，由标准化组织限定最高专利费率，是促进专利许可双方利益平衡的重要方式（朱雪忠，2008）。

（三）专利池成员间的共享

专利池的构建实现了成员间专利资源和收益的共享。首先，进入专利池的所有成员可以通过交叉许可使用池中所有的专利而不需要付费，即实现专利共享。这样就可以减少专利许可的费用，降低企业的生产成本。其次，由于池内专利的对外许可事宜由专利管理机构统一实施，管理机构向被许可人收取专利许可使用费，然后在专利权人之间进行分配，专利池中的权利人按照各自所持必要专利的数量比例进行许可收益分配，即实现收益共享。这样就可以增加企业的收益，提升企业的国际竞争力。

（四）专利池的生命力在于入池专利的动态管理

1. 对新申请加入的专利进行评审

有一些专利在专利池构建阶段专利权人没有申请加入，而在运作阶段专

---

① 指一项产品所涉及的专利越来越密集。例如某项产品的结构专利是 A，电路专利的是 B，材料专利是 C，因而使众多专利间互相形成障碍的危险性大增。促使专利权人之间结成专利池以保障专利能够顺利实施。

利权人受到专利池所能带来的巨大利益的吸引而又申请加入，或者在专利池运作阶段产生了一些新的专利，专利权人认为其专利是专利池的必要专利而申请加入。这就需要对新申请加入的专利进行评审，专利评估工作需交由独立的第三方权威机构执行。一般而言，专利池中专利数量和专利池成员是不断增长的。以MPEG-2为例，它以27项专利为必要专利组成专利池，在其运作过程中新申请的专利不断地加入，截至2005年，其池中专利就攀升到775项，超过90%的MPEG-2标准的必要专利都已被纳入MPEG-2专利联盟。

2. 及时淘汰非必要专利

随着科学技术的发展，专利池中原来的必要专利技术可能被新的专利技术所替代，原来属于必要专利可能被日后宣告无效或者因保护期限届满而不再必要。因此，在专利池运作过程中需要评估机构对池中的专利进行技术跟踪和评估，把那些已过有效期或无效专利及时地从专利池中剔除出去，以保证专利池中的专利都是必要专利。以6C为例，6C每四年都会进行一次必要专利盘查，用以将已经超过专利保护期的专利，以及因为成员退出涉及的专利，及时排除出专利池。同时，专家还会重新评估专利池中的专利，排除已经不再必要的专利。

（五）防止权利滥用

我国专利池在构建与运作过程中要避免发生权利滥用的行为，否则很可能会因涉嫌垄断或不正当竞争而招致各国的反垄断审查或被提起专利侵权诉讼，一旦审查结果认为专利池的联合授权构成垄断或不正当竞争，则不仅不能获得专利许可费，还将面临大量的惩罚性赔款，这对于我国专利池的健康发展是极其不利的，甚至可能带来毁灭性的打击。

专利池权利滥用主要有以下几种表现。

1. 为自身利益而拒绝专利许可

在专利池的许可问题上，有的专利人为了自身利益（如垄断），不合理的拒绝许可部分企业使用其专利。此外，企业通过发放许可证时附加限制条款来限量发放，阻止企业进入核心市场，达到垄断目的。

2. 专利搭售

专利池联盟成员对被许可人实行的“一揽子”许可是强制性的（宋贻强，2007），一般不允许仅就专利池中的某部分专利要求许可，除非被许可方放弃这种交易方式。事实上，目前已有授权者把非必要专利、垃圾专利和无效专利均放入专利池中，被许可方在得到某一专利池授权许可之后往往会发现自己花钱购买的专利除了自己想要得到的，还会包含有不少自己用不着的专利或者其他服务。

3. 收取不合理的许可费

专利许可费用的计算不是按照获得许可使用的专利的使用频率计算，也不随许可协议中所包含的专利数量的变化而变化。因此，无论是使用一项许可协议中的专利，还是使用其中的几项专利，都要支付相同的许可费用。

4. 联合定价

专利联盟许可模式下的横向联合定价一般是指具有相互竞争关系的专利权人通过构建专利联营，消除彼此间的竞争关系，以高于单独任何一方的专利使用费的方式要求被许可人接受专利联营的许可价格。这种联合定价行为的反竞争效果是显而易见的。

5. 规定不合理的限制性条件

在专利池许可授权合同中，许多专利权人往往规定：被授权企业因此专利而获得的新技术与相关技术由专利权人获得或优先使用；也有的在合同中规定被许可人不得对专利的有效性提出反对意见，或是在许可合同中规定有关独占性回授或权利转让，有的还规定不得对技术进行改进等限制性条款。

因此，我国在专利池的构建与运作过程中，专利权人要避免发生以上的权利滥用行为，从而防止因权利滥用而给自身带来的麻烦。但是，仅仅依靠专利权人自律是远远不够的，还必须通过法律来加以规制，减少和避免以上行为的发生。

（六）纠纷解决方式选择

专利池在运作过程中在其内部成员之间，与外部被许可人之间难免会产生纠纷，这就需要通过法律途径来解决。目前，从国际上看，专利池纠纷解决的方式主要包括司法途径、行政途径、仲裁、调解与协商和国际途径等。

1. 司法途径

当事人在遇到纠纷时可以起诉到法院，通过司法途径来解决相互之间的纠纷。但寻求司法途径解决纠纷时间冗长、费用昂贵，而且具有不确定性，已无法满足现代市场竞争的需要。因此，需要通过司法外的替代纠纷解决方式来解决当事人之间的纠纷。

2. 行政途径

行政途径指通过政府部门获得专利侵权救济的途径。我国有这一途径，不少发达国家与亚太地区发展中国家也有这一途径。在我国，根据《专利法》

及《专利法实施细则》的规定，区县以上的专利管理部门都可以调处专利纠纷，为当事人双方提供一定的救济：一是就损害赔偿额进行调解，二是就停止侵权做出决定，即发布禁令（赵梅生，2009）。

3. 仲裁

仲裁是当事人在争议发生前或发生后达成协议，自愿将其争议交给他们共同选定的第三者居中评判是非，并依据法律或公平原则作出具有强制执行力的裁决的一种方法。各国的仲裁规则都是依照法律制定的，仲裁结果对双方当事人具有法律约束力。

4. 调解与协商

各国法院在审理专利侵权纠纷时，鼓励当事人在法官的督导下进行协商，或由法官指导协商解决纠纷。美国的许多专利侵权纠纷也是在提出诉讼后进行庭外和解的。

5. 国际途径

国际途径主要指通过WIPO争端解决机制与WTO仲裁调解机制解决专利侵权纠纷，获得专利侵权救济。WTO的争端解决机制适用于成员间的专利侵权纠纷。WIPO近来也创立了知识产权纠纷仲裁调解中心，它可以直接解决当事人（非政府组织）间的各种跨国知识产权纠纷。

第二节 “前端控制”型专利池构建模式

一、“前端控制”型专利池概述

（一）“前端控制”型专利池的含义

“前端控制”型专利池是指由相关产业的企业组成技术联盟，根据技术联盟中各成员的优势，联合和分工研发核心技术、形成核心专利而构建的专利池。专利池构建完成后，以核心专利为基础形成技术标准，推出候选技术标准，然后由政府及其授权的标准化组织或国际标准化组织确认为法定标准或者被市场接纳为事实标准。

（二）构建“前端控制”型专利池的意义

企业构建“前端控制”型专利池不同于普通型专利池，构建“前端控制”型专利池必须由相关产业的企业组成技术联盟。因此，企业构建“前端控制”

型专利池具有不同于普通型专利池的特殊意义。

（1）有利于寻求合作伙伴分担研发的成本和风险。高技术研发费用往往十分高昂，与此同时还伴随有极大的创新风险，包括技术、市场、战略、竞争、政治等方面的风险。而通过联盟可共同分担研发费用，共享研发成果，提高技术创新的成功率，降低技术开发的风险。

（2）有利于避免研发资源的浪费，优化资源配置。技术联盟可以有效地避免重复投资，并可以在短时间内形成较强的竞争能力，实现对市场需求的敏捷响应。它可以使企业更加集中于自身的核心业务，并通过与联盟伙伴的合作，获得外部专业知识或技能，将多家企业的核心能力集中起来去共同创造新的收益，全面提高经营业绩。

（3）有利于提高企业的技术创新能力和效率。通过技术联盟抓住企业价值链的战略环节来进行资源整合、优化配置、联合开发，可以提高企业的效率并更快地实现创新，从而迅速提升企业的核心竞争力。

（4）有利于开拓新的市场。企业通过与其他区域的经济组织结成技术联盟，可以使技术联盟开发、生产的产品绕过关税壁垒和贸易障碍，直接进入当地市场。

（三）我国技术联盟构建“前端控制”型专利池的现状

我国企业对“前端控制”型专利池的构建和运用才刚刚起步，对“前端控制”型专利池的构建、运作等相关问题的认识和研究不够，有关集群创新和专利池的研究成果还很少，法律和政策方面还是空白。虽然在信息产业领域，我国已经构建了一些相对来说运作比较良好的专利池，如 AVS 专利池、闪联专利池、彩电专利池等。在其他领域也建立起了一些专利池，如电压力锅专利联盟、空心楼盖专利联盟等。但这些专利池绝大多数都是普通型专利池，而非“前端控制”型专利池，目前国内还很少有企业在构建或者在开始构建“前端控制”型专利池。

因此，对我国企业而言，开展“前端控制”型专利池相关领域问题的研究，探讨借鉴国外“前端控制”型专利池在组建、管理和运行方面的成功经验，加紧布置重点行业及领域技术标准中的“前端控制”型专利池，树立示范“前端控制”型专利池模式，已变得十分迫切与必要。

二、“前端控制”型专利池构建模式的探索

（一）形成技术联盟是“前端控制”型专利池构建的前提

1. 技术联盟的含义、本质及特征

技术联盟是战略联盟之一种，它是指两个或两个以上的企业互相联合致

力于技术创新的组织。广义的技术联盟还将科研院所、高校甚至政府包括其中。在当今社会，科学技术高速发展，竞争日趋激烈，技术联盟已成为现代企业加强国际竞争力的重要方式之一。

激烈的技术竞争迫使企业走向联盟，联盟的目的是为了技术创新，联盟并没有弱化竞争，相反，联盟把企业的技术竞争推向更高层次，使单一企业之间的技术竞争演变成企业联盟之间，单一企业与企业联盟之间的竞争，显然那些没有加入联盟的企业在竞争中将处于不利地位。技术联盟作为知识经济时代的一大“亮点”，有其自身的特征：

（1）联盟成员必须基于策略原则相互合作。如果出现对单方有利而对其他成员不利的情况，技术联盟将无法成立或维持。

（2）联盟成员必须具有互补性的技术资源。联盟成员必须能够提供无法由任何成员独自提供的资源。若此种技术资源不具互补性，便无法成为最佳的合作对象。这也是技术联盟区别于其他联盟的本质特征。

（3）技术联盟的所有成员必须维持其法律个体的独立性。若有任何成员丧失法律个体独立性，技术联盟的关系随即消失。

（4）技术联盟是阶段性的合作过程。随着环境或自身情况的改变，企业的策略可能随之改变。为此，技术联盟的组建虽然是为了追求较长时间的共同经济利益，但仍然应确定时间范围。

2. 技术联盟的模式

根据技术联盟内成员联系的密切程度，技术联盟可以分为以下几种模式：

（1）技术转让型联盟，指合作双方的合作方式是一方从另一方购得技术或为另一方提供各类咨询服务、销售服务，在技术服务中接触新技术、新产品。

（2）合作开发型联盟，是最常见的技术联盟。它是指合作双方围绕特定的开发项目，为了节约研究开发成本，降低开发风险而相互合作。

（3）共建实体型联盟，指合作各方共同投资建立一个新的法人企业，该企业独立于各个联盟成员之间进行技术活动。

（4）一体化型联盟，指采用公司型联盟的组织结构，通过兼并或收购等方式实现联盟部分成员控制另一部分成员，并从其技术活动中获取利益（程海，2006）。

目前，在我国技术联盟模式中，以技术协作居多，而一体化还很少，这与西方发达国家恰好相反。因此，在以后技术联盟组建过程中，应完善技术联盟模式选择机制，使我国的技术联盟逐步由技术成果转让的松散型向联合开发和科技经济一体化的紧密型转变。

（二）技术联盟对核心技术的研发方式

1. 联合研发

联合研发是多数技术联盟采用的一种技术攻关方式，当某一核心技术的开发在投资大、难度大、风险大的情况下，单个企业往往实力不够而不敢涉及。采用联合研发形式，就实现了各联盟成员研发设备的共享和研发人员的交流与合作，就可以形成技术优势迅速攻克技术难关，并快速投入生产运用，使联盟成员在激烈的市场竞争中掌握发展的主动权。因此在激烈的技术竞争和市场竞争中，某一核心技术的研发成功与否直接关系到联盟成员能否在激烈的市场竞争中掌握竞争的主动权，甚至关系到联盟成员竞争的成败，采用联合研发的形式可以化解以上难题，使竞争的主动权牢牢掌控在自己手中。

2. 分工研发

在联盟成员都具有较强实力的情况下，技术联盟可以根据每个成员的技术优势，把相关的研发任务分解后交给联盟成员独立完成。在总的共同研发项目确定后，各联盟成员依照自己的能力和需要，承担各自开发能力比较强的那一部分的研发任务，研发成功以后，需要确定专利技术的归属，然后贡献各自的核心专利构建专利池。

（三）核心专利的入池管理

1. 对入池专利的筛选

技术联盟各成员拥有的必要专利是构建专利池的基础，而专利池汇集专利的“质”和“量”又是技术联盟制定技术标准和对外许可谈判的重要筹码。对入池专利的筛选：一是要审查是否是有效专利，而被专利审查机关或司法机关裁定为无效的专利或者超过有效期的专利都不得进入专利池。二是审查入池专利的互补性。如果两件专利之间互相依赖，各自构成某项技术或产品不可分离的一部分，它们就可称之为互补关系的专利。三是审查入池专利的必要性。必要专利是指放入专利池中的专利对于实施相关技术（或技术标准）是必不可少的，当专利池中存在替代关系的专利时，其中之一必然不是必要专利。

2. 专利池成员签订协议，建立专利池

为保障专利池有效运作，成员之间应达成协议。协议一般应包括以下几个方面的内容：①专利池构建的目的。②专利池构建与运作应遵循的原则。③专利池管理方式、机构的设置及职能。④专利池管理费用的收取。⑤专利池专利许可原则、收费标准及计价。⑥专利池成员的分配方式。⑦专利池纠

纷的解决方式。

(四) 法定标准和事实标准的形成

企业通过组建技术联盟，研发出核心技术形成核心专利，汇集联盟成员的核心专利，使各种必要专利整合在一起，并以此为基础制定自主技术标准。技术联盟通过运作专利池，推广自主技术标准，促使技术标准产业化，使联盟制定的自主技术标准为市场所接受。即使技术联盟制定的自主技术标准没有被确认为法定标准，只要为其他企业所接受，就会被市场接纳为事实标准。

第四节 专利池的推广应用策略

2008 年我国已公布了《纲要》，《纲要》明确提出，到 2020 年把我国建设成为知识产权创造、运用、保护和管理水平较高的国家，5 年内自主知识产权水平大幅度提高，运用知识产权的效果明显增强，知识产权保护状况明显改善，全社会知识产权意识普遍提高。国家知识产权战略的重点之一是：促进知识产权创造和运用，运用财政、金融、投资、政府采购政策和产业、能源、环境保护政策，引导和支持市场主体创造和运用知识产权，推动企业成为知识产权创造和运用的主体。企业在创造和运用知识产权过程中，专利池构建与运用模式的推广，对于技术先进型企业来讲是一种必然的选择，因为某一产业技术标准的背后是以专利池作为支撑，得标准者得天下。因此，专利池构建与运作模式的推广应用具有良好的发展前景。

一、推广应用对策之一——思路决定出路

从前几年发达国家利用专利池打压我国企业，收取高额的专利许可使用费的惨痛教训中，我国企业开始意识到构建和运作专利池对于企业应对激烈的国际竞争，提升自身的国际竞争力的重要性，并试图构建自己的专利池。因此，加深对专利池重要性的认识，积极开展对专利池相关领域问题的研究，探讨借鉴国外专利池在组建、管理和运行方面的成功经验，加紧布置重点行业及领域技术标准中的专利池，树立示范专利池模式，已变得十分迫切与必要。

二、推广应用对策之二——有“鱼”才能建池、“大鱼”才能入池

1. 企业要把“鱼”养大，拥有核心专利

专利池的构建要有科技和产业的支撑，专利的产出必须依托产业集群，

共同创新以获得更多的专利。一定规模的产业和数量众多的专利技术是构建专利池的条件，而同一领域的专利富集区是组建专利池最理想的条件。企业是专利池构建与运作的最重要的主体，只有那些拥有较多核心专利的企业才可能参与进来，将必要专利入池。因此，政府和企业应加强科技创新基金的投入，只有通过技术研发而获得该产业领域更多的核心技术，在该产业领域处于主导和控制地位，并使自己掌握的专利更多的成为必要专利，才有可能成为专利池的发起人或把自己的核心专利放入专利池。如果企业仅仅是采用追随型专利战略，以技术模仿和改进为主，利用核心专利之间的空隙“见缝插针”，缺乏技术创新，其申请的专利往往是外围专利，因此他们拥有的专利要成为必要专利进入专利池是非常困难的。

2. 入池专利的筛选，以防“鱼虾混杂”

专利池汇集专利的“质”和“量”是专利联盟对外许可谈判的重要筹码，同时专利联盟中是否存在非必要专利，往往又是反垄断审查机关审查的重点。因此，在专利池构建过程中，评估机构应对申请加入的专利进行严格审查，防止非必要专利的进入。判定一项专利能否进入专利池的最终标准是：该项专利是否为某一技术领域内相互补充的必要专利，即某一标准推行过程中不可避免会涉及的专利。专利池的发起人可以把必要专利的评估工作交由独立的第三方或者在其内部成立一个专门的专利池评审机构，由其负责专利的评估工作，以保证入池的专利都是必要专利。

三、推广应用对策之三——由谁管理“鱼池”更好

在专利池构建与运作过程中需要召集、评估必要专利，统一对外许可，解决纠纷等一系列涉及专业性很强的问题。对专利池的管理是由专利池内部成员组成的机构来管理，还是由专门的专利池中介服务组织（专利池管理公司）来负责管理，课题组认为后者比前者更好。因为专利池中介服务组织配备有相关方面的专家，对专利池的构建与运作有着深刻的理解，对专利池的市场运作有相当多的经验和能力，相比较而言对专利池的管理有着天然的优势。因此，组建专利池管理公司等中介服务组织，可以为专利池的规范化构建与运作提供很大的便利。目前，在国际上已经成立了一些运作相当成熟且效果好的专利池管理机构，如 MPEG 专利管理公司等。随着我国专利池构建与运作步伐的加快，成立专门的专利池管理公司等专利池中介服务组织，对于我国企业构建与运作专利池显得越来越重要。

四、推广应用对策之四——“卖鱼”收入的合理分配机制

构建专利池，通过专利池管理机构的统一对外许可，收取专利许可费用，

可以回收研发资金的投入，增加企业的收益，用于技术的再研发，对于提升企业的核心竞争力非常重要，专利就是富矿，核心专利就是财富。许可收益的分配是一种激励机制，关系到企业的生存与发展，关系到各专利权人的切身利益。为了使许可收益的分配公平合理，在专利池管理公司收取必要的管理费用后，专利池许可收益可以按照各专利权人所持必要专利的数量比例进行分配。

五、推广应用对策之五——政府既要“授之以鱼，更要授之以渔”

专利池构建与运作模式的推广应用需要借“政府之手”来加以推动，专利池巨大的经济社会效益需要政府运用财政、金融、投资、政府采购政策和产业、能源、环境保护政策引导和支持，以及行业主管部门的行政指导。

1. 政策支持

政府的政策支持可以为我国企业构建与运作专利池提供良好的社会环境，对于我国企业构建与运作专利池至关重要。我国要构建与运作专利池，改变我国企业在国际竞争中的不利地位，政府应该有所作为：一是制定财政、金融政策加强对企业科技创新资金的投入，政府要利用财政手段增加预算，列专项资金鼓励技术开发，鼓励申报专利尤其是发明专利，适当补贴专利维护费。二是对企业构建专利池给予政策倾斜，享受的优惠政策应比普通专利有所提高。三是针对专利池成员企业制定合理的税收政策，调动企业加入专利池的积极性。

2. 行政指导

政府行业主管部门应加强对专利池构建与运作的行政指导，即对其进行辅助、服务、引导。重点是指导示范性专利池的构建与运作，以点带线，以线牵面。选择有发展潜质的、某一行业的专利池作为典型，加强指导，科学规范，总结经验，树立国内专利池的成功范例，宣传推广其经验。注重示范专利池效用的发挥，用活生生的例子展示在企业面前，从而影响和带动其他行业构建专利池。

第八章 技术创新中的技术转移战略

第一节 技术转移的概念、类型和方式

一、技术转移的概念和特点

（一）技术转移的概念

技术转移是指科技成果通过其载体（人、物、信息）在国家之间、地区之间、行业之间、企业之间的输出与输入的活动过程，通常是指科技成果、信息、能力和有形体的转让、移植、引进、交流、推广普及应用等相关活动的总和，这种运动是一个动态过程，其实质是技术能力的转移。

联合国《国际技术转移行动守则草案》中把“技术转移”定义为“关于制造产品、应用生产方法或提供服务的系统知识的转移，但不包括货物的单纯买卖或租赁”。

国务院发展研究中心技术经济研究部副部长李志军博士认为：“技术转移的实质是指技术从供方向受方的运动。这种运动既可以在地理空间上进行，也可以在不同领域、部门之间进行。从更广泛的意义讲，技术转移就是技术的传播和交流。技术转移是一个动态的过程，实质是技术能力的转移。”发达国家的经验证明，技术转移已成为推动技术创新和技术进步的重要手段之一（章勇，2007）。

（二）技术转移的特点

1. 定向性

技术在空间上发展的不平衡，是技术转移及其定向性的内在根据。从技

术效率与功能的角度，可以把技术内容定性为尖端技术、先进技术、中间技术、初级技术、原始技术等五种级差形态。任何特定技术都能从中“对号入座”。随着技术的发展，大体呈依次后移的态势。正是技术效率与功能上的“级差”，造就了不同技术所特有的技术“势位”，也赋予它特有的运动“惯量”和特定的运动方向。只要技术形态之间存在着技术势位上的“落差”，技术就会由高势位向低势位发生转移，表现为技术先进的国家、地区、行业、企业向技术落后的国家、地区、行业、企业实行技术让渡，前者是技术的输出者，后者是技术的吸纳者。同时，技术转移实践表明，在技术定向转移过程中，技术转移的“惯量”、成本和效应与技术之间势位的“落差”成正向变化，而转移的频率及成功率与技术势位的“落差”成反向变化。

2. 软硬技术结合

在技术转移的类型上，以硬技术转移为主逐步向软硬技术结合转移发展，并以软技术转移为主。技术转移应坚持软硬技术相结合的方法，将设备、专利技术、人员等结合起来，以保证技术转移的成功和提高技术转移成效。随着企业技术水平的提高和对技术消化吸收能力的增强，软技术交易在整个技术转移中所占比重越来越大。

3. 功利性

人类社会的早期，技术转移多是一种无意识的活动。随着人类社会的发展，技术转移越来越呈现出功利性的特征，无论是技术的供给方，还是需求方，都瞄准技术转移所带来的市场机会和商业价值，这是不谋而合的。出于竞争目的而发生的技术转移，归根结底是经济利益的需要。至于为达到某种政治、军事、环境等“超经济”目标而发生的技术转移，只不过是国家整体利益借以实现的途径或形式。因此，可以毫不夸张地说，当今世界，在国家、部门、行业、企业之间所发生的技术转移已经完全排挤了无意识活动的空间而与功利性紧紧地联系在一起。

4. 重复性

与实物商品不同，技术商品的使用价值在流转过程中具有不完全让渡性。它作为知识性商品，尽管有时以实物商品形态出现，但实物形态只是技术的载体或物质外壳；交易完成后，虽然它的使用价值已让渡给对方，但让渡者仍然保留了这一技术知识的使用价值。至于以图文、技能、方法等非实物形态存在的技术转移，实质上只是使用权的转移，并不影响让渡者对这种技术的拥有权。

从这个意义上说，技术商品的使用价值在转移过程中具有显著的非完全让渡性质。正因为如此，技术的供给方能够不断重复出卖技术，如果不加限制，技术的购买者也可以连续不断地将该技术转卖出去，直至所有人都掌握这种技术。这就是技术转移的重复性特征。也正是技术转移的重复性，加速了社会的发展和技术进步，给人类带来了巨大的物质利益。

5. 市场化

一般来说，在社会发展的不同阶段，技术转移的方式是不同的。在古代，技术转移主要是通过工匠流动来实现。产业革命后，技术转移主要是通过向外进行强制性的生产资本投资来实现。而今天，技术转移主要是通过市场化的商业形式实现的。因此，技术转移越来越显现出自身独特的市场化特征，其具体表现是：①市场供求规律制约着技术转移的概率和成本；②技术交易价格主要取决于技术的研制费用、生命周期、转让成本、机会成本、体制环境以及转移所潜在的经济价值等；③技术转移发生的频率与该技术物化商品的市场“待遇”具有极强的相关性，技术的命运与产品的销路是休戚与共的；④市场竞争既刺激技术需求者吸纳技术的冲动而加速技术转移，同时又强化技术供给者对技术的有限垄断而延续技术转移的进程。

二、技术转移的基本类型

以下将从技术流动的角度探讨技术转移的基本类型，为技术供求双方实现技术转移提供决策依据，以便在不同技术目标基础上，去选择适合自身特点的技术转移渠道和方式。

（一）移植型与嫁接型技术转移

从技术内容转移的完整性，可以把技术转移分为移植型和嫁接型两种类型。移植型技术转移是指技术的全部内容，包括机器设备、工艺程序、设计安装、图文资料、技术培训等一次性整体搬迁而实现的技术转移。跨国公司的海外扩张多是通过这种模式实现的。这种模式对技术吸纳主体原有技术系统依赖性极小，而成功率较高，是追赶型国家或地区实现技术经济跨越式发展的捷径。但转移的支付成本较高，往往是难以逾越的壁垒。

嫁接型技术转移，是指技术的部分内容，如某一单元技术或关键工艺设备等流动而实现的技术转移。它以技术需求方原有技术体系为母本，与外部先进技术嫁接融合，从而引起原有技术系统功能和效率的更新。显然，这种技术转移模式对技术受体原有技术水平的依赖性较强，要求匹配的条件较为苛刻。虽然技术转移的支付成本较低，但嫁接环节上发生风险的频率较大。一般为技术实力较为均衡的国家、地区、企业之间所采用。

（二）实物型、智力型和人力型技术转移

从技术载体的差异性，可以把技术转移分为实物型、智力型和人力型技

术转移三种类型。实物型技术转移，是指由实物流转引起的技术转移。从技术角度看，以生产手段和劳动产品形态出现的实物，都是特定技术的物化和对象化，都能从中反观到某种技术的存在。因此，当实物发生空间上的流动或转让时，某种技术就随之发生了转移，这是所谓硬技术转移的基本形式。

智力型技术转移，是指由一定专利技术、技能、产品配方、经验和方法等智力成果的知识传播和流动所引发的技术转移。它不依赖实物的转移而进行，通常把这种技术转移称为软技术转移。目前，市场上的专利技术、技术诀窍、工艺配方、信息情报等知识形态的商品交易，都是这种技术转移借以实现的基本形式。

人力型技术转移，是人类社会较为古老的一种技术转移模式，它是由人的流动引起的技术转移。如随着人员的迁徙、调动、招聘、交流往来、异地培养等各种流动形式，均可引发技术的转移。因为技术无论呈现何种具体形态，都是以人为核心而存在的，并为人所理解、掌握和应用。所以人力资源的流动必然伴随着技术转移。以上三种技术转移模式由有形技术向无形技术、由前到后，依次呈现由固化技术向活化技术转移的特点。从转移的难易程度上看，由于对转移支持条件的要求不同，一般而言，前者的转移难度相对小于后者。但从技术转移的有效性上看，后者往往大于前者，人才的转移是技术转移最富有成效的模式。

（三）工艺技术转移和产品技术转移

从技术功能上看，又可把技术转移分为工艺技术转移和产品技术转移两种基本类型。一般而言，在产业技术系统内部，并存着工艺技术形态和产品技术形态两大系统，而每种技术形态又包含若干相关性极强的单元技术，它们共同构成社会生产活动的技术基础。从具体生产过程看，工艺技术是产品技术形成的技术前提和物质手段，直接决定着产品的技术性能和生产能力。而从社会生产总过程看，产品技术往往又构成工艺技术的单元技术，它又影响着工艺技术的总体水平和效率。

事实上，任何产业技术就其功能而言，都不是万能的，而是有其不同的侧重点。当技术侧重于影响生产流程，具有提高效率和扩张产量作用时，我们把这种技术的转移称为工艺技术转移；而当技术侧重于影响生产过程的结果，有助于提升产品的技术含量及功能拓展时，我们把这种技术的转移称为产品技术转移。一般来讲，采掘业领域的技术转移多属前者，而制造业、信息产业、建筑业等领域的技术转移多属后者。同时，工艺技术和产品技术在功能上又具有极强的相关性。因此，技术转移过程，又往往是通过工艺技术的转移来达到产品技术的升级，或通过产品技术的转移来实现工艺技术的改造。

需要指出的是，由于考察技术转移的角度是多层面的，划分的标准是多元的，因此，技术转移又有直接与间接、有偿与无偿、通用技术与特有技术、国际与国内、有限与无限等不同模式的区别和联系。上述对技术转移模式的划分，只是相对于实践价值大小而言的，远未穷尽技术转移的所有模式。同时，对不同类型技术转移模式的区分，也只具有相对意义。事实上，在技术转移过程中，多是以某种模式为主导并兼容其他模式，或直接就是混合模式的技术转移。

三、技术转移的基本方式

技术转移方式很多，包括专利技术转让、许可证协议、以股权换技术、技术援助、技术人员流动、合作研发、合作生产、交钥匙工程等。

（一）专利技术转让

专利技术转让又称专利权转让，这是企业直接获得技术成果的方式之一。在专利技术有偿转让时，双方应签订书面合同，合同签订后，应到专利技术合同登记处审查登记，并在合同生效之日起 3 个月内到国家知识产权局备案，并办理专利权人变更手续。

在专利技术转让中，企业科学合理地确定专利转让方式，可以保证在不增加企业专利费负担的前提下增强企业的竞争能力。企业在购买他人专利时，应注意以下几点：第一，要注意专利保护期，凡过期的不必缴纳转让费。投资前要看其专利保护期限，防止其技术相对陈旧，或转让后出现大批同类生产跟进者。第二，要区分转让的项目是专利还是专有技术。转让项目既可以是专利，也可以是技术或者生产诀窍。非专利技术不受法律保护，如从其他渠道了解掌握了此技术完全可以自行使用，并进行模仿或进一步改进，反之则需要出资购买。因此，找到一项适合自己发展的技术，一定要弄清是专利还是非专利技术。为降低市场风险并获得更广泛和更长时效的法律保护，企业应更多使用有经济效益的专利技术加以利用。第三，在双方合作方式上也可采取一次或多次性转让，采取签订研发协议或技术入股等不同形式。一般而言，技术的转让与协议研发两种合作方式主要针对具体某项专利和技术，科研单位与企业的强强联合则更适合双方的长期合作。在实践中，企业可根据具体情况选择不同的合作方式，从而提高专利技术的转让率，实现专利的经济价值，研发出高科技含量的产品，增强企业实力、提高总体技术水平，在国际市场竞争中占据优势。从宏观调控的角度，政府应加强有关专利合作与专利转让实施方面的管理，引导建立各级技术转让办公室，便于我国企业进行专利战略的实施。

（二）许可证协议

许可证协议又称许可合同、使用许可合同、特许协议，是以转让工业产权使用权为内容，以及以转让专有技术使用权为内容的买卖合同，是技术转让合同的一种。转让专利或专有技术使用权的一方称为许可方；取得使用权并支付费用的一方称为被许可方。其法律特点表现在：以无体财产权为对象，不以取得技术的所有权，而是以取得对某种技术的使用权或者要求他人进行技术服务为目的。许可证协议的标的包括专利使用权、商标使用权和专有技术使用权三种。根据其在一定地域内被许可方所享有的专利权情况的不同，许可证协议可分为独占许可证协议、排他许可证协议、普通许可证协议、可转让的许可证协议和交叉许可证协议五种形式。

（三）以股权换技术

其一般做法是技术引进方通过向技术提供方出售部分股权，以求从外部投资者引进所需要的先进技术。目前，股权换技术已经成为部分企业对外出售股权的主要理由。例如，近几年钢铁业和银行业以引进战略投资者为主要内容的股权改革，无不以股权换技术为出发点。为实现换技术的目标，在股权出让过程中还进行了一系列的制度安排，如选择合适的引资对象、在股权出让中提出技术转让附加条款等。

在股权换技术模式中，股权和技术成为交易过程的两个要素，用于交换的股权与技术一定程度上应该是价值对等的。从公司财务学的角度来看，股权和技术的价值都可以用未来现金流的现值来衡量，但是两者未来收益都具有不确定性。股权换技术模式不是简单的价值交换过程，而是一个过程的两个方面：股权出让者得到股权出售的资金，而取得股权的一方承诺提供某些方面的技术，技术转让费用有些是股权出让价格的一部分，有些则要单独结算。股权换技术的一个出发点是通过股权形成利益共同体，然后由股权受让方提供平常不愿意出让的技术或者瓶颈技术，但是这一策略能否成功，取决于技术提供方是否愿意将真正的先进技术转移过来，这还要受到信息不对称以及企业发展阶段的影响。

（四）技术援助

技术援助是技术先进的地区或企业向技术落后的地区或企业，在智力、技能、咨询、资料、工艺和培训等方面提供资助的各项活动。技术援助是援助方无偿地或按优惠贷款条件向受援方提供以传授技术、管理知识和培养人才为主要内容的援助，是地区或企业之间技术转移的渠道之一，技术援助的目的在于帮助受援地区或企业应用先进技术并提供相应的设施，以促进受援地区或企业生产技术的发展和生产力的提高。技术援助的主要形式有：为受援地区或企业提供发明创造、传授生产管理知识、培训技术人才、派遣专家和技术人员、提供技术服务，承担可行性研究、设计，提供技术资料和文献、提供物质和设备等。

（五）技术人员流动

技术和知识是企业生存和发展的基石，是企业核心竞争力的重要组成部分。特有、新颖的技术能为企业带来超额的利润，从而在市场竞争中占据优势。独占性是某项技术能给企业带来超额利润的前提条件，技术一旦丧失了独占性，变成为公共技术，其产生超额利润的价值也就随之丧失。目前，技术人员流动既是技术转移的方式之一，也是企业技术流失的主要原因之一。随着世界经济一体化步伐的加快，在全球范围内，企业技术人员流动的速度也在加快。人是知识和技术的创造者，同时也是知识和技术的载体。人与技术的特殊关系，决定了技术人员流动将不可避免的产生技术的流动和技术转移，人员流动引起的技术转移有其自身的运行方式，一定要符合技术人员流动中竞业禁止的规定。

（六）合作研发

合作研发是指企业、科研院所、高等院校、行业基金会和政府等组织机构，为了克服研发中的高额投入和不确定性、规避风险、缩短产品的研发周期，应对紧急事件的威胁，节约交易成本而组成的伙伴关系，它以合作创新为目的，以组织成员的共同利益为基础，以优势资源互补为前提，通过契约或者隐形契约的约束联合行动而自愿形成的研发组织体。该组织体在形成之后，有明确的合作目标和合作期限，共同遵守契约规定的合作行为规则、成果分配规则、风险承担规则。

随着科学技术研究的不断发展，各个领域的知识与技术的难度与深度都日益加剧，新技术的研究与开发不断的复杂化，而跨部门的特征也日益明显，各个技术学科和领域之间的相互补充日益重要。在这一背景中，一般的企业，尤其是高科技产业中的企业，很难依靠自身的资源来实现所有的创新目标。实施合作研发可以使合作各方发挥各自优势，共同完成技术创新和推向新市场，共同分享利益。合作研发的形式多种多样，既可以以资金、人才、成果形式合作，也可以以资金入股形式合作，还可以技术供方、技术中介和技术需方进行合作，等等。

合作研发的作用在于：①有助于获取互补资源；②有助于克服与技术创新相联系的市场无效率行为；③可以降低和分担研发中的风险和成本；④能保证创新中组织的灵活性；⑤还可以培养彼此的协作精神，共同获利。据对国内近几年来327项合作的调研表明，研究开发合作可使企业的劳动生产率提高29%，项目成功率提高69%，科技成果转化率提高20%（郑金娥，2005）。

（七）合作生产

合作生产，是两个不同国家的企业之间根据所签订的协议，在某项或某几项产品的生产和销售中采取联合行动，通过合作生产和销售，由技术上较强的一方将生产该项产品的生产技术逐步传授给另一方。合作生产的基本形式有：第一，当事人双方分别生产不同的部件，由一方或双方装配成完整的成品出售。第二，由技术较强的一方提供关键部分和图纸，并在其指导下，由较弱的一方生产次要部件，并组装成完整产品，在本国市场或国际市场销售。第三，由一方提供生产或设备，按各自的专业分工制造某种零部件、配套件或生产某种产品。在这种合作方式下，技术与设备按技术转让办法和买卖关系处理。

合作生产合同和许可合同有相同的条款，如侵权与保密、不可抗力、合同的生效、终止和其他条款等。除此之外，合作生产合同还要根据生产合同的特点及形式，对合作双方的合作内容、合作范围、合作各方的权利和义务等加以明确规定。

（八）交钥匙工程

交钥匙工程指跨国公司为东道国建造工厂或其他工程项目，一旦设计与建造工程完成，包括设备安装、试车及初步操作顺利运转后，即将该工厂或项目所有权和管理权的“钥匙”依合同完整地“交”给对方，由对方开始经营。因而，交钥匙工程也可以看成是一种特殊形式的管理合同。

交钥匙工程是在发达国家的跨国公司向不够开放的发展中国家投资受阻后发展起来的一种非股权投资方式。另外，当自己拥有某种市场所需的尖端技术，在希望能快速地大面积覆盖市场，所能使用的资本等要素又不足的情况下，就可以考虑采用交钥匙工程方式。

在实务操作上，因为每个交钥匙工程项目计划必然有其自身特点，因此很难有一致性的标准交钥匙工程合同。但是，无论合同的细节如何复杂，双方都应将合同中的厂房和设备、双方的义务和责任、不可抗力的含义、违反合同的法律责任，以及解决争端的程序等重要事项说清楚。此外，如同一般技术授权一样，工程交付后的继续服务，也许是此类交钥匙工程的重要获利途径。日本某厂商曾不惜以低于成本的“自我牺牲”方式，为印度尼西亚承建发电厂。表面上看这是一桩赔本生意，但是从长远利益而言，将来发电厂所需的零配件供应、维护与整修等，势必长期依赖于日本方面的支持，由此累积下来的利益无疑十分可观。

第二节 技术创新与技术转移的关系

一、技术创新链的起点是技术转移的源泉

完整的技术创新链包括研究、开发、成果转化和生产四大环节，技术创新的起点是企业通过对市场的预测选择研发项目，通过生产要素的投入获取创新技术，如果没有产生技术创新成果，技术转移就成了无本之木、无源之水，技术转移就无法实施。因此，技术创新支持技术转移，技术转移的源泉是技术创新。随着现代科技发明与创新成果不断出现，新产品与新技术的寿命周期在逐步缩短，这些情况为实施有效的技术转移创造了必要条件。目前，全世界有关新技术的信息量每 5 年就增加一倍，R&D 经费占国民生产总值（GNP）的比重，每年呈上升的趋势。在技术创新支持和推动技术转移的同时，技术转移也加速了科技发明及技术成果的商品化，缩短了研究与开发项目的投资回收期。目前，技术转移的周期已缩短为 3～5 年，呈跳跃式发展趋势。

在被转移的技术中，创新技术的权利形态和权属是非常重要的，因为它明确宣示了该技术成果到底是一种没有产权的公有技术，还是一种具有知识产权的“私权”，它决定了谁是技术转移的主体和被转移技术的知识产权类型，并由权利方和接受方商定技术转移的方式。如果技术创新成果没有权利化，实施技术转移就没有权利依据和法律依据，技术转移单位就要承担各种风险。

二、技术转移是技术创新成果的扩散和流动

技术创新是技术转移的源头，也是技术创新成果的首次商业化应用，而技术转移则是技术创新成果的扩散或流动，是对技术创新价值的实现和放大。技术创新对经济增长的贡献，只有通过技术创新成果渐进的扩散和转移过程才能充分发挥其潜在力量，技术创新是通过产业技术转移所产生的生产率的

提高而推动经济增长的，技术创新成果必须通过技术转移才能实现对经济增长的贡献。技术创新与技术转移的关系，还可以从技术的寿命周期得到体现。技术的寿命周期是指一项技术或技术成果从进入市场到退出市场的时间跨度，由于新技术的应用直接关系到企业的市场竞争力和盈利水平，为了克服技术生命周期的影响，就必须不断地进行技术创新和技术转移。即要在一项技术在进入技术转移阶段时就应有新的技术推向市场，从而克服因某项技术进入衰退期后对企业效益产生的负面影响，不断推陈出新的新技术与原有技术的结合和叠加，就可弥补因技术落后给企业带来的效益低谷，从而使企业效益始终保持在一个较高的水平。

三、技术转移的数量、规模和速度

技术转移的数量、规模和速度要受接受方的技术吸纳能力、接受方对技术的需求、技术转移后的改进率、技术转移的加速率等多种因素的影响：①技术转移的数量和速率取决于接受转移一方的技术吸纳能力。技术吸纳能力包括接受方的技术水平、支付能力。一个企业对技术的吸纳能力越强，技术转移的梯度越小，技术转移的速度就越快。②技术转移的规模和速率还取决于市场引力，尤其是企业对技术的需求。旺盛的技术需求不仅是技术创新的源泉，而且也是技术转移的引力。但由于受到资本、人力资源的约束及企业对原有技术的适应惰性（一般称为技术转移障碍）影响，从而构成对技术转移的排斥力。只有当企业克服这些障碍之后，使引力大于排斥力，技术转移才能实现。③技术转移的规模和速率还取决于接受方对技术的改进率。技术转移的过程也是技术创新成果不断进行改进的过程。使用者通过移植、转移所获得的技术，必须有一个学习、掌握和使用的阶段。通过学习、掌握和使用，对引进的技术进行一定的改进，从而使技术创新成果在转移过程中不断地改进和完善，以更加符合实际的需要，技术成果在转移过程中，其适用性、成熟性、可靠性也随之不断提高。④技术转移的成败还取决于转移的加速率。随着科学技术的迅速发展，技术转移的速度越来越快。在 16 世纪以前，技术转移的平均周期为 400 年左右，16～18 世纪后期为 100 年左右，19 世纪以后仅为 10 年以内。而在当今的新技术革命时代，技术转移的周期最短的仅有几个月的时间。它说明，随着人类技术创新步伐的加快，新技术层出不穷，技术的周期越来越短。[①]

---

① 杜星球在《科技创业》2008 年第 1 期发表的《技术创新与技术转移的关系分析》一文中指出：技术转移的速度也在不断加速。例如，汽车用了 55 年才普及到 1/4 的家庭用户，电信用了 35 年，手机用了 13 年，而网络技术仅仅用了 7 年就实现了社会普及。

第三节 制约技术转移的基本要素分析

从广义上说，技术转移是技术资源在社会大系统中众多要素的参与下进行的纷繁复杂的运动过程，而从狭义上说，技术转移是技术成果从技术提供方向技术接受方的横向运动。在通常情况下，技术转移包括三个方面的要素：一是转移的技术成果，包括科技发明、专利、技术诀窍、商标、R&D 成果、营销策划等。二是技术提供方，它是技术转移的实体，主要包括国家实验室、独立的科研机构、大学科研机构、企业研发部门等。三是技术接受方，主要包括公司、企业等市场主体。因此，被转移的技术成果、技术提供方、技术接受方就构成制约技术转移过程的三大基本要素，技术转移的成效主要取决于这三方面要素的相互影响。

一、转移的技术成果

技术本身的复杂性导致了自身转移过程的复杂性，这需要我们从被转移技术的状态入手，来分析技术成果本身对转移过程的制约关系。

1. 技术的成熟度

技术发育状态的不同阶段反映了技术内容的成熟程度，技术的成熟度将直接对技术转移带来影响。一般而言，技术的发育周期可划分为孕育期、产业化期、成熟期和衰退期四个时期。处于孕育期的技术，其形态不定型，产业化问题没有解决，因此使用价值不确定。这意味着它的转移风险较大，但如果未来市场支持环境看好，也可能获得较大成功。由于引进这类技术虽然交易成本不高，但引进后投入较大，因此它要求技术接受方必须具备较强的经济和技术实力，这是以高风险换取较大竞争实力的技术转移过程。处于产业化期的技术，其形态已定型并日趋完善，实用价值较高而风险较低，因此，社会需求看好，同时它又具有较大的生产技术缺口，改进的空间较大，技术接受方同样需要继续耗费较大的使用成本。处于成熟期的技术，产业化问题基本解决并相对完善，技术支持环境较好，市场需求旺盛。此类技术转移基本上不存在风险，即使风险存在，也往往分布在产品销售环节上。但此类技术特别是其中的主导型技术往往为技术提供方所垄断，而非主导型技术转移过程已显露出衰退期技术转移的迹象。处于衰退期的技术，社会需求逐渐降低，技术即期风险全无，操作相对容易，即使技术实力和学习能力较低的企业，也能够胜任这种技术要求。但由于技术充分固化，技术转移主要以设备形式的转移来实现，因此，交易价值仍然较高。同时，由于技术会在一定范围内走向衰亡，因此，使用这类技术所获得的技术优势和竞争能力相对短暂，不利于技术接受方技术实力的积累与发展（张克让，2002）。

上述分析表明，处于不同发育状态的技术，由于内容的成熟程度不同，社会需求、使用成本、风险频率各有差异，直接影响其转移的难易。一般而言，技术相对成熟，越是靠近产业化、商品化阶段，被转移的技术越是趋于基础性，其应用的广泛性、外部性就越高，就越容易向产业领域扩散和转移。

2. 技术匹配状态

技术匹配状态是制约其技术转移的又一重要因素。它是指各种相干技术要素之间的依存关系，其中包括技术系统自身的匹配，与其他技术系统之间的匹配，以及与技术接受方原有技术系统的匹配等三重依存关系。技术系统自身的匹配状态，是表现技术发展程度与成熟程度的重要指标。现实中任何技术形态都是若干单元技术的有机聚集，孤立的单元技术是不能发挥作用的。显然，技术的实用价值大小与发生转移的难易程度，直接取决于技术系统内部各单元技术之间的依存关系。同时，一种技术体系的确立，除了内部诸单元技术之间的相匹配之外，还必须与外部相关的支持性技术系统相匹配，倘若缺乏这种匹配，该技术也是没有前途的。即使是成熟的技术，当与技术接受方原有技术系统不匹配或一时无法匹配时也很难达到技术转移的预期结果。国内许多学者在总结我国技术引进的经验和教训时，普遍认为改革开放后从欧美引进的软技术与从苏联引进的硬技术之间的不匹配，是导致我国技术转移成效低下的重要原因。

3. 技术环境

技术环境是技术转移活动所面临的由技术发展各种态势所构成的技术背景。它包括特定时代技术发展的总体阶段、速度、水平、行业属性、富集程度等，它们都以不同的方式在全局上制约着技术的横向转移。一般而言，某一时代科技发展的速度越快、水平越高，在原有技术体系之间“制造”出的技术势位落差越大，从而促使技术转移的频率就越高。同时，随着科技发展速度和水平的提高，新生技术资源会越来越富集，致使特定技术形态在效率梯度排列中的位置，不断加速蜕变，生命周期日渐缩短，淘汰趋势迅速加快，从而为技术转移提供越来越大的选择余地和越来越多的市场机会。此外，由于科技发展水平在不同产业领域的不平衡态势，也会给不同产业领域在技术源头上造成“先天”的不平等，使其技术转移的难易程度有别而带有行业性的特点。

二、技术提供方的战略意图

在技术转移过程中，技术提供方常常处于主宰地位，它对技术转移的战略选择，直接制约着技术转移能否实现及其实际成效。

技术提供方所拥有的技术，其研发的目的并非为了转移出去，而是为了获得市场的垄断利润，但技术的发展又使技术提供方必须在两种战略选择中求生存、求发展：一是垄断性战略，即严格控制技术转移；二是交换性战略，即为了获取其他非技术垄断方面的经济利益而输出技术。当技术拥有者确信能够垄断特定技术时；或在有限范围内转移技术就可以达到自己的战略目的时；或技术需求方是自己的直接竞争对手时；或估计特定技术受体在引进技术后，会导致技术泄密时；或不足以掌握该技术，以至给技术供给方声誉造成严重影响时；或当技术转移过程过分复杂而导致转让成本太高并由技术转让方负担时，他们是绝不会转移自己所拥有的技术的。

因此，技术拥有者愿意输出技术，往往出于交换战略的需要。对任何技术来说，拥有者的垄断都是有限的，技术的拥有者也会根据技术的发展状况和不同目的而转移技术，从中换取各种“利益”。其转移技术的条件是：①当特定国家或地区市场容量较小，无法达到规模经营时，技术拥有者倾向于转移技术以分享当地的市场份额；②当对外部市场不了解，或资本力量有限而无法直接投资时，有可能转让技术；③当技术创新周期较短，更新速度较快时，为避免技术实用价值无形损耗，尽快收回研制成本，技术拥有者倾向于转让技术；④当特定国家或地区推行技术的国有化和本土化，或对外直接投资限制较多时，欲进入该国家或地区市场的技术拥有者倾向于转移技术；⑤当某种技术给资源环境造成严重危害并被限制使用时，技术拥有者倾心于这种技术向外转移，当然这是典型的恶意转移；⑥当把技术转移当做某种超经济的策略工具，以换取额外的特殊利益时，这种技术转移是技术拥有者乐于进行的（张克让，2002）。

三、接受方的技术吸纳能力

技术接受方对外部技术吸纳能力的强弱直接制约着技术转移的方式和实效，它包括消化、吸收、模仿、改良、创新等多种能力依次演进的能力形态，是技术接受方内部各种基础要素的技术表现力，直接影响技术转移的实际成效。

企业技术吸纳能力主要表现在以下几个方面：一是企业决策者的技术眼光。对于企业来讲，一旦抓住主流技术和产品，企业就会取得长足的发展。然而在大家都还没有看清楚的时候，企业决策者要有预测和判断主流技术和产品的能力，预测它的市场前景，果断决策某项技术能否为我所用。二是企业的技术存量。技术存量包括企业的硬件和软件的实力，从实物形态上看，包括人与物两种要素形态。特别是人力资本存量的更新，既可弥补其他技术存量的短缺效应，也能使技术接受方的技术实力超常发挥。

综上所述，我们可以得出这样的基本结论：技术转移过程是技术本身、技术提供方和技术接受方这三维变量相互制约、协调互动的过程。在技术本身给定的条件下，能否实现技术转移，主要取决于技术提供方的意愿，而技术转移的成效，主要取决于技术接受方的经济实力和技术素质。

第四节 为何把专利技术从实验室走向市场称为“死亡之谷”

目前，我国专利技术转化实施率一直徘徊在比较低的水平上。2008 年 3 月底，我国专利申请量已经突破 400 万件，授权量已经达到 300 万件左右，但专利技术的转化率只有 10%～15%。美国国家标准技术研究所把专利技术从实验室走向市场的过程称为“死亡之谷”，技术转移已成为一个世界性的命题。[①] 就我国企业来讲，为何技术转移对于许多企业是可望而不可即的，究其原因主要有以下几个方面。

一、技术不成熟不符合市场需求

首先，研发项目缺乏市场导向，导致技术转化比较困难。因为缺乏市场竞争机制，很多高校、科研院所研发项目缺乏明确的市场导向，许多研发成果从技术标准上看虽然是不错的，甚至很优秀，但是它的生产成本很高，不具备市场竞争能力，或不具备产业化生产能力，导致企业转化比较困难。

其次，许多技术成果还不具备产业化的基础条件，在技术转移中存在很大的风险。自主创新的成果最初只是不成熟的创意，要变成成熟的技术、市场接受的产品，需经过实验室、中试、产业化、市场化四个阶段。技术是一种特殊的商品，技术转移是一个复杂的过程，不仅要经过市场调研、谈判、

---

① 章勇在《中国新技术新产品》2007 年第 11 期发表的《考量技术转移的 N 个视角——中国技术转移现状调查与思考》一文中指出：据统计，美国企业对科技成果进行实用技术开发的成功概率是 57%；技术成功之后，企业再对它进行商品化开发成功的概率是 65%；商品化成功之后，企业通过扩大产量，占领市场取得较好的经营回报的概率是 74%。

交易、支付，还要经过生产、管理、市场销售、利润的实现等环节。因此，只有成熟的技术才能转移成功。现在国内每年有几十万项科技成果，但很多技术没有完成小试或中试，没有具备产业化的基础条件，导致了技术转移的困难。

二、技术转移对接程度不高

目前，国内技术转移的对接主要体现在企业与企业之间，企业与科研院所、企业与高等院校之间的对接还没有体现出来，结果导致科研人员的“技术”并不等于就是企业需要的“成果”，企业没将科研院所当做自己的研发中心；而科研院所和高等院校的技术研发是为了“科研”而不是为了企业的需求，高等院校和科研院所的科技成果无法迅速转化，企业的技术需求无法满足，科研的重复和浪费现象比较严重（华鹰，2009d）。因此，为进一步深化科研机构与企业的联合与紧密合作，促进科研院所与产业结合和先进适用技术向企业转移，2003 年 3 月，国家经济贸易委员会、中国科学院、教育部等部门共同批准成立中国科学院北京国家技术转移中心。我国一些重点高校也建立了技术转移中心，努力转化自己的科研成果。从目前科技基础条件平台建设中的技术转移平台建设态势来看，似乎只是为技术需求和技术供应搭建一个中介平台，还没有体现出企业、高校和科研机构联合的重要性。

三、企业的技术吸纳能力不强

目前，我国企业技术吸纳能力不强主要表现在以下几个方面：一是受企业技术眼光的制约。对于企业来讲，一旦抓住主流技术和产品，企业就会取得长足的发展。然而在大家都还没有看清楚的时候，企业很难预测和判断哪一种技术是主流技术和产品，它的发展前景又会怎样，而且很难确定该项技术是否能完全为我所用。二是受企业技术存量的制约。目前，我国大部分中小企业的硬、软件实力都不强，技术设备老化，工程技术人员流动频繁，具有技术转化能力的企业太少。从技术层面来讲，我国仍有相当一部分企业的技术属于落后技术、传统技术和限制技术，由于技术水平低而无力吸纳别人的先进技术，从而严重制约了企业的技术转移。

四、企业技术转移的资金不足

受企业经济实力的制约，许多中小企业技术转移资金严重不足，很难实现技术成果的转化。技术成果转化为现实生产力，需要大量的资金投入，通常是研究开发阶段的 10 倍。而我国的企业普遍存在资金不足的问题，特别是一些中小企业，由于自身规模较小、对高技术市场前景认识不清，或无力提供抵押担保等原因，很难取得商业银行的贷款支持。虽然企业的技术创新或技术转移有政府专项资金的扶持，例如，财政设立的专项资金、科技型中小企业技术创新基金、农业科技成果转化资金等，但由于多数企业受条件的限制，能得到资助的数量是非常有限的，因此，企业资金的匮乏严重影响了技术成果转移的效率。

五、缺乏有效的技术转移机制

目前，我国缺乏有效的技术转移机制，主要表现在：一是缺乏技术转移的法律法规。我国虽然制定有《促进科技成果转化法》，但还没有制定国家技术转移法来统领技术转移的其他法律和法规。二是缺乏政策的扶持。目前技术转移仍局限于普惠政策，还没有针对性的特惠政策或单项政策，如融资政策等。三是缺乏合理的评估机制。技术转移的前提是需要确定技术转移的价值，而技术交易双方的心理价位差距是造成评估价值悬殊的重要原因。专利持有者往往以投入精力、财力多少作为自己发明创造的定价依据，以致其在价值评估上有较大的感情因素。而购买者认为引进的技术成果要商品化，企业还需要投入试验费用并承担风险，因此高昂的转让费使企业无法接受。四是缺乏风险投资。由于多数企业经济实力有限，因此需要风险资本的进入，才能引起企业技术转移的兴趣。五是双方信息不对称，影响了技术转移的进程，以致许多含金量较高的专利技术仍“待字闺中”，无人相识。

第五节 实施技术转移战略——破解难题的钥匙

一、政府层面的技术转移战略

（一）制定相关政策和法律法规，推动技术转移

要开展对发达国家技术转移政策和立法状况的研究，借鉴这些国家制定技术转移法律、法规的经验，结合我国的实际情况，制定我国技术转移的政策和法律、法规。首先应在《促进科技成果转化法》的基础上，制定国家技术转移法，以此来统领技术转移的其他法律和法规。此外，当前急需制定和修订的技术转移政策及管理办法主要有：“国家技术创新成果的知识产权管理办法”；“关于技术转移机构认定、管理办法”；“技术经营人才管理办法”；

“促进国家科技计划项目技术转移办法”；“在技术转移中加强技术秘密审查的办法”；“促进专利技术转移的办法”等（傅正华等，2006）。

（二）制定有利于专利技术转移的优惠政策

第一，政府利用财政手段增加预算，列专项资金鼓励技术开发，鼓励申报专利尤其是发明专利，适当补贴专利维护费。第二，凡是政府立项资助的科研项目，一定要有专利产出指标，没有专利产出的不立项、不资助。第三，要对专利技术转移给予政策倾斜，享受的优惠政策应比普通技术有所提高。第四，针对个人专利技术转移所得制定合理的个税政策，调动个人发明专利转移的积极性。

（三）政府应承担比风险投资商更大的风险

提高科技成果转化率的首要问题是要解决企业资金短缺，正确的途径应该是在国家的引导与支持下，开拓各种渠道增加对科技和技术转移的投入。例如，设立各种专项资金、设立技术转移风险基金等，政府应承担起比风险投资商更大的风险。同时政府还可以通过各种研究计划投资科研机构和企业，为风险投资培育和提供更多的可选项目，吸引风险投资来完成技术转移，这正是技术转移的关键和难点，也是它的魅力和威力。在技术成果转化中，企业的实验、中试、生产每一环节都需要投入，并且投资规模越往后越大，仅仅依靠企业自身是难以承受的，而风险投资基金作为投资工具，可以满足这种要求。为此，应积极探索风险投资内在的规律性，建立技术转移风险基金来支持技术转移。

（四）加大对科技经费投入和产出效益的管理

加强政府科技计划项目的知识产权管理，把专利申请和专利技术转移也作为一项指标进行考核；确立以形成专利作为政府科技投入的效益标准，明确政府科技计划项目形成的知识产权的要求，把政府资助研发课题形成专利申请数量作为考核指标（林耕等，2008）。

（五）建立功能完善的技术转移公共平台

促进技术转移公共平台的建设：在国家层面，建立国家技术转移中心，其任务和职责是对共性技术的开发和扩散，积极参与企业技术创新体系建设，促进高等学校技术成果转化和技术转移，加强国家技术创新合作，为企业提供创新综合服务等。在区域层面，要建立区域技术转移联盟，加强区域间的科技合作交流，完善技术转移机制，促进区域技术转移与技术转移机构的合作与联动。在专业层面，要建立一大批各行业、各专业的技术转移联盟，将它们作为国家层面和区域层面技术转移体系的有益补充。

二、企业层面的技术转移战略

（一）建立产、学、研互动机制

企业与大学、科研机构，共同就某一领域的技术研发、产品开发、技术支持等方面开展合作，根据各自的优势，开展研发分工，或者联合共建研究中心（或实验室），达到互补优势资源的目的，通过产、学、研合作抢占领先产业的上游技术和产品。技术转移的核心既是科技人员面对面的沟通交流，也包括按合理程序进行的人才转移。英国知识产权协会主席、英国技术集团（BTG）前CEO哈维在讲到技术转移的经验时强调了两个95%：即95%的技术转移发生在大学、科研机构与企业的直接合作研究开发过程中，只有5%的技术转移通过技术许可或创办新企业来实现；而在后一种5%的技术转移中，其中95%是技术许可（主要是专利许可），只有5%是创办新企业（李国杰，2007）。因此，我们应该重视产、学、研联盟的研发平台，通过企业联合科研机构和大学共同承担重大计划项目，抢占领先产业的上游技术和产品。

（二）建立企业之间的技术联盟

企业技术联盟也称为技术战略联盟，是若干个企业联合起来致力于某一技术或产品的研究开发，实现技术资源优势互补的加强型组织，企业技术联盟既是企业技术创新的一种新的组织形式，也是企业之间技术转移的有效途径（刘高利，2007）。技术联盟与其他联盟区别的本质特征是：联盟成员必须具有互补性的技术资源，如果此种技术资源不具有互补性，便无法成为最佳的合作对象。技术联盟是阶段性的合作过程，随着环境或情况的变化，联盟成员的策略可能随之改变，因此技术联盟的组建应有确定的时间范围。

企业技术联盟的功能主要有以下几点：第一，节省研发费用，降低开发风险。在技术联盟中，成员之间是分摊研发费用，共享研发成果，同时成员之间的人力资源、仪器和设备资源共享，从而间接降低R&D费用，通过技术优势互补，加快开发过程，提高开发成功率，从而降低开发的风险。第二，扩大研发互动空间。在技术联盟中，单个企业在研发中的作用由于其他成员的配合会得到放大，通过“协同效应”联盟的作用大于所有成员作用之和，相对单一企业而言，技术联盟可从事更多领域、更大难度、更加高昂的研发活动。第三，技术联盟的内部机制充分实现了成员之间的技术转移，既提高企业竞争力，又抑制了企业过度竞争。在产品技术日益分散化的今天，已没有哪个企业能长期拥有生产某种产品的全部最新技术，企业单纯依靠自己的能力已经很难掌握竞争的主动权。为此，大多数企业的对策是尽量采用外部资源并积极创造条件以实现内外资源的优势增长。其中，一个较好的选择是与其他企业结成技术创新联盟并将企业的信息资源、技术资源在联盟范围内互相转移。

（三）企业与跨国公司的合作

随着经济全球化趋势的迅猛发展和国际竞争的日益激烈，跨国公司改变了过去高度集中的、在母国设立研发中心的传统布局，开始在全球范围内设立研发机构，并将这些分散的研发机构组成全球一体化的研究与开发网络，其研发组织形式发生了重要变化，出现了跨国公司研发活动的全球化与本土化的趋势。我国企业应抓住这一机遇，有选择性的与跨国公司形成战略合作伙伴，建立“内外结合”的合作链条，在融入跨国公司研发创新网络的同时也汲取跨国公司的研发资源，促使跨国公司的技术转移与技术溢出（伍建民，2009）。

跨国公司的技术转移以及与我国企业的研发合作的决策主要取决于在当地市场上的竞争程度与强度，激烈的竞争环境能有效地提高技术转移的速度。实践表明，促使跨国公司加快技术转移的动因，既不是强制性技术投入措施，也不是各种优惠政策，而是国内竞争态势的变化。因而，一定的竞争压力，以及公平、有序的市场环境将对跨国公司的技术转移起到持续性的刺激作用。只有存在强有力的竞争对手，保持市场的竞争性，才能促使跨国公司向我国企业转让最新技术，加快转让最新技术的步伐。

目前，我国企业与跨国公司研发合作的模式与类型主要有战略伙伴型、吸引投资型、技术引进型、人员外派型、本地化开发型、离岸外包、联合研发型、技术嫁接型、产学研结合型等。

（四）要善于识别和选择好技术

在技术转移中企业要有敏锐的技术眼光，对于企业来讲，一旦抓住主流技术和产品，企业就会取得长足的发展。如果企业能够在大家都还没有看清楚的时候，就能够准确的预测和判断哪一种技术是好的和主流产品，能够分析它的发展前景和市场前景，判断该项技术能够完全为我所用，就能提高技术转移的成功率。

技术转移的实践经验告诉我们，技术并不代表产品，一个技术如果不经过产品化、市场化，其实它的价值是不可能体现出来的。在被转移的技术中有很多技术其实并没有先进性和实用性，这种情况下必然会出现技术转化难的问题。因此，好的技术一定是能够产品化和市场化的技术，是技术市场上炙手可热的技术。目前，由于被转移的技术存在优劣之分，有些所谓非常好的技术，其实距离市场的要求还有很大差距，这就要求企业的决策者要有敏锐的技术眼光，善于识别和选择好技术。

（五）增强企业的技术吸纳能力

增强企业的技术吸纳能力是提高技术转移效果的前提条件和基本保证。增强企业的技术吸纳能力主要是提高企业的技术存量。技术存量包括企业的硬件和软件的实力，技术存量是动态的，如果没有技术增量的介入，技术接受方的技术存量会因人员的知识老化、实验仪器、设备性能相对落后等原因而自行衰减。技术存量是技术转移过程中不可缺少的技术资源，技术存量的调整与更新会给技术转移拓展新的领域和渠道，提供新的市场机会。因此企业需要完善硬件条件，如果当企业自身经济实力有限时，可以通过租赁、合作生产等方式来实现。在技术人力资本存量的更新方面，除了引进人才和建立企业知识学习、培训机制、激励机制以外，还可以采取对特殊人才不求所有，但求所用的方式来增强技术实力。

（六）技术转移中应高度重视专利许可

技术转移的关键在于技术能力的获得，即技术转移的接受方能够独立掌握转移的技术并形成相关的知识体系。而技术能力的获得在许多情况下是通过专利许可和专利授权实现的，专利许可和专利授权是技术转移的重要内容。一个企业的技术实力某种程度上可以通过其拥有的发明专利的质量与数量反映出来，专利的价值主要看质量，最有价值的专利是具有“必经之路”性质的专利，特别是通过多年基础研究获得的有巨大产业化前景的专利，这种必要专利的集合有可能成为未来的技术标准，而专利的交叉许可是构建专利联盟的前提，专利联盟的组建更进一步促进了技术转移。①

---

① 李国杰教授在《中国高校科技与产业化》2007 年第 5 期发表的《关于技术转移的战略思考》一文中举例佐证了“技术转移中应高度重视专利许可”的观点：我国某计算所有 20 多项专利经评审纳入 AVS 标准的专利池，专利池授权给整机企业使用，每台终端只收一元人民币，大大降低了企业之间的专利壁垒，这是我国技术转移的一个成功范例。

第九章 技术创新成果权利化中的特殊问题

第一节 基因的专利保护

一、问题的提出

基因是指DNA上决定生物一定遗传性状的碱基排列片断。发现某一基因就相当于读懂了一组生命密码。人们对生物基因的认识及应用会带来巨大的经济效益，但同时这也是个高投入、高风险的产业，因此许多人呼吁利用法律保护基因技术的发展。专利制度是创造者以公开其技术发明为代价来换取其对发明的一定期限的垄断权的制度。这种制度一方面使公众得以充分利用科学技术的成果，另一方面创造者也可以获得相应的报酬以继续创作为社会提供更多更好的成果。因此，专利这种体现精巧的利益平衡的机制应该是基因最合适的法律保护形式。由于发现某一基因后，其后继应用发明的数量会很多，发明者很难通过申请后继发明的办法完全阻止其他竞争者提出新的应用发明专利申请。所以必须对基因即DNA序列本身进行保护才能保护创造者的利益。要将基因纳入专利保护的范围存在两个关键性问题：基因的可专利性问题和基因的专利性问题。

二、基因的可专利性问题

基因是否具有可专利性体现为基因究竟是科学发现还是发明的争论。一方面，如果基因是发明，那么它就具有了可专利性，只要再通过专利性审查，即可实际获得专利保护。另一方面，如果基因是发现，由于科学发现不在专利主题范围内，不具有可专利性，就不能取得专利保护。

目前对这一问题大致有三种观点：第一种观点认为基因是自然界中客观存在的，是科学发现，不应具有可专利性。第二种观点认为基因具有可专利性，又有两种理由，一是认为分离出的基因序列已经脱离了最初的自然状态，是一种体现人类创造力的物质发明。二是认为基因虽是科学发现，但具备专利“三性”要求的特殊的科学发现仍是可专利性的。第三种观点是淡化发明与发现的区分，放弃基因可专利性审查，专注于其专利性审查。笔者认为不应回避基因的可专利性问题，基因究竟是发明还是发现可从专利法的历史发展及发明、发现区分方法的考察中寻找结论。传统专利法中的概念、规则和原理形成于第一次工业革命时期，因此对发明与发现的理解也是局限于当时的机械、电子、化学这几个领域，认为专利仅保护那些可以工业化应用的，具有技术特征的发明，而对那些科学研究的直接结果，没有实际用途的界定为发现，不受专利保护。可见传统专利法上区分发明和发现的标准是按该行为的结果是否具有工业上的应用性。但是随着科学的发展，特别是生物技术的发展，传统领域界定的发明与发现之别在此领域根本无法适用。因为生物技术的特征就是具有自然属性，研究对象就是自然界存在的物质，如果以传统概念来对待生物技术，那都是发现。但是生物技术的蓬勃发展已经表明它巨大的市场潜力，许多成果可以直接导致产业应用，如果还以技术标准来判断，这个领域中开发和使用的许多值得专利保护的发明也会受传统专利法的忽视。

从各国的立法来看，通过专利法逐步加强了对这一领域的发明和保护。如欧洲专利局异议审查小组于 1994 年 12 月 8 日裁定分离和表达人体蛋白编码 DNA 片断时发现，所申请的 DNA 片断是有具体结构和用途的全新产品，因而可以授予专利权。特别是美国最高法院关于“查克拉巴蒂”案的判决被称为生物技术专利保护发展史上的“里程碑”。其意义不仅在于标志着微生物本身可成为专利的主题，更为重要的是从观念上明白无误地肯定了所有生命有机体可以成为专利主体，让人们认识到经过提纯的自然物质已经脱离了最初混沌的自然状态，并使得具体应用成为可能，因此应当视作人类创造性劳动的产物给予专利的保护。由此，从专利法的发展与科学发展两方面得出以下结论：第一，专利法对发明的理解必须考虑到最新的科学知识发展。第二，生物技术具有生物学特征不构成排除专利法保护的理由。第三，在生物技术领域，区分发明与发现的方法应是是否存在人为干预和再现能力。因此如果只是单纯地知悉基因，如对人类基因组图谱的测绘，由于这仅仅是揭示了自然界的客观存在，是科学发现，不具有可专利性。但是如果从客观存在的全长 DNA 序列中选择特定的片断，第一次用技术的手段将其分离出来或克隆出来，使其显示出特有的应用价值，进而可开展相关工业应用，那么此时的基因已经与先前自然状态下的一般自然发现大不相同了，它是一种体现人类创造力的物质发明。

在实践中，对基因的该种理论解释已在专利立法中充分体现。1998 年 7 月 30 日生效的欧盟《关于生物技术发明的法律保护指令》在第 20 项、21 项立法理由中阐明："基于一个从人体分离出来的元素或通过其他技术方法获得的发明，只要有工业实用性，就未被排除可专利性，即使该元素的结构与自然元素的结构相同"，"从人体中分离的或用其他方式产生的元素未被排除可专利性，因为该元素是用技术手段进行区分、提纯、分类或在人体之外复制而产生，并且这是一些人类自己能独立付诸实施但自然界自身不能完成的技术"。

尽管世界各国在基因专利保护方面始终存在争议，但却都在积极稳妥地探索和发展。国际公约和各国的国内立法，发展了基因专利法律的理论和实践，鼓励与促进了基因的研究和开发，各国争先恐后地加紧基因的基础研究，破解生命的密码，并依照国内法和国际法的规定，取得包括专利权在内的知识产权。对此态势如果我们依旧熟视无睹，就很难跟上国际知识产权保护的步伐，更谈不上保护和促进我国生物工业的发展，因此应在我国对基因进行全面的专利保护。

从我国现有法律来看，1993 年《专利法》首次修订后，"用化学方法获得的物质"被正式纳入我国《专利法》的保护范围。而遗传物质如基因、DNA、RNA 和染色体等都属于生物化学物质，因而也可以像其他化学物质一样被授予专利。目前，包括我国在内的世界上绝大多数国家专利立法都明确给予微生物专利保护，基因的专利保护完全可以鉴此执行，并且我国《专利审查指南》[①] 关于天然物质的规定也指出：人们从自然界找到以天然形态存在的物质，仅仅是一种发现，属于专利法第二十五条第一款第一项规定的"科学发现"不能授予专利权；但是，如果是首次从自然界分离或提取出来的物质，其结构、形态或者其他物理化学参数是现有技术中不曾认识的，并能被确切地表征，且在产业上有利用价值，则该物质本身以及取得该物质的方法均可依法授予专利权。

三、基因的专利性问题

1. 新颖性

关于基因的新颖性问题，学术界基本上达成了一致意见，即虽然某些物

① 我国新《专利审查指南》是在 2006 年版基础上，根据 2008 年修改以后的《专利法》和 2010 年修改后的《专利法实施细则》再一次修订，于 2010 年 1 月 21 日公布，2010 年 2 月 1 日施行。

质在自然界客观存在，但以前人们无法将其分离出来并稳定地再现，也没有准确完整地认识其结构、功能，那么一些发明人完成了上述工作，对自然物质的揭示也被视为具有新颖性而成为专利客体。因此对基因的揭示也可具有新颖性，但如果申请的序列已经被部分或全部公开，则其缺乏新颖性。基因专利新颖性的审查与其他专利新颖性的审查没有任何实质区别，同样是参照各种期刊及一些公共或商业基因数据库中公布的信息，如申请中宣称的序列已经部分或全部被公开过，则申请的序列就缺乏所谓的新颖性，反之就具有新颖性。

2. 创造性

关于基因的创造性，不能以获得该基因的方法来判断，也就是说，不管获取基因的方法再简单，只要基因本身具有生物学上明确的特性，就应该获得专利保护，无创造性的方法并不必然带来无创造性的结果。如美国最初对基因专利创造性的审查判断，一般是先审查判断“物”的创造性，然后审查判断“方法”的创造性。后来美国放弃了这种对基因专利创造性的审查判断标准，但同时强调基因序列的创造性，审查仅仅依据该序列先前是否已经被揭示。而我国 2001 年修订的《专利审查指南》对基因序列申请专利的创造性正是参照了美国的非显而易见的标准，即认为基因序列的创造性并不取决于辨别基因序列的方法，而是取决于 DNA 分子结构或蛋白质的氨基酸排列序列。

3. 实用性

基因能否获得专利保护关键在于其是否具有实用性。所谓实用性，是指一项发明创造能够在产业上进行制造或使用，并且能够产生积极的效果。在生物技术领域，美国专利与商标局在著名的 Brenner 诉 Manson 案中认为申请人没有揭示其发明的化学方法所制造的化合物的实际用途，因而该方法不具备实用性，也就是说，除非物质本身能产生积极效果，否则生产该物质的方法以及该物质本身都会因不具实用性而遭拒绝。这个案例为严格、清晰地界定基因的实用性标准开启了思路。但是，随着在全球生物技术领域势力范围的扩大，美国逐渐降低了实用性标准，直到 2001 年 1 月 5 日《基因专利指导》的发布，才重新确定了较为严格的实用性标准，即必须证明发明具有可信的和具体的用途。

从基因的工业化应用来看分为两个层次，首先是基因序列本身可以用于染色体鉴定、基因标记、染色体作图、法医鉴定、蛋白质的三相探针等，其次就是 DNA 或其中基因信息所编码表达的蛋白质的应用。前者的应用主要是作为研究工具使用，它还不完全具备工业实用性。因此笔者认为基因的实用性应严格地确定为必须说明，DNA编码的蛋白质的实际产业应用，即当基因或部分基因用于生产蛋白质或其中部分时，有必要指明生产了哪种蛋白质或某种蛋白质的哪个部分或指明其可实现什么功能。如果没有确切说明其所编码的是何种蛋白质以及该蛋白质有何实际产业应用的基因，将因缺乏工业开发价值而失去专利保护的可能。

从实践来看，我国对基因专利的实用性要求比较严格，这是符合我国基因技术发展和产业利益需要的。如果有人对某一基因序列申请专利权，发明人必须首先将该基因分离，同时还要具体说明该基因序列的产业应用价值或该基因的功能，例如，利用该基因如何改造现有动植物品种的遗传特性，如果是利用该基因技术制造该基因序列所编码的蛋白质，需指出该蛋白质的基本用途。如果发明人只是简单地指出用先进的基因自动测序工具测出某一基因序列的碱基排列而没有指出其任何用途或功能，或者走得稍远一点，指出该基因同某一遗传现象的关系，并不能满足专利法对基因序列的实用性要求。那么，该发明人并不能对该基因序列申请专利。同时还要有实例或具体、可靠的数据以让该技术领域的普通技术人员确信其产业应用价值或功能是可信的。否则，基因专利的实用性标准就未能达到，从而不能得到专利法的保护。

四、对我国基因专利保护的启示

按照我国《专利法》的规定，基因专利视作一种化学物质专利来加以保护，参照对微生物的做法，可承认基因为发明。在专利性问题上，除规定基因应符合专利法上一般的“三性”要求外，在实用性上应提高审查标准。笔者建议中国的审查指南应加强实用性审查。一般而言，满足实用性要求的技术方案不能违背自然规律并且应当具有再现性，最后有积极性的效果，就可以被认为是有实用性的。也就是说，我国《专利法》中的实用性仅仅要求能够应用，而不要求已经应用。宽松的实用性要求会使得基因专利的获得变得容易，发明人只需要获得了某个遗传物质，而不知道它将会产生的具体作用，也是可以获得专利的。基因研究的目的不是为了单纯地积累数据，检测出各种生物碱基排列方式固然是基础，但更重要的是要探究基因组的功能，查明基因与疾病的关联，确立新的诊断及治疗方法。因此应提高实用性的审查标准，把“能够应用”改为“已经实施”，要求申请人只对已经有具体用途的遗传物质申请专利，同时也就限制了专利权利要求的范围，保证公共利益不会受到侵蚀。另外，考虑到由于我国在生物技术领域与发达国家的差距仍然比较大，短时间内还无法与国外抗衡，政策从严有利于民族工业的发展。因此对基因的实用性判断应基于编码的蛋白质的实用性原则。

基因专利的保护范围，可从以下几个方面考虑：①基因序列在满足相应条件后应可作为保护范围，对于一个首次发现的基因序列，如果要对该序列申请专利权，发明人应该能够通过相应基因工程技术将其分离出来，能够通过实例证明其具有相应的功能并且能够预见其实际的工业应用价值。②对专利基因的同源序列，不应一概给予保护，对于该专利基因的同源序列，应对其同源性设一个适当的比例，当同源性达到或者超过该比例时，可对该基因给予专利保护，若同源性低于该比例则不予保护。③对含专利基因的动植物后代和种子，不能一律给予保护，第一次制造该专利基因的权利应属专利权人，只有专利权人才可以制造该基因，反过来说，该专利基因的保护范围应仅局限于通过该专利基因直接获得的动植物产品。④对专利基因尚未发现的功能不能作为该专利的保护范围，而应在某功能被发现后另行授予用途专利，在对首次发现的基因序列授予基因序列专利之后，如果后人在该基因序列专利的基础上又发现了该基因新的功能，且具有一定的工业实用性，应该授予该功能用途专利。

五、基因专利与基因资源的保护

基因专利赖以存在的基础即基因资源。基因资源包括动植物基因资源以及人的基因资源。在基因资源中真正有价值的是载体上的遗传信息，而不是基因本身，这些遗传信息在绝大多数情况下又都不是提供者自己“创造”或独有的，而是通过世世代代的生物学方法由非单一的上代所“赐予”的，是无条件、无选择“继承”的。一个与基因有关的发明之所以能够取得专利，并不仅仅是因为该基因所体现出来的遗传信息，而是因为这些遗传信息得到了新的利用。基因专利也就是研究者发现了基因所体现出来的遗传信息，并找到了利用这些遗传信息的方法（王震，2007）。因此，笔者认为，基因提供者只是提供了实验的原材料，并没有对后续基因技术的产生付出创造性劳动，然而，这种可获得专利的基因的新的利用是研究者智力劳动的成果，应由研究者享有。尽管基因提供者或许根本不知道他所提供的基因样本到底包含有哪些遗传信息，更不知道如何利用这些遗传信息，但是，如果离开这些遗传信息，所谓的基因专利就不可能产生。因此研究者利用了提供者的基因资源，对于这种利用行为，基因提供者自然可以收取必要的费用，分享基因专利所带来的经济利益。

基因资源的提供者可以为不同的主体，如动植物基因资源，其提供者是国家，而特定的人的基因，则拥有相同基因的整个民族或群体都应当是其潜在的提供者。从全球范围看，基因资源在各国的分布是不均衡的，大多数发达国家的基因资源并不丰富，而大多数发展中国家的基因资源却非常丰富，如动植物品种主要集中在发展中国家；在人体基因资源方面，发展中国家因其工业化程度较低，人口流动性不大，很多独特的基因谱系得以完整地保存下来。但是，在生物技术领域，发展中国家远远落后于发达国家，因而无法像发达国家那样自行对基因资源进行开发利用。发达国家利用发展中国家的遗传资源开发先进的技术，享有独占权，并获得巨额回报；甚至转回来限制发展中国家对某些产品的生产或出口，或者要求发展中国家支付专利使用费。虽然发达国家做出了某些改进，但生物技术新产品、新方法的基础却是基因资源，而发展中国家的上述资源往往先是被轻松而且几近无偿地利用，本就一无所获，更何况所开发的技术一旦被发达国家获得专利保护，发展中国家还要丧失以原本正当的方式使用这些资源的权利。因此实现基因专利经济利益的分享具有现实的必要性和紧迫性。

1992 年 6 月 5 日，各国在巴西里约热内卢缔结的《生物多样性公约》（简称《公约》）的目的就是保持生物多样性，持久利用其组成部分以及公平合理地分享由利用遗传资源所产生的利益。《公约》确认：成员国对其境内的生物多样性享有主权，而且对其保护负有全权责任；各缔约国可以自行决定基因资源的管理，可以将基因资源规定为财产，可以规定利用基因资源和与此相关的传统知识的条件；各个主权国家，包括发展中国家和不发达国家，都有权就利益上的分享做出法律上的规定（贾小龙和王敏，2006）。据此，知识产权的保护不妨碍各成员规范基因资源的保护和利用，《公约》也不禁止他人利用基因资源做出发明并获得专利或其他制度的保护。《公约》在第十五条、第十六条和第十九条中还就利益分享的模式做出了规定，主要是：①保证资源提供国参与科学研究，即利用其他国家提供的遗传资源从事开发和进行科学研究时，应力求资源提供国的充分参与，并且在可能的情况下，在资源提供国的境内从事开发和进行科学研究。②向基因资源提供国转让技术，即各国应当酌情采取立法、行政或政策措施，以期根据共同商定的条件向遗传资源的提供国，特别是其中的发展中国家，提供并转让利用其遗传资源的技术，包括受专利和其他知识产权保护的技术。2001 年联合国粮农组织通过的《粮食和农业植物遗传资源国际条约》也包含了粮食和农业植物基因资源惠益分享的内容。

我国《专利法》、《种子法》、《野生动物保护法》和《人类遗传资源管理暂行办法》都对我国基因资源的主权原则有所规定。新修订的《专利法》已于 2009 年 10 月 1 日实施，对遗传资源（包括基因资源）的利用和保护进行了特殊规定。《专利法》第五条规定，对违反法律、行政法规的规定获取或者利用遗传资源，并依赖该遗传资源完成的发明创造，不授予专利权。因此在申请专利时，当发明创造与遗传资源相关时，专利申请人应当证明有关遗传资源的合法性。对此，《专利法》第二十六条中增加了一款规定，依赖遗传资源完成的发明创造，申请人应当在专利申请文件中说明该遗传资源的直接来源和原始来源；申请人无法说明原始来源的，应当陈述理由。从而在法律层面上加强了对基因资源的管理，保障了基因资源的利益共享。我国《人类遗传资源管理暂行办法》第十七条规定："我国境内的人类基因资源信息，包括重要遗传家系和特定地区基因资源及其数据、资料、样本等，我国研究开发机构享有专属持有权，未经许可，不得向其他单位转让。"第十九条规定，中外机构就我国人类基因资源进行合作研究开发的专利权，应由双方共同申请专利，专利权归双方共有，由双方根据协议共同实施或分别在本国境内实施，但向第三方转让或者许可第三方实施，必须经过双方同意，所获利益按双方贡献大小分享。

从实践来看，发达国家与发展中国家在生物遗传资源利用上有代表性的利益分享模式目前主要有四种：①哥斯达黎加国家生物多样性研究所——默克公司模式，这一模式是由哥斯达黎加国家生物多样性研究所与默克制药公司签订协议，由前者提供 1 万份植物、动物、土壤里提取的化学样品给默克制药公司，后者支付 100 万美元现金和价值 13 万美元的仪器；另外后者同意由其中任何一种样品转化为产品或者以其为基础改进的产品进入市场后，以全球销售额为准向哥斯达黎加国家生物多样性研究所支付一定比例的许可费。②美国国家癌症研究所模式，承诺样品的提供国可分享由这些天然样品的商业化得到许可费的一部分，并且在美国的实验室为这些国家的少数科学家提供培训。③沙曼制药公司模式，同样是向样品提供国给付产品许可费。④国际生物多样性组织模式，在此模式之下资源国的回报率是1%～3%的使用许可费，以及为其提供有限的科学家的培训（卜英浩和朱雪忠，2002)。

通观四种模式，其实质均在于一定程度上分享由发明创造所得的利益。但是这样的模式其合理之处在于双方共担风险，但是最大的弊端在于发展中国家不能利用专利技术开发后续的技术或产品。对于生物技术也有着一定水平的我国来说，显然并非绝对有利。实际上，在《人类遗传资源管理暂行办法》中规定了知识产权共享模式①，"合作研究开发成果属于专利保护范围的，

---

① 《人类遗传资源管理暂行办法》第三十条规定："中外机构就我国人类遗传资源进行合作研究开发，其知识产权按下列原则处理：a. 合作研究开发成果属于专利保护范围的，应由双方共同申请专利，专利权归双方共有。双方可根据协议共同实施或分别在本国境内实施该项专利，但向第三方转让或者许可第三方实施，必须经过双方同意，所获利益按双方贡献大小分享。b. 合作研究开发产生的其他科技成果，其使用权、转让权和利益分享办法由双方通过合作协议约定。协议没有约定的，双方都有使用的权利，但向第三方转让须经双方同意，所获利益按双方贡献大小分享。获得上述信息的外方合作单位和个人未经许可不得公开、发表、申请专利或以其他形式向他人披露。"

应由双方共同申请专利，专利权归双方共有……所获利益按双方贡献大小分享”，这种权利共享的模式显然对我国境内的人类遗传资源的保护更为有利；并且，知识产权归属共享的模式，也确保了后续研究的权利，同时也便于我国在研究过程中向外方学习先进的生物技术。

《人类遗传资源管理暂行办法》在保护中国遗传资源方面起到了一定的作用，但是其中还有许多不完善的地方，例如，规定的太笼统，操作性不强，尤其是保护对象只局限在人类遗传资源方面。首先，我国不仅是人口大国，也是农业大国，动植物基因资源同样也很丰富，相关的保护措施也亟待建立和完善。其次，我国生物遗传资源的管理体制也亟待完善。在生物遗传资源管理方面，我国没有明确国家一级的牵头主管部门及相应的管理机构，各部门分工不明确，在工作上存在着交叉、重复和遗漏现象。一些职能部门既负责开发利用资源，又负责保护管理资源，缺乏有效的制约机制。因此需要在立法层面上完善共享的制度。

第二节 计算机软件的专利保护

一、对计算机软件现行保护模式的利弊分析

（一）计算机软件的概念与特征

对于计算机软件的概念，世界各国目前并没有达成一致的定义。大多数国家和国际组织都参考了 WIPO 对计算机软件定义的基本原则和理念，并结合本国的实际情况加以修订。1978 年 WIPO 发表了《保护计算机软件示范条款》，在这一示范条款中对计算机软件作了如下定义：计算机软件包括程序、程序说明和程序使用指导三项内容。“程序”是指在与计算机可读介质合为一体后，能够使计算机具有信息处理能力，以标志一定功能、完成一定任务或产生一定结果的指令集合。我国《计算机软件保护条例》中对“计算机软件”的定义是：计算机软件是指计算机程序及其有关文档。计算机程序，是指为了得到某种结果而可以由计算机等具有信息处理能力的装置执行的代码化指令序列，或者可以被自动转换成代码化指令序列的符号化指令序列或者符号化语句序列。在世界上除了我国以外，其他国家并不将文档视为计算机软件。从各国对计算机软件的定义来看，计算机软件的主体就是计算机程序，计算机程序就是同一定设备结合直接或间接地使计算机执行特定功能或任务，产生特定结果的指令序列。计算机程序是用低级或高级编程语言进行编写，编

写程序的过程即是计算机指令的组合过程，通过指令的组合，使计算机程序驱动硬件执行一定功能或任务而产生预期的结果。计算机软件主要就是指计算机程序，对计算机软件专利性的探讨，主要是对计算机程序专利性的探讨。

具体而言，计算机软件有以下几个特征。

1. 计算机软件具有作品性和工具性两重特点

计算机程序包括源程序和目标程序。源程序是编程人员用计算机汇编语言或高级语言编写的程序，是智力创造成果，表现为一些数字、文字和符号的组合，并能用磁带、磁盘、光盘、纸张等媒体加以固定，这与传统的文字作品有极大的相似性，即具有作品性。当源程序输入计算机后，计算机内存的编译程序或翻译程序会自动将其转换成二进制代码，并存入硬盘或软盘，直接用于驱动计算机硬件工作，使计算机系统能发挥其各项功能，从而获得一定的结果，因而目标程序又具有工具性的特征。因此，计算机程序又是一种实用工具，是人们用来解决特定问题的一种技术手段。计算机程序整体形成了解决特定问题的一个技术方案，其中包含算法模型，组织结构和处理流程等技术设计，也包含很多科学规律、经验方式和经验数据，其中不少是开发者所特有的创造发明和技术诀窍。因此计算机软件既是作品，又是工具，是作品性与工具性相结合的智力成果。

2. 计算机软件的构思与表达多样性

同一个设计思想的软件，可以较容易地用不同表现形式表达出来，即同一个计算机程序可以用不同的程序语言、不同的代码、不同的符号、不同的固定载体表现。同时，同一结果可以用不同构思的软件表达。具有同一功能、能产生同一运行结果的计算机程序未必是同一个计算机程序，可以是多个不同的计算机程序。

3. 计算机软件研制开发复杂、成本高，复制改编容易、成本低，易侵权

计算机软件特别是大型软件，开发工作量大、周期长、投资额高、商品化难度大，但是复制却很方便，其内容可以原封不动地复制到其他计算机、磁盘等载体中，对使用效果也不会产生任何影响。而且非法复制或出售其复制软件的成本非常低。同时，计算机软件的改编也很容易，将他人的源程序改编成形式截然不同，实质内容完全一样的新程序是非常简单的。同时，由于计算机软件的技术特征只体现在计算机程序的运行过程中，而不表现在运行的结果上，再加上许多算法、设计方法是软件人员共享的知识，因此计算机软件的侵权有隐蔽性，要提供侵权的证据较为困难。

4. 计算机软件的更新速度快，生命周期短

一般而言，软件的寿命为 3～5 年，较短的为 1～2 年，甚至更快。而且，随着计算机技术的蓬勃发展，软件的更新周期将会越来越短。

（二）主要保护模式利弊分析

1. 著作权法保护模式

1972 年，菲律宾将计算机软件列为国内著作权法的保护对象，成为世界上第一个用《著作权法》保护计算机软件的国家。而这种做法在被美国效仿之后，为更多的国家所接受（单杰，2007）。在当今世界各国关于计算机软件的立法模式中，通过《著作权法》对其进行保护是一个主要途径。计算机软件具有的作品性使其具有的表现形式以及其易复制性，都与传统意义上的作品极为相似，就连侵犯软件权利的方式也主要是复制、抄袭等，因此计算机软件被纳入著作权法的保护范围是一件自然的、合理的事情。著作权为计算机软件保护提供了方便快捷的保护手续、广泛的保护范围，能够及时、有效地保护著作权人的权利。

这种保护模式的优点在于：①获得保护的手续方便快捷。著作权法的自动保护原则，使得软件不需任何特别的申请法律程序就可以得到保护，节约了软件开发者的时间和成本，使得保护及时、简易，随着开发的进度而自然受到保护。②保护范围广泛。著作权法要求保护对象达到的标准不高，无须创新性，只需有独创性。只要软件具备了形式上的独创性即可，即只要是由软件开发者独立创作完成的，即使在软件之间存在相同或相似的内容，也可能获得著作权。也就是说，即便是同一种构思，相同的算法也可以以不同的表达方式实现，只要符合独创性，就可以有著作权。这使得几乎所有独立开发的计算机软件都能满足软件的独创性条件，进而获得著作权保护。③能有效防止复制、抄袭。由于计算机软件自身易复制的特点，其最容易受到侵害的方式就是他人未经允许擅自复制计算机软件的编码和擅自销售计算机软件编码的复制品。著作权法能够赋予权利人最实质性的排除复制权。软件权利人有权禁止他人未经允许进行任何形式的复制。④保护国际化。世界各国普遍建立了著作权制度，而且像《伯尔尼公约》、《世界版权公约》等国际条约也吸引了众多国家和地区的加入，无须各国再耗费时间、精力订立新的专门的软件保护多边公约。因此，计算机软件较容易获得国际化的著作权保护。

当然，著作权法保护也存在自身无法克服的缺陷，具体表现在以下几个方面：

（1）著作权法只保护思想的表达形式而不保护思想本身，这就无法有效保护计算机软件最有价值的部分。计算机软件不仅具有作品性，更具有工具性，而其工具性才是软件最具价值的部分。也就是说，计算机软件的构思技巧和技术方案是一部计算机软件成功的关键。一般来讲，软件开发人员的大多数劳动都消耗在软件的功能限定和逻辑设计中，这种劳动的支出才是软件编制成功的前提和基础。对计算机软件来说，其表达形式可以是多种多样的，例如，相同的构思和方案可以通过不同的设计语言和软件平台实现，这样，他人只需采用与著作权人不同的软件编制形式，即使抄袭了别人的构思和方案，在著作权法上并不构成侵权。著作权法仅保护表达而不延及思想的这一特性，对于能否有效地运用著作权法保护计算机软件来说是致命的。著作权法更多的情况下只是对盗版这种“低级”的侵权方式予以制裁，而对于通过抄袭思想改变形式的这种手段相对“高明”的侵害著作权人利益的行为，著作权法无法实现对计算机软件的有效保护。

（2）著作权法保护期限过长，与计算机软件生命周期短不相适应。根据著作权法对保护期的规定，软件的著作权保护期可长达50年，而计算机软件的一大特点是淘汰率高、更新速度快，著作权法所提供的保护期限显得过于久长，对一个已经被淘汰的软件仍提供保护，为他人在此软件之上的继续开发设置了障碍，不利于软件产业的发展，有损于公众利益。

（3）著作权的合理使用原则与计算机软件权利人实现利益造成冲突。软件是实际价值体现在其工具性上，软件只有在被实施的情况下才能实现其真正价值。但是，根据著作权法的规定，有许多合理使用的情况，如仅以学习和研究软件内含的设计思想和原理为目的使用软件，属于合理使用，不构成侵权。软件存在的易复制性，使得越来越多的人利用该原则而获得无偿的使用，这无疑会给软件权利人造成利益损失。

（4）无须公开性易造成技术垄断。如同其他作品一样，计算机软件的著作权保护是自动取得的，著作权法并不要求设计人公开计算机软件的技术内容为代价。一般而言，计算机软件的用户只是能够得到目标代码，但是却无法得知源代码。源代码是一种软件的基础编程语言，知道软件的源代码就可以知道其软件的运行规则，对一般的软件企业来说，公开源代码可以为其他的软件开发者提供一种平台进行重新编程，进而开发其自己有知识产权的软件。尤其是大型的系统软件，在没有得知源代码的情况下，不可能编制出完全兼容的计算机软件。这样容易形成大型的计算机软件公司对市场的垄断，阻碍了科学技术的进步。此类最著名的案例莫过于美国微软的源代码不公开而形成的事实垄断。

2. 专利法保护模式

专利法保护的核心就是保护有创造性的技术思想本身，与著作权法相比，用专利法保护计算机软件更符合保护技术思想的需求。因此美国、日本和欧盟等都逐步加强了计算机软件的专利保护。

专利法保护的优点在于：①能有效保护“设计思想”。专利法提供了保护以技术语言表述的具有独立创造性的设计思想的基础，即通过保护技术方案保护设计思想。用专利法保护计算机软件发明，可以使软件中所含的观点和信息以及计算机软件的方法和算法得到保护。这样，面对高水平的“剽窃”行为，如反向工程，法律仍然能对计算机软件的专利权人权益予以有效的维护。②能赋予权利人独占权。专利保护具有强烈的独占性、垄断性，一旦计算机软件被授予专利权后，其他相同或相似的软件就再也不能取得专利权。这对强调保护计算机软件思想即软件构思技巧、技术方法的计算机软件开发者是十分重要的。这样它既可极大地满足软件权利人排他性的权利要求，也能够极大地调动权利人开发软件的积极性，有利于计算机软件的开发创新。③公开性的要求可以促进技术的发展。获得专利的计算机软件需要公开全部的技术方案，使人们能更清楚地了解软件的设计思想，从而有利于新的改进，还能避免同类软件的重复投入、重复开发，促进软件技术的进一步发展，在一定程度上会为新的创新提供便利。④《专利法》的保护期限要短于《著作权法》的保护期限，这与软件的平均商业寿命周期相一致。缩短独占的期限，也可以促进软件业更加努力地开发新产品以更快地收回成本，并且可以提高社会经济大循环的周转速度。

同时，专利制度保护也有一定的缺陷，主要表现在以下几个方面：①专利申请的手续复杂，时间过长。申请专利需要履行一系列的法律手续，在专利被批准前，经过 18 个月到 3 年的审查期限，而软件的更新很快，其生命周期极短，在这段时间里，一件应用软件产品的畅销期可能已经过去，但专利权尚未获得批准。这与计算机软件高开发、高淘汰的客观情况不相适应。②专利审查程序复杂，门槛很高。专利法可以堪称知识产权法领域内最为严格的法律，这主要体现在发明专利要想获得专利权，在实质审查中就要符合新颖性、创造性和实用性的“三性”要求。就目前而言，在我国只有极少数计算机软件能够符合传统专利审查之“三性”要求。如何确定审查标准，成为专利保护的一大难点。

3. 商业秘密保护模式

在运用著作权法和专利法保护计算机软件之前，软件所有者大多是通过商业秘密的有关规定来保护他们的软件权利的。当现在国际上大多数国家纷纷将软件纳入著作权法保护范围时，与计算机有关的某些数据和信息仍受商业秘密的保护。对于计算机软件来说，著作权法保护其表现形式，专利法保护其技术构思。商业秘密法比较适合保护那些达不到专利“三性”要求，而著作权法又无法保护的技术诀窍等。软件的商业秘密包括软件的技术信息和软件的经营信息。其中软件的技术信息包括：①软件的开发计划；②软件的设计说明书；③软件的算法模型；④软件的功能性规格；⑤软件的流程图；⑥软件的源程序清单；⑦软件的测试计划；⑧软件的测试结果等。软件的经营信息包括：①软件的业务经营计划；②市场开拓计划；③市场销售情况；④财务情况；⑤客户名单，客户分布需求等。此外计算机界的人员流动是最频繁的，通过采取与职工签订保密协议等保密措施，将计算机软件作为企业的商业秘密，是一种保护计算机软件的有效方法。

商业秘密保护方式的优点在于：①保护范围较广。商业秘密法对软件的保护较为全面，不需要像著作权法那样讨论是表达方式还是技术构思，也不需要像专利法那样考察是否满足新颖性、创造性、实用性等要求。无论是软件本身还是与包含计算机软件的相关资料，只要权利人的技术信息和经营信息不为公众所知悉，权利人又采取了必要的保密措施，那么任何采取不正当手段获取软件的技术秘密的行为都是违法的。②保护无须履行复杂的手续，保护期限长。软件获得商业秘密法保护不必经法定形式的登记或申请，软件是自动取得商业秘密权的，商业秘密向软件提供保护或者制裁侵权者也不以申请或登记为前提，便于对软件权利的保护。商业秘密的保护期限是不受限制的，只要软件权利人的保护手段有力，就可以无限期地将软件的技术信息作为商业秘密保护。在此期间，权利人可以自愿选择是否通过合同、雇佣、业务等关系将技术秘密传授给他人，这有利于软件权利人在保持技术秘密垄断的同时，获取经济效益。

同时商业秘密保护方式也存在缺陷，主要表现在以下几点：①保护脆弱性。商业秘密的保护方式是一种消极的保护方式，它较多地依赖于软件所有人小心谨慎的自我保护。计算机软件的秘密性，可能因为权利人的保护不当而丧失。一般而言，因为保密措施得力，商业秘密保护方法对开发中的软件保护较有效，而对于开发完成投入流通的软件，由于反向工程等方式使其丧失秘密性。商业秘密不具有排他性的权利，不能排除他人通过合法手段获取权利人采取保密措施的信息。对计算机软件而言，权利人不能阻止合法购买者通过对计算机软件的反编译，得到软件的源代码。而软件的源代码正是开发者采取保密措施的软件核心秘密。当然，商业秘密的拥有者无意的泄密或负有保密义务的第三人的非法泄密行为也有可能导致软件商业秘密保护的失败。而且商业秘密的保护通常是事后救济，难以获得事前保护。权利人在自己的技术秘密被他人复制或通过其他手段侵权后，可以获得损害赔偿。但是与此同时，权利人的技术信息一旦传播出去为公众所知，就不再具有秘密性，他无法再为他的技术信息寻求商业秘密的保护。②易垄断性。用商业秘密法保护软件不利于对软件的后续研究和改进，可能会对公众合理使用的权利造成不适当的限制，且易引起行业的垄断。因为软件权利人将技术信息作为商业秘密加以保护时，事实上形成了对现有信息的垄断。其他人无法从权利人处获得这一技术信息，那么其他人就要自己研究开发。这就出现了对已经存在的技术信息重复开发、浪费资源的状况。这会在一定程度上阻碍软件产业的发展，同时又降低了知识在社会上的共享程度。

从以上的分析中我们可以看到，现有的主要的计算机软件法律保护的有关规定都存在各自的优点和缺点，如著作权法从软件作品性的角度保护其表达形式，专利法从软件工具性的角度保护软件的技术思想，而商业秘密法的优势在于保护尚未公开的软件和处于开发过程中的软件。在各国的法律实践过程中，往往将著作权法、专利法、商业秘密法、商标法、合同法、反不正当竞争法等多部法律的有关规定结合在一起综合保护。

二、计算机软件专利保护

（一）计算机软件专利保护的必要性

长久以来，计算机软件一直被排除在专利保护范围之外，其中最主要的原因就在于人们将计算机软件算法等同于数学算法和智力活动的规则和方法。但是随着软件产业的发展，今天的软件已由当初简单的数学算法实施演变成了新兴的、独具价值的、能够实现各种功能和解决各种问题的高新技术手段。作为这一新兴技术中最有价值的、核心的技术思想的软件算法本身也发生了变化，实际上是一种应用算法，即结合实际应用环境来解决某一个工程问题的算法。它已是某一个具体问题的技术解决方案，是有理由纳入专利保护范围的。

随着软件开发的发展，软件所含有的技术思想越来越重要，成为软件的核心价值所在。最初的软件开发，软件的功能以数值计算为主，软件基本上是已有数学逻辑算法的程序化。软件设计人员将其主要精力都花在如何将已有数学算法转化为计算机语言代码的工作上，因而软件中的逻辑构思并不复杂。可以认为，在这一阶段，软件中的“表达”成分要远远高于“思想”成分，因此用版权法保护软件就可以达到目的。随着科学技术的发展，由于采用了以高级语言为开发工具，面向对象的设计模式，软件的结构变得日益复杂，功能也日趋强大，软件代码的实现工作在整个软件开发过程中的重要性日益降低，而软件结构、流程等的设计则变得更加重要。在这一阶段，软件中“表达”成分的作用正在弱化，而“思想”成分的作用则不断得以强化。这种变化使得对于软件的专利保护成为可能。现在，软件开发过程中大量使用的是已经标准化了的软件模块，代码的实现工作将很少存在，软件的开发基本上等同于按照设计思想对组件的组合，实质上就是一个技术方案的实现过程。在这一过程中，软件的作品性进一步退化，而思想性则得以凸显，也就是说软件中的“表达”成分已经基本让位于“思想”成分。这就使得通过专利保护软件成为必要。

从计算机软件的侵权方式来看，最初，软件的侵权方式主要限于直接复制他人的计算机软件或软件代码，而这种复制正好是版权法的规制对象，所以在这种情况下，版权法就成了软件保护的首选方式。随着软件技术的发展，而这时软件的侵权方式也悄然发生了变化，软件的侵权技术有了明显的提高，不抄袭软件代码而编写出与其结构功能相同的实质性相似的软件已没有什么技术上的障碍，这种侵权方式很难说侵犯了软件开发者的版权。软件所含有的技术思想被排除在版权法的保护之外，而这些逻辑构思和功能设计正是软件的核心价值和开发者的利益所在，版权法已经无法阻止这些侵权方式了。版权法只能在制止盗版这样的低级侵权上发挥有限的作用，而对待反向工程那样的高级侵权就无能为力了。当版权法保护的缺陷依靠其自身无法弥补时，专利保护的优势再次表现出来，专利法的严格性恰恰弥补了版权法的不足，同时也满足了软件产业的要求，即更为完善、更为合理的方式保护软件的要求。可见，软件技术的发展和侵权方式的变化使软件专利保护作为一种现实的选择成为制度选择的必然。

激烈的市场竞争使软件企业技术独占的要求日益强烈，而专利的保护无疑最有利于实现其独占要求。计算机软件的开发企业可以凭借其软件专利垄断市场，这种经济利益和国家利益促动了软件专利保护的发展，以实现专利“保护与利用发明，鼓励发明，以推动产业发展”的制度宗旨。目前，美国、日本等国家与软件有关的专利的申请量、授权量不断上升，与软件专利有关的纠纷也不断涌现，这使得软件专利保护的理论和实践得到了极大地丰富，同时也反映在国际上正在形成一种对软件加强专利保护的潮流。

（二）主要国家的实践

当今时代是以计算机和互联网技术支撑的信息时代，国内和国际市场对计算机产业的竞争也日趋白热化，因此许多国家和机构纷纷从政策和法律上寻求对本国计算机产业发展有利的措施。在 20 世纪 80 年代后期，美国的法庭采用判例的形式确认了计算机软件的专利保护方式后，日本于 1991 年提出了“有关计算机软件发明审查标准框架方案”，虽然并没有公布，但也对其软件的专利申请大大放宽了审查标准。欧盟为了在这场立法之战中不居于下风，也对软件的专利保护从理论和司法实践上进行了广泛的探讨，并于 2002 年 2 月 20 日，由欧洲委员会和欧洲议会通过了与计算机相关发明可专利性指令的建议稿。美国、欧盟和日本是世界上专利申请量最大的三方，它们对待计算机软件的态度也左右着专利制度的发展方向。下面对它们进行逐一的考察。

1. 美国

在1981年美国最高法院对Diamond诉Diehr一案的审判中，一项使用于橡胶成型压模过程的计算机程序被授予专利权，成为美国对计算机软件实行专利保护的起点。① 该案中，伦奎斯特大法官指出："原本属于法定标的的权利请求不能仅仅因为它利用了数学公式、计算机程序或数字计算机就变成了非法定标的。现在，将自然法则或数学公式'应用'到已知的结构或方法中同样值得专利保护。"该判决改变了以往软件不能授予专利的观念，宣布软件专利合法，加强了对软件专利的保护。

此后，美国联邦巡回上诉法院关于软件专利的判决大都沿袭Diehr的传统，即运算法则使用在为特定目的设计的装置上可以获得专利，而单纯的运算法则不能获得专利。美国自1987年以来进一步调整了计算机程序的专利审查基准，大大放宽了有关的限制，提出虽然程序本身不受专利保护，但是程序所控制的硬件运行方法步骤，可以作为方法申请专利。1995年，美国专利商标局发布的《对软件以及与电脑相关发明的审查标准》规定，包含于软件中的数字算法只是一种"抽象思想"，但是，若将这种数字算法用于实践，从而产生"有用的、具体的、有形的后果"，该软件即可成为专利性主题，能够获得专利。

1998年，美国联邦巡回法院对美国道富银行及信托诉Signature金融集团案以及一年以后的美国电话电报公司诉ExcelCommunications公司案和亚马逊公司诉巴诺书店案的判决，确认了对商业方法软件予以专利保护，对美国专利商标局的审查指南给予了进一步的司法肯定。由于专利商标局对计算机软件相关专利的审查尺度的放宽，软件相关专利的申请日益增加，加上网络及电子商务有关有商业方法专利的加入，大量的软件相关专利申请产生。

2. 欧盟

1977年10月7日，《欧洲专利公约》生效，它是第一个将计算机软件本

---

① 1981年美国最高法院对Diamond诉Diehr一案进行调卷审理，法官最终以5∶4通过决定，维持海关和专利上诉法庭（CCPA）的判决：被上诉人Diehr的一项包括用数学公式实现或将该公式运用于一种构造或工序的权利要求，由于该工序作为一个整体考虑时，实施了专利法设想所要保护的功能，因此这种权利要求满足了美国专利法第101节的要求，属于专利保护的范围。本案中的数学公式实际上是一个在通用计算机上运行的计算机软件，但在此之前，美国最高法院都曾拒绝对涉及计算机软件的申请授予专利权，因此，本案被认为是美国计算机软件专利保护的转折点。Diamond诉Diehr一案具有承前启后的性质，认真解读该判决的含义，对我国在计算机软件上是否或如何提供专利保护具有重要意义。

身排除在发明之外的专利法律，但是在美国对计算机软件打开专利保护的大门之后，经过几年的论证和实践，欧洲专利局也开始转变立场。

在维康/计算机相关发明 T208/84 一案中，欧盟专利审查委员会决定：一项发明，如果符合公约的可专利标准就应被授予专利，不应仅仅因为其实施借助了计算机软件这样的现代化方式的事实就排除于保护之外。所以欧盟在其判例中对单纯的计算机软件和能带来技术效果的计算机软件作了区分，认为只要具有技术性、能产生技术效果，就应属于保护范围，从而受到专利法的保护（刘珊，2006）。

2001 年 11 月 2 日，欧洲专利局发布的审查指南中，确认了欧洲专利局对计算机软件的扩大保护政策。新的审查指南规定，全部的计算机软件的可专利性已经不存在能否属于专利保护对象的问题，需要解决的应该是创造性的判断规则问题，即采取了与美国同样的态度。然而，各国专利局在实践中关于可专利性的审查标准却千差万别。尽管欧洲专利局颁发的专利有效范围涉及其所有成员国，但对欧洲专利局规则的解释方法却各有不同。欧盟委员会认为，这种混乱的情况对欧盟的软件产业是一个潜在威胁。于是欧盟委员会于 2002 年 2 月 20 日向欧洲议会和欧盟理事会提出建议，拟颁布《欧盟由计算机执行的发明的专利性指令》。[①] 其中，第四条涉及计算机软件的专利保护的条件：①各成员国应明确规定由计算机执行的发明只要具有工业实用性、新颖性和创造性就应当可以获得专利。②各成员国应明确规定具有创造性的条件之一是由计算机执行的发明必须做出了技术贡献。③判断技术贡献时，应将专利权利要求的范围作为一个整体，其中可以包括技术的与非技术的特征，以此与现有技术比较二者的差别。虽然从上述的《指令》中能够看出欧洲对计算机软件专利保护的正面的态度和原则，但遗憾的是 2005 年 7 月 6 日，欧盟在其官方网站宣布，欧洲议会以全体会议 648 票对 14 票的绝对多数否决了讨论已久的软件专利指令，从而结束了该指令在欧盟的讨论。现在与计算机相关的发明已经成为专利申请的重要组成部分。2001 年，EPO 受理的 11 万件专利申请中，有 1.6 万多件为此类发明，其比例已达到 15%。

3. 日本

同欧美国家一样，日本关于计算机软件专利性问题也一直存在争议，最

---

① 计算机软件属于《著作权法》保护范畴应是常识，但在发达国家倡导的强化专利保护的大趋势下，它已开始步入专利保护的殿堂。近年来，与计算机软件相关的发明越来越多，对社会经济的影响亦越来越大，鉴于目前由计算机执行的发明专利保护法律状态非常不明确，欧盟内部各成员国与此相关的行政惯例和判例法存在着分歧，欧共体委员会于 2002 年 2 月 20 日向欧洲议会和欧盟理事会提出建议，拟颁布《欧盟由计算机执行的发明的专利性指令》。

初，日本也采用了以著作权法保护计算机软件的做法，而对专利法保护计算机软件在立法上是予以排斥的。随着计算机产业的发展，日本在专利法上的实用主义政策倾向，使得日本专利司法实践中采取了比较开放的态度，计算机软件事实上还是有许多获得了专利。

日本特许厅（Japanese Patent Office，JPO）在1976年公布的有关计算机软件发明审查标准中，认定单纯的计算机软件不可获得专利，只有在其作为一个产品或一个过程的一部分，也就是当它和硬件结合为一个整体，作为硬件的工具对数据进行处理，并对硬件实施相应反馈控制，才有可能获得专利保护。其后日本又对此审查标准进行了修改与修订。1982年12月，JPO公布了《关于计算机应用技术发明的运用指南》，改变了1976年《关于计算机软件有关发明的审查指南》中的某些局限性，明确规定由计算机软件来运转计算机所实现的信息处理或控制，如果从计算机应用技术的整体上看，它由多种功能的集合来实现，而对于每个功能存在着该实现功能的手段，这样的发明可以授予专利，从而确认了与硬件结合的计算机软件可以申请装置专利。

1988年JPO通过了《专利审查指南》，1993年通过了新的《专利审查指南》，将包括1976年、1982年、1988年三个审查指南在内的所有审查指南统一起来，进行了修正。其中第三部分是关于计算机软件相关的发明的专利申请。它表明一个纯算法本身并不受专利法保护，但它被一项发明所应用时，并且该发明是硬件与软件的结合，那么则有可能获得专利法保护。但软件语言、软件本身以及软件显示是不可能获得专利的，权利要求记载了软件的可读媒体或权利要求是“程序”或“软件”的，也不受专利法保护。

受国内专利实践和美国新的《与计算机相关发明的审查指南》的影响，JPO于1997年2月27日正式公布了《特定技术领域的审查应用指南》。规定了当发明对应于下列任一种情况时，即判定利用了自然规律：①硬件资源的控制或与控制有关的处理操作。②以对象的物理特性或工艺特性为基础的信息处理。③利用硬件资源的处理。而且指南还确定了计算机可读存储介质权利要求的形式可以是：①方法，与时间序列相关的一系列处理或操作。②软件，将发明定义成为通过特定软件所实现的方法发明。③产品，通过特定功能所实现的产品发明或记录——软件的计算机可读介质或记录有数据结构的计算机可读存储介质。特别强调对于产品是通过其功能来定义。这次新的《特定技术领域的审查应用指南》放宽了对计算机应用软件的可专利性条件。JPO于1999年年底在其网址上宣布，商业方法发明将根据计算机软件《与计算机相关发明的审查指南》，作为计算机软件相关发明来进行审查。

日本于2000年再次修订了《与计算机相关发明的审查指南》，于当年12月28日在网上公布了“与计算机相关发明审查指南”的最后版本。其中有关

"计算机软件权利要求"的修改适用于2001年1月10日起的新申请，此次修改的要点在于：①通过计算机完成多种功能的"计算机软件"本身可以被定义为"产品发明"。②由软件处理的信息是通过硬件手段来具体实现，则上述软件可以定义为专利法中所述的"法定发明"。③增加了与商业方法有关的发明创造性判断的实例。

三、计算机软件专利的审查标准

计算机软件能否获得专利，关键在于是否满足实用性、新颖性和创造性的要求，此三性的审查标准决定了保护的松紧度，各国根据本国的实际情况确定了不同的审查标准，以符合本国计算机软件专利保护的需要。

（一）实用性审查标准

由于计算机软件在几乎所有的领域都有广泛的应用，许多行业会利用计算机软件相关技术来完成某个难题，因此计算机软件的实用性应该说很容易满足，审查员在审查时只要按照说明书中记载的该发明所属领域就可以进行判断申请软件的实用性。不过如果该发明从整体上看是违背自然规律的，不具备再现性或因为脱离实际而无法实现的，那么即便它属于技术领域，其申请仍将因为缺乏实用性而被驳回。对计算机软件实用性的审查，美国、日本和欧洲的标准都较为宽松。如美国《与计算机相关发明的审查指南》中规定，对于计算机程序获得专利的条件要求特定形式的描述材料，只有在界定了该描述材料和使其功能得以实现的发明之间的结构和功能上的相互关系，才可以成为法定标的。其实这是要求计算机程序在某一专业技术领域之内的实际应用。无论发明是以何种形式提出的，计算机程序在其中发挥的作用总是能够确定的。也就是说一项发明方案在本领域的普通技术人员看来是可行的或其实用性是显而易见的，就算满足了实用性的要求。日本专利局于2000年修订《与计算机相关发明的审查指南》，认定无论是否记录于媒介物，计算机程序均得以"物的发明"申请专利。日本专利理论认为"发明能够在产业上利用，不是说现在已用于或立即用于产业之中，一般解释为只要在将来有利用的可能性就够了。因此，只要被认为具有利用的可能性，即使该发明在发明时及申请的当时在产业中并不能利用，这也无关紧要"（黄震，2007）。在欧洲，专利保护仅限于技术领域里的创造，所以对实用性而言，一项涉及计算机程序的发明专利必须是为了解决技术问题、利用技术手段并能够产生技术效果，对于软件的专利申请这一条件应是最核心和首要的审查标准。

我国《专利法》规定："实用性，是指发明或者实用新型能够制造或使用，并且能够产生积极的效果"。《专利审查指南》解释说，《专利法》中所说的“能够制造或使用”是指发明或者实用新型的技术方案具有在产业中被制造或使用的可能性。关于计算机软件，我国的《专利审查指南》将“计算机程序的语言及计算规则”和“计算机程序本身”列举为“智力活动的规则和方法”，认为其不具有技术性，不可被授予专利权。但同时规定，一项发明不应仅仅因为涉及计算机程序而否定该发明专利申请属于可给予专利保护的客体，应考察发明的整体是否具有技术性。对于只涉及计算机程序本身或者是仅仅记录在载体上的计算机程序，不论它以何种形式出现，都属于智力活动的规则和方法，并列举了四种可授予专利权的涉及计算机程序的发明专利申请的情形：①用于工业过程控制；②改善计算机内部运行性能；③用于测量或测试过程控制；④用于外部数据处理。可见，我国专利局的审查指南不承认仅仅记录计算机程序的载体的可专利性。对于一项软件来说，必须是能够解决技术问题，并且能够在实践中应用，才符合实用性的标准。计算机软件的实用性，根据申请人在说明书中所作的清楚、完整的说明，所属技术领域的技术人员经过惯常的试验和例行设计后是能够实现的，并且能达到说明书所说的效果，不必要求这项发明已经高度完善，毫无缺陷。就计算机软件而言，在经过初步测试并试运行之前即满足实用性要求就可以提交专利申请。

（二）新颖性审查标准

新颖性是指某一特定时期于某一规定范围内不存在与之相同或相似的技术成果为公众知晓或被公众所使用的特性。也就是说，要求申请专利的发明不属于现有技术。为了符合新颖性的要求，软件必须是首先开发的、首创的。将申请专利保护的计算机软件方案与相关的现有技术相比时，重点应当放在对它们的设计思想的比较，即比较请求保护的技术方案与现有技术的技术方案，不需要考虑计算机软件的开发平台、采用的程序设计语言、操作方法、数学概念等，当二者在技术方案实质上具有差别时，可以判断该计算机软件是具有新颖性的。在美国的专利审查和司法实践中，判定一项发明是否具有新颖性，是以该项发明与“一项现有技术”相比较。如果某一项发明与一件现有技术相同，或者说申请人或权利人所要求的技术要素存在于一件现有技术中，则该项发明不具有新颖性。如果某一项发明与一件现有技术不相同，或者所要求保护的技术要素不是存在于一件现有技术中，则该项发明具有新颖性。

按照欧洲专利局相关规定，如果一项发明不是现有技术的组成部分，该发明就被认为具有新颖性。现有技术被定义为，“通过书面或者口头描述的方式、通过使用或者任何其他方式在提交欧洲专利的申请日之前公众可以获得的所有东西”。此外，在该专利申请日之前提交的而在该申请日或以后公开的欧洲专利申请中的内容也被认为是现有技术组成部分。原则上说，欧洲采取的是申请在先的原则和绝对新颖性标准。对于计算机软件发明新颖性的审查与其他技术领域的发明的新颖性审查规格并无明显不同。我国《专利法》第二十二条规定："新颖性，是指在申请日之前没有同样的发明或者实用新型在国内外出版物上公开发表过、在国内公开使用过或者以其他方式为公众所知，也没有同样的发明或者实用新型由他人向国务院专利行政部门提出过申请，并且记载在申请日以后公布过的申请文件中"。我国采取的是混合新颖性标准。对于计算机软件的新颖性审查标准与一般的新颖性标准并没有原则区别。

对于计算机软件发明来说，其新颖性判断的难点在于现有技术的缺乏。现有技术包括两部分：一是获得专利授权的技术；二是没有专利权的公知技术。因此审查一项发明创造是否属于现有技术，应当既进行专利文献检索，也进行非专利公知技术检索。对于软件发明而言，一方面，由于过去纯软件发明和商业方法软件被排除在可专利性主题之外，人们往往采取商业秘密的方式甚至公开使用而不加以任何保护，因此相关的专利文献非常少。另外，不少发明人为了规避纯粹的软件发明不能获得专利保护的规定，而将其软件发明与各种硬件相结合来申请专利，这就使得这些专利分布在各个不同的领域，有些软件发明经过包装后看上去已不像是软件发明。对于审查人员来说，目前可供审查员检索的数据资源有限，审查员获得现有技术的渠道有限。审查员在审查工作中所用的数据库资源以专利文献数据库为主，还有少量的期刊文献数据库。审查员要找到这类相关的现有技术信息无疑是一项困难的工作。另一方面，非专利现有技术范围太过广泛，且取证困难，往往更难以查知。现有技术资料的缺乏成为软件发明专利审查新颖性的一大障碍。

（三）创造性审查标准

创造性要求相关发明对现有技术有重大突破。同申请日以前已有的技术相比，该发明有突出的实质性特点和显著的进步。按照创造性要求，计算机软件要获得专利必须有突出的实质性特点和进步，这就使得创造性标准成为掌握计算机软件专利保护之门放开程度的尺度。显著的技术进步的衡量标准各国都不一样。如美国《专利法》第一百零三条对非显而易见性即创造性作出了规定，但具体的审查标准还得依赖美国专利商标局制定的审查指南。对于计算机软件专利来说，非显而易见性的审查同一般专利申请的审查一样，首先要看是否符合以下要求：①确定保护范围和在先技术的范围；②确定在先技术和权利要求范围的不同；③决定同领域技术人员的水平；④评价所有与非显而易见性的有关证据。对于计算机软件的非显而易见性的判断难点显然不在这些方面，而在于是否有技术上的实现手段和技术效果。

目前在美国专利商标局，对计算机软件非显而易见性的判断要比普通专利的申请更主要的落在了确定“在先技术”的范围和同领域技术人员水平的判断上。该指南还规定了判断非显而易见性时应注意的几个要求：①要求专利权的发明必须作为一个整体来考虑；②在先技术必须作为一个整体来考虑；③在先技术必须是在不受要求专利权的发明本身影响的条件下来考虑；④对于成功合理的预期是决定显而易见的标准。

美国专利商标局还列举了一些按照美国《专利法》第一百零三条不具有非显而易见性，应予以拒绝的情况：①所申请的发明已被明显或者隐含包括在作为评价创造性的对比文献中；②所申请的发明可以从该技术领域的一般知识推论出来；③所申请的发明可以从一个已经确定的商业原则推论出来；④所申请的发明是将一个已经见诸行业手册的标准商业过程用计算机自动化；⑤所申请的发明与以前所有的发明相比其区别只体现在它存储或者处理的数据上；⑥所申请的发明只与公认的一般技术水平相当。虽然上述规定是针对商业方法专利而言，但是，其中大部分的标准同样可以借鉴适用于一般软件专利非显而易见性的判断。

欧盟与日本在创造性的审查上比美国有较为严格的态度。往往审查计算机软件专利的创造性时，审查员通常考虑以下问题：确定最相近的已有技术；确定要解决的技术问题；从最相近的已有技术和技术问题出发，考虑权利要求的发明对一个同领域的技术人员而言是否是显而易见的。如欧洲专利局于2001年发布了新的《审查指南》，该《审查指南》规定：为了确定权利要求的主题是否有创造性，需要确定该权利要求的主题与现有技术之间的区别。审查员不能只是从该权利要求的组成，即现有技术特征部分的角度，而是应用“问题与解决方案的方法”来分析和评价创造性。按照新的《审查指南》，如果在一项专利申请中，软件特征对同领域的普通技术人员来说是非显而易见的，但技术特征是显而易见的，则认为权利要求不具有创造性。

当从技术特征上评价创造性时，审查员通常按以下步骤来进行审查：首先，确定最相近的现有技术。其次，确定要解决的技术问题。再次，从最相近的已有技术和技术问题出发，考虑权利要求的发明对一个同领域的普通技术人员来说是否显而易见。审查员应当考虑在作为一个整体的已有技术中是否存在任何能够提示一个同领域的技术人员在面对这个技术问题的时候考虑到这些技术，对自己的申请进行修改或调整最相近的已有技术，因此能够得到权利要求的保护范围，并且实现发明目的。由此，我们可以发现，欧洲专利局对创造性判断的原则是：如果一项专利申请中，软件特征对本领域的技术人员而言是非显而易见的，但是其中包含的技术特征是显而易见的，那么该权利要求被认为没有创造性。如果计算机软件对现有技术作出了技术贡献，那么它是可专利性的，所以技术贡献仍旧是创造性标准的基本前提要求。我国《专利法》规定“创造性，是指同申请日以前已有的技术相比，该发明有突出的实质性特点和显著的进步”。发明专利权的创造性条件是对一项要获得专利权的发明在技术水平方面提出的要求。它要求授予垄断权的范围应当与该技术解决方案对现有技术的贡献相一致。

四、我国计算机软件专利保护的现状与建议

（一）我国计算机软件专利保护的现状

我国《专利法》规定，智力活动的规则和方法不授予专利权。《专利法实施细则》则指出，《专利法》所称的发明是指对产品、方法或其改进所提出的新的技术方案。但是如果计算机软件属于一项发明的组成部分，如果该计算机软件不仅仅涉及数学算法或数学方法而且涉及了某种技术概念，具体讲，就是该计算机软件与某一技术领域相关，至少涉及了一个技术问题并且还能够产生一定的技术效果，那么这种发明中所涉及的计算机软件，我们称之为具有技术性的计算机软件，是可以属于专利保护范畴的。但这种具有技术性的软件能否获得专利权，还要看含有计算机软件的发明专利申请是否能够满足专利保护的必要条件，该技术方案符合《专利法》规定的新颖性、创造性、实用性条件。如果满足，则该含有计算机软件的发明就可以被授予专利权。

配合三次《专利法》的制定与修改，《专利审查指南》也进行了修订，三个版本的《专利审查指南》，在计算机软件专利保护方面，做出了越来越宽松的规定。1985 年中国实施《专利法》之际，就在《专利审查指南》第十二章中制定了针对计算机软件发明申请的判断标准，指出中国专利法对单纯的软件尚不保护，但该审查指南规定，只有能使计算机结构或电子数据处理设备产生变化、能够使机器硬件技术发生相应的变革，并引起机器设备在技术上有新的创造性改进的计算机软件和能够使计算机系统或机器设备以全新的具有创造性的方式运行的计算机软件，才可以予以专利保护。实际上，在工艺应用中的绝大部分含有计算机软件的发明专利申请很难达到上述要求。可见，当时审查指南对含有计算机软件的发明申请的可专利性要求是相当苛刻的，附加了不应有的新颖性或创造性条件。

自 1993 年 4 月 1 日起实行的经修改的《专利审查指南》，又对这一标准做了较大修改。该版审查指南对此项规定：“如果一件含有计算机程序的发明专利申请的主体能够产生技术效果，构成一个完整的技术方案，就不能仅仅因为该发明专利申请中含有计算机程序而不授予专利权。”由此可知，该版审查指南采用“技术方案”与“技术效果”二要素结合是判断是否给予含有计

算机程序发明以专利权的标准（徐莉和连明伟，2006）。与1985版的审查指南相比也显得较为宽松。但是1993版审查指南同样也明确指出涉及计算机程序本身或数学方法本身的发明专利申请不能获得专利权，即“一件含有计算机程序的发明专利申请，如果其发明主题仅是该计算机程序或仅是存入存储器内、记录在磁带、磁盘等可读介质上的计算机程序本身，都因该计算机程序本身实质上是一种智力活动的规则和方法而不能授予专利权”。

2001年10月，《专利审查指南》再次做出修订。修订后的《专利审查指南》第二部分第九章“涉及计算机程序的发明专利申请审查的若干问题”中规定：“凡是为了解决技术问题，利用技术手段，并可以获得技术效果的涉及计算机程序的发明专利申请属于可给予专利保护的客体。”具体来说，有以下四种含有计算机程序的发明具有可专利性，可以受到专利法的保护。

1. 用于工业过程控制的计算机程序

如果发明专利申请是把一个计算机程序输入给公知的计算机，从而形成一种计算机控制的装置或者计算机控制的生产方法，在这种情况下，将计算机程序与计算机硬件作为一个整体来考虑，则该公知计算机与该计算机程序一起构成了用于工业过程控制的生产装置或生产方法。

2. 用于计算机内部运行性能改善的程序

如果发明专利申请的主题涉及利用一个计算机程序改善公知计算机系统内部运行性能的方法，由于这种发明专利申请要解决的是技术问题，并且由于改善了公知计算机系统的内部运行性能而取得了技术效果，所以，这种发明专利申请属于可给予专利保护的客体。

3. 用于测量或测试过程控制的程序

如果发明专利申请的主题是利用计算机程序来控制或执行某种测量或测试过程，由于这种发明专利申请要解决的是技术问题，并能够获得技术效果，因此这种发明专利申请属于可给予专利保护的客体。

4. 用于外部数据处理的程序

如果发明专利申请的主题是利用在公知计算机上运行的计算机程序对外部数据进行处理，以解决某个具体的技术问题，那么，由于它所处理的是技术问题，利用了技术手段，并能够获得技术效果，所以，这种发明专利申请属于可给予专利保护的客体。

2010年进行了《专利审查指南》的最新修订，在第二部分第九章中规定：“本章所说的涉及计算机程序的发明是指为解决发明提出的问题，全部或部分以计算机程序处理流程为基础，通过计算机执行按上述流程编制的计算机程序，对计算机外部对象或者内部对象进行控制或处理的解决方案。所说的对外部对象的控制或处理包括对某种外部运行过程或外部运行装置进行控制，对外部数据进行处理或者交换等；所说的对内部对象的控制或处理包括对计算机系统内部性能的改进，对计算机系统内部资源的管理，对数据传输的改进等。涉及计算机程序的解决方案并不必须包含对计算机硬件的改变。”具体的范围与 2001 年《专利审查指南》一致。

（二）建议

软件产业是信息产业的核心和灵魂，已经成为世界各国在新一轮国际竞争中必争的焦点和战略制高点。为抢得发展先机，树立在全球软件产业链中的有利地位，无论是发达国家，还是发展中国家，都纷纷制定了立足本国国情的软件产业发展目标和发展战略，采取了一系列配套的政策措施，在实践中逐渐形成了适合本国特点的发展道路。我国软件产业的现实是，发展基础薄弱，国产软件的发展规模和速度还不能为国民经济提供足够的支撑，使得我国在软件产业发展方面，处在世界发达国家和周边发展中国家的“夹缝”之中，与世界先进水平的差距未见缩小，反而有日益扩大之势。因此，构建我国的计算机软件保护策略非常重要。

我国要构建计算机软件专利保护制度，首先就要考虑保护软件强国专利权和保留我国合理发展空间利益之间的平衡。我国在计算机软件发展领域，是属于科研力量相对薄弱的弱国。目前在我国进行的计算机软件专利申请主要来源于国外，拒绝给予专利保护当然能够防止计算机软件产业被别国控制，保护了本国产业的利益。但是专利保护本身就是一把双刃剑，保护自己的专利必然也保护了外国的专利。反之，如果排斥了外国的专利，当然也排斥了中国的专利，同时外国软件发明虽然在中国得不到专利保护，但在其他很多国家计算机软件专利申请是受到保护的，这样势必造成这些新技术在这些国家能得到较好的发展和应用。由于得不到专利保护，这些新技术的发明人可能不愿意将这些新技术在中国加以实施。从长期来看，对中国软件产业发展是不利的。而且，计算机软件专利保护在美国、日本、欧盟都有加强的趋势，这种专利保护非常有可能被推广到全球，并且美国等发达国家对其他国家，包括中国的知识产权政策的制定具有极强的影响力，到那时，已加入 WTO 的中国只能是被动的同意，而发达国家在计算机软件专利领域已经抢占先机，对我国的软件产业发展非常不利。从另一个角度来看，赋予计算机软件专利这种垄断性极高的权利，会形成激励机制，鼓励从业人员创造发明，在较短的时间内，壮大民族软件业。只有这样，中国的软件业才能由弱变强，中国才真正有可能成为软件强国。因此，我们还是需要对计算机软件进行专利保护的。

结合我国计算机软件专利申请的现状以及各国的立法实践，笔者认为，可以从以下几个方面完善计算机软件专利保护法律制度。

1. 应明确计算机程序可以授予专利发明

我国2010年版的《专利审查指南》指出，如果发明专利申请只涉及一种算法或数学计算规则，或者计算机软件本身或者是仅仅记录在载体（如磁带、磁盘、光盘、磁光盘、ROM、PROM、VCD、DVD或者其他的计算机可读介质）上的计算机程序，或者游戏的规则和方法等，就其程序本身而言，不论它以何种形式出现，都属于智力活动的规则和方法。当一件涉及计算机软件的发明专利申请是为了解决技术问题，利用了技术手段，能够产生技术效果时，表明该专利申请属于可给予专利保护的客体。但是这也只是说涉及，而不是单纯的软件申请。只有和硬件或者工程结合起来的软件才有可能授予专利权，说到底，软件不是是否授予专利性的考虑因素，只要申请授予专利的客体满足“三性”要求就可以授予专利权，而不论这样的技术是否包含了软件的成分在其中，但是单纯的软件申请不能被授予专利权。

在当前各国扩大专利授权客体的大背景下，很有必要扩充我国的《专利审查指南》的范围。应允许储存在计算机媒体上的程序可申请发明专利，明确含有计算机程序的发明为可申请专利的客体。同时界定“程序本身”与“智力活动的规则和方法”的关系。对涉及计算机程序或者是仅仅记录在载体上的计算机程序的专利性问题加以修正，关键是对“程序本身”进行解释。因为一味强调计算机软件和硬件结合才能授予专利权的僵化做法源于对计算机程序算法属性的误解和“软件专利权”性质的认识不清。能进行某种实际运用的计算机程序算法对应着计算机的执行步骤。任何一个有效程序的实际运行过程，都是按照特定的程序算法一步一步操纵计算机进行连贯运算，直至目标得以实现。不论目标为何，程序算法终究可以视为人直接或者间接操作计算机获得某种结果的方法步骤，是人操作客观的物质机器的一种方法，并非抽象的思维规则。同时，对软件专利权的保护也不会导致对某一抽象算法的独占。明确了这一点以后，将储存于可读载体上的计算机程序也纳入专利保护的范畴是合理的。

2. 按计算机软件的特点对其专利审查的标准做出特别规定

首先，对创造性的审查标准决定了计算机软件专利保护之门放开程度的尺度。因为创造性的审查标准直接评估创新的程度，其根本目的在于甄别发明，将真正取得重大进步的发明纳入专利保护范围，以阻挡普通技术取得专利，防止专利滥用，如果创造性的标准过低，将会影响专利制度在社会进步中发挥积极的作用。因此每个国家都根据自己本国的实际不断调整创造性的审查标准。我国《专利法》规定："创造性是指同申请日以前已有的技术相比，该发明有突出的实质性特点和显著的进步，该实用新型有实质性特点和进步"。也就是说，发明应有突出的实质性特点和显著的进步才符合创造性的要求。笔者认为，目前在我国不宜对计算机软件设立过于严格的创造性审查标准。因为从现代软件本身的特点看，现在的软件很难突然出现革命性的创新，大多数软件的进步都是相对现有技术的渐进，同时软件技术的"增量式进步"与其进步的高频率并存。换句话说，软件产品的更新换代速度相当快，但技术的进步幅度微小、产品的代际差异不明显。在这种情况下，强调"显著的进步"，则很多的软件可能难以被授权保护。所以在现阶段，不妨适当降低创造性的标准。考虑到即使是计算机软件的渐进，开发者也需要投入大量的资源，成本较高，适度扩大保护有利于促进软件业的发展。事实上，有很多的发明创造，在未完全成熟的时候并不比现有技术产生的技术效果优越，甚至还要差，可我们并不能因此否认这些发明的创造性。一项比已有技术更先进的发明固然符合可取得专利的条件，但是，我们不能反过来说只有比已有技术更先进的发明才能取得专利。笔者建议，对计算机软件专利而言，删去所谓"显著的进步"要求。实际上，在现在的审查指南中已经就这一问题进行了调整，现行的2010年版《专利审查指南》第二部分第四章规定：在评价发明是否具有显著的进步时，主要应当考虑是否具有有益的技术效果。以下情况，通常应当认为发明具有有益的技术效果，具有显著的进步：例如，发明克服了现有技术中存在的缺点和不足，或者为解决某一技术问题提供了一种不同构思的技术方案，或者代表某种新的技术发展趋势。

其次，新颖性的审查难点在于对现有技术的考察。笔者认为可以从以下几个方面进行改善：

(1) 建立专门审查小组，针对计算机软件相关发明领域专利申请的特殊性，专门对涉及计算机软件的专利申请进行审查。招收有计算机软件知识背景、兼具商业经营从业经验的审查员，对此类专利申请进行审查。如美国专利商标局建立了一个技术中心，专门审查美国专利分类705类目申请，其中2160工作组负责商业方法专利的申请。在此工作组中，共有38人，分为首席审查员和一般审查员，首席审查员须具有3～5年的专利审查经验。成员中有17人具有双学位或其他高等学位（4人具有MBA或其他商业学位，4人具有法律博士学位，7人具有硕士学位），而且要求所有成员具有计算机知识背景和经验。专利审查员的资质的提高对于甄别那些非专利文献记载的在先技术具有重要意义。

(2) 建立相关的数据库，加强检索力量。首先，应完善现有专利技术的数据库。相对于非专利公知技术而言，专利技术数量较少，而且大多登记在案、有据可查，因此，完善专利技术数据库是解决现有技术可获得性的各项方法中最为基本且相对容易的一种。其次，建立非专利公知技术数据库，尽量收集非专利技术资料。计算机软件成为可专利性主题的时间还很短，大量的软件并没有获得专利授权，可以说，作为审查软件是否具备新颖性和创造性的参照物主要存在于非专利技术领域，因而非专利技术资料的充分性与完备性对于软件发明的实质审查而言，从一定程度上说居于主要地位。再次，随着软件业的发展，应建立专门的“计算机软件相关发明”专利数据库，对该领域现有技术进行收集、整理、汇总，并定期及时予以更新，以便于审查员对在先技术的清晰界定，从而能够对新颖性和创造性做出准确判断。

（3）参与国际合作。网络的无国界特点对传统知识产权的地域性产生了巨大的冲击，在网络环境下，国际合作与交流显得格外重要。软件现有技术的可获得性对世界各国都提出了严峻的挑战，加强国际合作可以弥补一国资料检索工作的不足，提高检索的准确性与效率。各国都在纷纷加强软件数据库的建设，美、日、欧三方还积极开展了检索方面的合作和资源共享。如日本为便于审查员检索现有技术，日本专利局建立了国际专利检索系统，同时加强与欧洲专利局和美国专利商标局等组织的合作，使得资源共享。同时，随着计算机软件技术的进步，对于现有技术的检索将会越来越完善。现在已经出现了以 Thomson Data Analyzer 等为代表的专利搜索和分析软件，大大提高了专利审查的效率。我国也应加大这方面的投入，适应软件专利检索的新要求。

（4）利用公众的力量，完善现有技术的搜集。例如，目前在网上已经出现了以高额奖金悬赏“现有技术”的网站。这种网站提供一个类似悬赏的机制，对某项专利有异议的人，都可以在这个网站提出奖金，而首先找到相关在先技术的人，就可以获得奖金。许多正面临专利诉讼的公司、被要求支付专利权利费的公司或专利权人的竞争公司都有可能成为提供奖金悬赏在先技术的人，因为一旦在先技术成立而撤销了专利权，其所能获得的利益或减少的损失，必定远远超过其所支付的悬赏金。这种利用互联网络来检索或协助检索的方法可以保证检索的完备性，提高检索和判断的效率。又如，美国专利商标局准备在近期试行一种称之为“社区专利评议”的制度。该制度允许公众向专利审查员提供与现有技术相关的信息，从而帮助审查员对公开的专利申请进行审查，以缩小专利申请的保护范围，或者使其不能授权。这样有助于确保只有真正具有新颖性和创造性的发明才能获得专利授权。同时，在专利的实质审查阶段就允许第三人的介入，远比先授权再进行无效诉讼要节省时间，更适应软件业的自身特点。我国可以借鉴这种方法。

3. 对计算机软件的审查期限和保护年限加以修改

由于计算机软件需要快速投入市场，且经济寿命短，因此首先对计算机软件的各种权利的取得方式应当简便、快捷。计算机软件如果按传统专利的方式进行审查存在两点明显不足：其一是专利审查的期限过长，与软件的生命周期不相适应。根据我国《专利法》规定，一项发明从申请到批准通常需要2～3年的时间，在这段时间内有的软件产品甚至还未获得批准，就已经落后于市场了。其二是软件专利申请的费用和成本过高，耗时耗钱，使得一些软件商无利可图，相应降低了专利资源的效率。因此笔者认为，可以对我国《专利审查指南》做出调整，对于软件的申请可以缩短初步审查和公布的期限，同时对于实质审查的期限也可以缩短。我国《专利法》规定发明的保护期限是20年，但是笔者认为，考虑到计算机领域技术变化的快速发展，以及为促进更便利地使用行业标准，计算机软件保护期限应当比传统专利保护期短一些。作为计算机技术的一部分，软件技术的发展速度是传统技术不能比拟的，软件技术和软件产品的更新换代速度很快，其生命周期一般不会超过5年，有的甚至仅1～2年。所以立法必须既能激励创造者，又能够使公众获得利益，在确保公众获得和利用信息与权利人对于原创物的垄断之间达到一个适当的平衡。科学技术发展速度的加快，技术更新的周期日益缩短，在专利保护期限尚未届满时，权利人主动放弃或提前终止其专利权的比例也随之日益增加。其实，各国所授予专利权的绝大部分，都是在没有达到法律规定的最高保护年限时就已经提前终止或失效了。在网络时代的今天，软件在3～5年就会有很大的更新。由于软件的生命期要远小于发明专利的保护期限，以至于可能会出现社会成本和收益的失衡，而专利立法可以考虑缩短软件的保护期限。笔者认为，5～10年是一个较为合适的期限，过了有效期后，就允许公众自由地使用软件。这个期限应该能满足绝大多数软件的要求。对于少数过了年限还没有退出市场的，可以由软件专利权人申请续展。当然，恰当的保护期限应当建立在对我国软件行业的发展状况详细研究的基础之上，还应当考虑到一些发达国家对软件专利采用的保护期限。

现阶段从制度选择来看，我们可以先从《专利审查指南》对相应的制度予以调整，而不是直接上升到专项立法的层面。在以往我国的一般做法是先进行《专利法》的修订，再进行《专利审查指南》的修订，而对于计算机软件专利保护问题，我们可以先制定一些暂行性的规定，并使其在《专利审查指南》中有所体现，在实践中积累经验，待时机成熟之际，再在《专利法》上对该项制度予以确立。

第二节　商业方法的专利保护

一、传统商业方法与商业方法专利

近年来，随着信息技术的发展及电子商务的兴起，作为电子商务基本支撑点的各种商业方法应运而生。这类商业方法与传统的一般商业方法有所不同。传统的商业方法，即完全由人参与并实现的方法，因其属于智力活动的规则和方法而被排除在专利法的保护之外，这种方法仅仅描述了抽象的概念、观念或构思，是人类经验的总结，其实施过程必须有人的思维参与，离开人的思维就无法对信息进行思考、甄别、记忆和判断。然而人的思维是主观的、善变的，其实施的结果必然会因人而异，难以产生客观的、实用的、可重复、可操作的效果，因此，无法落实、无法重复或自动实施的商业方法，不属于专利法所保护的标的。伴随着计算机技术、电子商务的产生和发展，传统的专利法理论和制度受到了严峻的挑战。某些商业方法、商业方法软件和系统逐渐向客观的方向发展，其运作不需要人类思维活动的参与，只需为其提供客观的信息，便能通过系统及软件的独立运行产生具体、实用的结果。它们能够直接应用于商业实践，产生实际的经济价值。这些商业方法、软件及系统利用了自动化手段，已具备了技术特征，产生了较强的技术性、实用性效果，因此已不再属于智力活动的规则和方法，具有了可专利性。也就是说，它不仅是通过人类智力创造的方法，还与计算机技术相结合，创建出网络中电子商务运行模式的系统工程，是商业思想、商业产品、计算机软硬件技术方案、商业运行模式等内容的集合体。简言之，此类商业方法就是借助计算机系统和网络媒介实施的用于经营活动或处理财经信息的系统性技术方法(郑友德和伍春燕，2008)。这类技术化的商业方法逐步成为各国专利保护的客体。

关于商业方法专利（business method patent，BMP）的含义，世界知识产权组织将商业方法专利解释为“借助数字化网络经营商业的、有创造性的商业方法”。美国专利商标局于 2000 年 3 月 29 日颁布的《自动化商业方法专利白皮书》中将商业方法专利正式归在 705 分类码下面新创设的专利分类，并将其定义为装置及对应的方法，用于商业运作、行政、企业管理或财务资料报表的产生，其能使资料在经过处理后有显著的改变或完成运算操作、装置及对应的方法，用于货物或服务之提供改变时的资料处理或运算操作。总的来讲，其中比较有代表性的提法是，将商业活动的一般经营、管理规则与信息网络技术、计算机软硬件相结合申请的专利。商业方法专利一般包括：通过计算机辅助实现的管理、经营或运作一个企业或组织的方法，业务运作与操作技术，以及计算机辅助实现的财务数据处理过程。从目前世界各国商业方法类专利的申请和授权情况来看，主要有以下几类：①网络交易类，如亚马逊网站的“一次点击”专利；②金融类，如大学储蓄银行持有的“学费融资方法”专利；③市场营销类，如朱诺在线服务公司持有的离线广告专利；④管理类，如美国财务会计准则委员会的计算金融项目运行的专利等。

二、各国的政策变化及趋势

由于商业方法对电子商务发展所具有的潜在的巨大经济价值，使得各国对此类商业方法是否给予专利保护，都根据自身的经济、科技实力和国情作出了不同的制度选择。如科技实力强大的美国，在 20 世纪 90 年代以前，和其他国家一样将商业方法排斥在专利保护的对象之外。随着欧亚发达国家和新兴工业化国家科技水平的提高以及经济实力的崛起，美国产品的国际竞争力大大降低，美国开始出现巨额贸易赤字，经济进入低潮期。与此同时，美国一些新技术产业如计算机软件、电子商务领域表现出良好的发展势头，为了保障高技术产业的顺利发展，保持国家的优势地位，美国开始实施强化专利保护的政策。在电子商务领域，1998 年的“道富银行案”中开始对商业方法赋予专利。美国的法院在判例实践上，肯定了商业方法的可专利性，从而从根本上改变了一直以来否定商业方法可专利性的态度。美国的实务界也因此兴起了一股商业方法专利申请的热潮。1999 年初，AT&T 公司诉 EXCEL 通讯公司案的判决，表明商业方法专利在美国已经取得了稳固的法律地位。受商业方法可能产生的巨大潜在收益的吸引，美国、日本、欧盟等国家和地区的企业纷纷到美国申请商业方法专利。

随着商业方法申请和授权的快速上升，侵权纠纷也在快速递增。这时美国重新审视关于商业方法的专利问题，美国将商业方法归在 705 专利分类码下，这项分类为处理商业方法发明相关的专利申请提供了法律上的依据。1999 年的《美国发明人保护法案》，该法案是国会针对因商业方法专利而引起的关于专利授权和在先技术（the prior art）之间的冲突的问题而通过的法案。该法案改进了以往所谓保护“先发明原则”规定，如果一个公司能够证明在一项商业方法专利获得授权之前一年，已经在使用该商业方法发明，则该公司将可以在被指控侵犯他人的商业方法专利中免责。这个规定一方面为很好地解决商业方法授予专利所带来的问题提出了意见并制定了改善条款；另一方面对于那些依靠商业秘密来保护他们的商业方法的公司来说也是非常重要的，因为这样它们就不会因为专利保护客体的扩大而使自己的权利受到破坏或者被指控侵权。从另一个角度看，因为相关权利主体可以知道哪些商业方法专利已经被他人申请或得到专利授权，从而可以避免不必要的投资。

2000年美国专利商标局提出了一项商业方法专利行动计划，该计划的主要内容是确保在商业方法领域中的专利审查质量，对专利审查员进行技术培训，扩大现有技术范围的检索等措施，还规定了对所有同一授权的商业方法专利进行第二次复审，并对权利要求范围是否需要重新考虑做出决定（余翔和邱洪华，2007）。并对权利要求范围是否需要重新考虑做出决定。总的来讲，美国的政策经历了一个紧缩—宽松—紧缩的过程。

日本在对待商业方法专利的问题上，采取了积极的态度。随着IT业的迅猛发展，在电子商务等网上经济活动日益增多的情况下，日本的学术界和实务界掀起了研究讨论的热潮。日本的企业更是不甘落后，纷纷向美国递交有关商业方法专利的申请。在这种背景下，日本积极调整自己的知识产权政策，于20世纪90年代后期相继对《发明专利法》、《外观设计法》和《商标法》进行了修改，于2000年修订了《专利审查指南》，增加了与商业方法有关的发明创造性判断的实施、细化专利分类等。1999年颁布的《商业方法审查指南》，指出对单纯的商业方法不应授予专利，而应该将专利授予有“技术构思”的商业方法。也就是说，利用网络或计算机的商业方法可以在日本获得保护，只要商业方法与相关技术结合起来，表现出一定的技术性，就可以申请专利保护。

当美国开始对商业方法赋予专利的时候，反对最强烈的是欧盟国家，他们坚持认为商业方法应被排斥在专利保护之外。但是随着社会的发展，欧盟国家很快认识到，欧盟对商业方法专利的限制并不能阻止商业方法浪潮的涌起，反而会使欧盟国家在国际知识产权的竞争中处于不利地位。1999年，欧盟专利局的态度明显开始向为商业方法提供专利保护的方向倾斜。2000年欧盟对待商业方法专利的态度进一步转变，认为对商业方法专利的申请，应按照其他专利申请一样的标准审查，但强调必须要以非显而易见性的方式解决一个客观存在的技术问题。2001年欧盟专利局发布的新审查指南中指出，一项有技术特性的产品或方法，即使主张专利的主题定义了或至少包括有一项商业方法，仍具有可专利性。可见《欧洲专利公约》虽然仍将商业方法排除在专利保护的范围之外，但在实践中，商业方法常以特定技术的面貌出现，含有技术性而获得专利保护。总的来讲，欧盟的态度从坚决反对到赋予专利，但在判断上更侧重于技术性方面，强调的是技术构思而且考虑更多的是发明的创造性。

从欧洲的技术强国和美国、日本的政策来看，商业方法专利呈现如下发展趋势。

(1) 对商业方法提供专利保护，正在成为专利保护的一个新的发展方向，国际社会的趋向性态度已经较为明显。如美、日、欧的专利局从 1999 年就开始了合作研究，在商业方法专利问题上已没有大的分歧，更加注重三个专利部门在文献索引方面的合作。在 2003 年 6 月于日内瓦举行的国际专利分类修订工作组会议上，WIPO 成员国一致同意在用于检索和查询所有技术领域的专利信息的国际制度中增加一个新的分类，用于基于传统知识的发明和商业方法。

(2) 发达国家在商业方法专利申请和授权数量方面，远远超过发展中国家，两极差别非常明显。商业方法专利是发达国家为保护本国在网络经济中的技术领先地位，保护本国企业在网络经济中先期投入的成果而产生的，因此深受政府、企业的重视，不仅在本国申请商业方法专利，在其他国家也以各种技术发明的面貌申请类似的专利。相反，对于大多数发展中国家而言，不仅企业界缺乏知识产权保护和竞争的意识，政府在知识产权保护方面也比较迟钝。发展中国家的企业无论在国外还是国内，商业方法类的专利申请量都远远落后于发达国家。

三、关于商业方法专利审查

商业方法专利既有涉及计算机程序的共性，又有计算机、网络技术与商业活动结合所带来的特殊性。因此对商业方法专利的审查也应有一定的特殊性。现在世界各国对商业方法专利的审查标准都在探索之中，笔者结合我国实际，对此问题作初步探讨。

首先，各国在实践中总结出了以下的排除规则：独立于任何实体以外的纯信息组合或排列；仅仅附着于“机器可读储存媒体”而不参与计算机系统控制与处理的可读文件或程序；独立于任何实体以外的“信息结构”也不在计算机的实质组成之中的信息或资料；仅仅对于抽象的意识或者概念进行操控的程序或步骤；将传统的商业方法简单地移植到网络等是不能被授予专利的。

其次，一项发明只有满足创造性、新颖性、实用性的条件才会被授予专利权。

1. 创造性

创造性又被称为非显而易见性。在美国，对商业方法的创造性的判断除了与一般发明判断标准一样外，重点在于判断是否有技术上的实现手段和技术效果。但根据“国家街银行案”的判决，技术上的实现手段已经不重要了，审查重点从技术性转向了实用性。在美国，审查重点更主要地落在了确定“在先技术”的范围和同领域技术人员水平的判断上。由于商业方法不同于传统的技术领域，商业模式在现有技术资料库中很难找到对比文献，所以实质上是对商业模式的新颖性的审查。可见，美国对创造性判断上标准是很低的。而欧洲专利局对创造性的审查重点在于对其中的技术特征的审查，如在一项专利申请中，商业方法特征对同领域的技术人员来说是非显而易见的，但技术特征是显而易见的，则认为缺乏创造性（张平，2003）。

可见欧洲是以计算机软件的审查标准为基础的，并运用到商业方法的审查上，更注重对其中技术特征的审查，而不是对商业方法本身的审查。在日本，关于创造性的判断上，日本特许厅明确了“一项使用计算机的商业方法发明其应以整体的包括涉及商业方法部分的创造性的判断”。这意味着涉及计算机硬件的部分、软件的部分以及涉及商业方法的部分都要考察其创造性。可见日本对创造性的审查非常严格（张平，2003）。

依据我国《专利法》的规定，创造性是指“同申请日以前的技术相比，该发明具有突出的实质性特点和明显的进步”。商业方法是技术与商业活动的结合，如何确定创造性标准对专利范围有非常大的影响。从我国的现有状况来看，为了防止出现外国大企业在我国垄断商业方法专利的局面，也为了防止把属于公共领域的不受专利保护的传统商业方法纳入专利的范围，在现阶段应采取严格的审查制度，提高创造性的要求。笔者认为，可以借鉴日本和欧洲的做法，以下判断支撑商业方法的计算机软件是否具有创造性。对这一部分的考察，可以按照对计算机程序的审查原则进行，即与最接近的现有技术相比，是否利用了新的技术手段，解决技术问题，并可以获得技术效果。也就是说，当采取的技术手段对所属技术领域的技术人员来说是非显而易见的，可以说有突出的实质性特点。如果技术人员在现有技术的基础上通过逻辑分析、推理或有限的实验可以得到，那就不具备突出的实质性特点。如果解决了相关的技术问题，并从整体上获得有益的技术效果，就可以认为有显著的进步。

同时应该注意的是，由于计算机应用的技术领域非常广泛，许多行业有关的方法发明都可能利用计算机相关的技术达成，因此在评判现有技术时，首先，不能只考察所应用的行业来判断，而应以其所利用的技术本质加以审查，看实质上是否相同。其次，为了防止一些基本的商业模式被垄断，还应从整体上考察商业方法本身与现有的商业方法相比，是否有创造性。这里的难点在于，由于传统的商业方法不受专利保护，没有建立相关的数据库，在实践中，许多企业是以商业秘密的形态保护商业方法的，许多商业方法只是在运用，装入人们的大脑里，没有具体的文字说明，或者出现在商业活动、商业报道等非专利文献中。这就需要既懂技术又懂商业的审查员，又需要有广泛、全面的现有技术做对比。由于商业方法涉及计算机、商业交易、金融、保险等多个领域，因此应加强专利审查员在相关领域上的技术训练，也应扩大审查员审查的范围，不仅是专利文献，商业、金融文献等也应在范围之类。笔者认为，除了需要政府建立相关数据库和加强国际合作以外，还需要动用公众的力量，如行业协会、相关技术人员等，他们对本行业的相关运作、技术非常了解，比较容易判断提出申请的商业方法与现有技术相比是否具有创造性。因此在专利申请初步审查，公布申请进入实质审查之前，可以有异议程序，让社会上的公众充分发表意见，也是一种获得现有技术的途径。

2. 新颖性

美国对商业方法专利申请是否具有新颖性的判断主要取决于两个标准，一是时间标准，如果在申请时间的一年以前就已被公众所知，或在出版物中发表，就不具备新颖性；二是属性标准，即申请的至少要在某个方面与以前的方法不同。日本《专利法》则是指发明非属公知、公用或见于刊物的情形。《欧洲专利公约》则以拟制方式，消极界定新颖性的概念，凡发明不属于技术现状者，即具有新颖性，该公约第五十四条第二项则规定，现有技术应当认为包括在欧洲专利申请日以前，依书面或者口头描述的方法，依使用或者依任何其他方法，公众可以得到的一切东西。澳大利亚《专利法》对于判断商业方法是否具有新颖性，做出了以下规定："当发生下列各项情形时，商业法是不具有新颖性的：在先技术信息在单独的文件或通过实施技术已为公众所知；在两种或更多文件上，或通过两种或以上相关行为，使信息公开；在先信息包含在单独的说明书中"（高山行和胡海平，2004）。

依据我国《专利法》的规定，新颖性是指在申请日以前没有同样的发明或者实用新型在国内外出版物上公开发表过、在国内公开使用过或者以其他方式为公众所知，也没有同样的发明由他人向专利局提出过申请并且记载在申请日以后（含申请日）公布的专利申请文件中。有学者认为采用"绝对新颖性"的判断标准，笔者同意此观点。因为大多数的商业方法都是以实际使用公开的方式为公众所知，而不是以文章发表的形式公开的。而网络技术使技术的交流加快，互联网的无国界性使使用突破国界的限制，因此主张以绝对新颖性标准考察商业方法专利，即"没有在国内外公开使用过，没有在国内外出版物上公开发表过"。

3. 实用性

从美国、日本和欧盟关于商业方法的立法与实践来看，各国都非常重视实用性。我国《专利法》规定，实用性是指发明必须能够在产业上制造或者使用，并且能够产生积极效果。对于商业方法而言，判断其是否具有实用性分两个方面，一是能否投入制造或使用，这就意味着商业方法必须具有操作性和可再现性；二是能否在电子商务领域产生积极的效果或者商业上的收益。

四、我国商业方法专利保护现状及建议

关于商业方法专利问题，应考虑我国的实际及在国际竞争中所处的地位来制定政策。

首先，从社会大环境考虑，在网络时代，商业方法与网络软件相结合，在电子商务这一新兴领域显示出强大的竞争优势并具有的潜在经济效益，不仅受到经营者的关注与重视，也受到各国政府的关注。发达国家基于自身强大的经济科技实力积极制定商业方法专利政策，希望在电子商务这一新兴领域占领竞争优势。在传统的技术领域，许多关键核心技术都掌握在发达国家手中，中国作为发展中国家，要想具有优势非常困难。电子商务刚刚兴起，还是一片处女地，专利阻力比较小，如果我国企业积极投身于此领域，加强研发，在电子商务时代，与发达国家相比，还是可以寻求到优势的。

其次，商业方法专利向着专利技术标准化和标准许可化的方向发展，如果我国不重视商业方法专利问题，当其他国家商业方法专利发展到一定程度的时候，制定行业的专利标准，那时市场准入门槛就相当高，要进入就必须付专利许可费，对我国企业的发展是很不利的。现在鼓励商业方法专利申请，可以促使企业积极投入，拥有相关专利，进行交叉许可，对企业的发展也是有利的。同时，我们也要看到我国企业在管理、资金、研发等方面与发达国家企业的差距，如果太轻易给商业方法授予专利，可能会更多地保护外国的利益，阻碍了本国企业的发展和电子商务在国内的发展。因此笔者认为，从长远来看，我国应该从制度上确立对商业方法的专利保护，鼓励引导本国企业申请相关专利，但从现在的水平来看，应在学习发达国家的基础上，严格审查标准，提高要求，不至于轻率授予专利权，影响公共利益。

从我国现有的专利制度来看，也没有明确把商业方法排除在专利对象的范围之外。2010 年版的《专利审查指南》第九章第二节指出："凡是解决技术问题，在计算机上运行计算机程序从而对外部或内部对象进行控制或处理所反映的是遵循自然规律的技术手段，并且由此获得符合自然规律的技术效果，属于专利保护的客体"。只有那些纯粹的组织、生产、商业实施和经济等方面的管理方法和制度才属于智力活动的规则和方法，不授予专利。因此，虽然我国专利制度没有直接规定商业方法的定义和处理原则，但是从有关"智力活动的规则和方法"和"涉及计算机程序的发明专利申请"的规定中，已经揭示了商业方法可以作为计算机软件的一种形式，授予专利。按照这样的规

定，与技术紧密结合的商业方法由于具有特别的技术性可以被授予专利。在实践中，2002年与2003年国家知识产权局对美国花旗银行的“电子货币系统”和“数据管理的计算机系统和操作该系统的方法”两项发明授予专利，实际上已表明商业方法专利在我国的实践中已经获得承认。以“电子货币系统”为例，授予专利的原因是：该系统已不是纯粹的商业方法，而是一项技术方案。该系统本质上是一种关于电子货币交易、结算、监督的商业方法软件，其在计算机上运行并依靠电子货币产生装置、交易装置、柜员装置、安全装置等辅助设备，处理客户与发行银行、发行银行与接收银行以及各参与银行之间的电子数据，从而实现交易的准确、及时和安全。所以该电子货币系统就是一种“采用技术手段，解决技术问题，产生技术效果”的技术方案。

从我国授予商业方法专利的实践来看，都是注重对技术的考察，以技术特征覆盖商业方法的特征获得授权，而不是针对商业方法本身做整体的考察。因此笔者认为，应该将商业方法列为单独的一类，以不同于计算机程序的审查方法来确定商业方法的专利性问题。在授予商业方法专利的同时，为了促进电子商务的和谐发展，还应重视与公共利益之间的平衡。首先，由于软件的更新极快，电子商务中商业方法的商业生命周期较短，故其保护期限不能过长，如果沿用现在的发明20年的保护期，显得太长，会影响整体电子商务商业方法的正常发展，因此应该合理计算获得回报的期限，重新规定商业方法专利保护的期限。其次，合理运用强制许可和合理使用，放宽条件，以防止专利的垄断及保障非商业目的使用。

第十章 企业技术创新中的商业秘密战略

第一节 技术成果保护模式选择：专利还是商业秘密

目前，包括中国在内的世界上大多数国家对专利与商业秘密的保护均已建立起相对成熟的制度，申请专利与商业秘密保护成为技术成果保护的两个重要方式。

早在古代社会，商业秘密即以“家传秘方”、“家传绝技”等形式存在了，为家族在竞争中占有别人无法替代的优势，只不过当时尚未从法律上对其进行保护。近代法律意义上的商业秘密是随着市场经济的发展，作为对专利制度的补充而出现的。企业对于自己开发的先进技术，不愿意申请专利向社会公开，或者达不到专利的要求，但对自身企业的发展和竞争又有重大意义，因此常常将这些技术加以保密，使其成为企业的商业秘密。

一、商业秘密的含义与特征

我国《反不正当竞争法》第十条第三款规定：“本条所称的商业秘密，是指不为公众所知悉、能为权利人带来经济利益、具有实用性并经权利人采取保密措施的技术信息和经营信息。”根据这一规定，商业秘密具有以下四个基本特征。

1. 秘密性

秘密性是商业秘密最基本的特征，它的客观标准即“不为公众所知悉”。

首先，这要求商业秘密必须是秘密的，不是公有领域、人人都知道的信息。其次，对“公众”的理解，“不为公众所知悉”的“公众”只是指具有行业属性的特定人，即不为从事该秘密应用领域的人普遍知悉，如果只是一两名行业内的人各自通过正当渠道获取同样的商业秘密，并不导致秘密性的丧失，因为不是在同行业中众所周知。再次，秘密性还具有地域上的相对性，秘密性并不要求在全世界都不为人知道，因为在某个地方的众所周知的信息在另一个地方同行业内有可能还不为人所知，此信息还可以在某些地方具有秘密性，因此秘密性只是相对于某个领域或某个地域而言。最后，秘密性还要求信息不容易获得，即不能从公开渠道直接获取。

2. 价值性

价值性是指能为权利人带来现实的或潜在的经济利益。商业秘密正是“因其属于秘密而具有商业价值”，所以价值性是商业秘密必须具备的特征，如果不具有经济价值，或其经济价值甚微，就不是法律所要保护的商业秘密。价值的表现主要是指权利人通过拥有或使用该秘密能带来现实的或潜在的经济价值或竞争优势，能为或可能为权利人带来实际丰厚的利润。

3. 实用性

实用性是指商业秘密的客观有用性，即可以应用于生产实践、经营管理、商业行为中的能够产生较好的经济效益的具体的技术知识、经验和方法信息。这要求该信息应具有确定性，而不是模糊的、抽象的、范围不确定的信息。实用性和价值性密切相关，是价值性的基础，只有具有实用性的商业秘密运用于实践才能带来经济效益。

4. 保密性

保密性是指权利人应对商业秘密进行管理，采取合理的保密措施，根据各种商业秘密的不同要求采取不同的措施进行控制和保护。首先，权利人必须有保护商业秘密的主观意识并实施客观的保密措施，通过保密措施将其商业秘密控制起来，成为独占状态，才符合保密的要求。其次，判断是否采取了合理的保密措施还可以从相对人的角度进行考察。“只要权利人提出了保密要求，商业秘密权利人的职工或与商业秘密权利人有业务关系的他人知道或应该知道存在商业秘密，即为权利人采取了合理的保密措施。”①

① 国家工商行政管理局公字〔1998〕第109号“关于商业秘密构成要件问题的答复”中对“合理的保密措施”的解释。

二、商业秘密涵盖的范围

根据我国《反不正当竞争法》对商业秘密的定义，商业秘密主要包括两大类：一类是技术信息，另一类是经营信息。原国家工商行政管理局《关于禁止侵犯商业秘密行为的若干规定》第二条第五款对商业秘密进行了列举："本规定所称技术信息和经营信息，包括设计、程序、产品配方、制作工艺、制作方法、管理诀窍、客户名单、货源情报、产销策略、招投标中的标底及标书内容等信息"。这只是列举了比较常见的商业秘密，并不是囊括了所有的商业秘密。我们可以从两种信息的特征入手，说明商业秘密究竟包括哪些。

（1）产品设计。企业自行开发的产品，它的设计方案或结构方式可以秘而不宣构成商业秘密，如果产品上市后他人不能通过反向工程识破的，就可以采用商业秘密保护的方式，形成对该技术的独占，没有必要申请专利。

（2）配方。工业配方、化学配方、药品配方等是商业秘密的一种常见形式，甚至化妆品配方、食品配方，其中各种含量的比例也属于商业秘密。

（3）工艺程序。尽管各种机器设备其本身属于公知范畴，但经特定组合，产生新工艺和先进的操作方法，也可能成为商业秘密，许多技术诀窍就属于这一类型的商业秘密。

（4）机器设备的改进。在市场上购买的机器、设备不是商业秘密，但是经公司的技术人员对其进行技术改进，使其具有更多用途或更高效率，那么这个改进也是商业秘密。

（5）记录技术研发的文件。记录了研究和开发活动内容的有关文件属于商业秘密。例如，蓝图、图样、实验结果、设计文件、技术改进后的通知、标准件最佳规格、检验原则等，都是商业秘密。

（6）与经营活动有关的公司内部文件。与公司各种重要经营活动有关联的文件，也是商业秘密，如采购计划、供应商清单、销售计划、销售方法、会计财务报表、分配方案等都是企业的商业秘密。它们若被竞争对手知道，都会产生不良后果。

（7）客户情报、客户清单。这是商业秘密中非常重要的组成部分，若被竞争对手知悉，顾客将会受到引诱或骚扰，从而阻碍公司的正常活动。

三、商业秘密合法取得的方式

在市场竞争中，拥有商业秘密意味着拥有一定的竞争优势，企业不仅需要保守自己的机密，也千方百计地想获取竞争对手的商业秘密。但商业秘密的获取，不论在内容上还是在手段上都要合乎法律的规定。由于商业秘密允许同时存在多个权利主体，如果每个主体都是通过合法的途径取得，那么各商业秘密权利人可以并存不悖，因此如何合法取得商业秘密是企业特别需要关注的问题，也是企业获得竞争优势的一个有效途径。企业可以通过以下几种方式合法取得商业秘密。

1. 通过独立研发获取商业秘密

先取得商业秘密的企业并不能排除其他的企业以相同或相近的研究开发途径获取同样的商业秘密，尤其是技术秘密。先取得商业秘密的主体没有权利禁止后取得同样商业秘密的主体使用，即如果商业秘密是独立开发的，便不构成不正当获得，商业秘密权不像专利那样具有专有性，后来经自行创造、独立构思而取得商业秘密的企业，与之前已取得同样商业秘密的企业都享有商业秘密权。

2. 通过反向工程获取商业秘密

反向工程是对从合法渠道取得的产品进行解剖、检验、分析研究，从中获取生产工艺、技术诀窍等商业秘密的方法。例如，从市场购得产品，通过化学分析了解化学性质，进而分析出产品的化学成分配方；通过拆卸了解机械装置的设计构造等。由反向工程取得的技术秘密可以构成进行反向工程的主体自己的商业秘密，原权利人无权干涉。因为反向工程的产品来源是合法的，在体现商业秘密的产品出售后，其所有人的权利用尽，对产品失去控制权，因此通过反向工程去获取商业秘密，从法律上来说是完全合法的。但应注意的是，实施反向工程的必要前提是产品获得途径必须合法，这种通过反向工程得到商业秘密的方式属于正当竞争的范畴。取得产品的合法性要充分，但在有些情况下，如出租产品，其中商业秘密便不允许应用反向工程获取，因为出租产品的所有权仍属于出租人，只不过使用权暂时由承租人行使，产品中所含的商业秘密也属于产品所有人，他人不得拆开、分解、窥视，否则实施反向工程便是违法行为。另外，实施反向工程也必须注意到有些特殊产品的法律限制，如集成电路行业中的布图设计可由反向工程通过解剖集成电路芯片而获得，WIPO 制定了《关于集成电路的知识产权条约》，对集成电路的布线设计进行保护，法律规定反向工程仅限于对他人产品的布图设计分析研究，但不得简单重复。

因此，为稳妥起见，在进行反向工程研究时，应做好三件事：一是保留产品来源合法的证据，如产品发票、供货合同等；二是对反向工程的整个过程作详细记录；三是对反向工程的成果妥善保管。这样，在将来可能发生的诉讼中，企业就可以举出有力的证据使自己胜诉。

3. 善意获取商业秘密

第三人在不知情的情况下，从侵犯商业秘密的行为人那里获取、使用商业秘密的行为不构成侵权，因为第三人是善意的，没有主观上的过错。但是善意第三人对权利人商业秘密的使用，要支付合理使用费并承担保密义务。

4. 通过调查和情报分析获取商业秘密

在激烈的市场竞争中，现代企业应学会通过调查、跟踪、收集、研究竞争对手的情报信息，并通过科学的分析方法来获取商业秘密。具体途径或者方法有：通过收集竞争对手公开发表的文献和资料获得有关信息；收集、分析竞争对手的招聘广告、合同等，了解竞争对手人才资源状况；通过竞争对手的商品展销会、鉴定会、新闻发布会、交易会等，分析竞争对手的相关信息；收集、分析竞争对手的商品推销员、采购员、供应商所发表的有关采购、销售等方面的报告、评述、宣传资料等；进行市场调查，可以自己调查，也可以委托相关的调查公司进行调查；从竞争对手的生产经营场所的一些“蛛丝马迹”，如墙报、内部发行物、厂房、运载企业货物与原材料的车辆、员工培训资料等了解其商业秘密；利用专利情报分析，也可以获取竞争对手已经做了什么、正在做什么、将来会做什么等战略性的信息。

四、专利与商业秘密保护方式的利弊分析

商业秘密与专利各有优点与缺陷，两者相辅相成，才能够最有效地保护企业的技术信息。

（一）专利保护方式的利弊分析

从专利制度的设置来看，就是以权利人公开自己的技术信息为代价，获取法律的保护，既保护了权利人的利益，又促进了社会技术的进步。专利保护的优势体现在以下两个方面。

（1）专利是一种独占权，法律赋予权利人绝对的独占的权利。专利技术公开后，专利权人依靠法律制止侵权行为，行使的是绝对权利，即一项专利只能有一个权利人，其他人即使是自己独自研发出来或通过正当的渠道获得，也不能享有该权利。也就是说，其他人只要未经专利权人的允许，在任何情况下使用专利技术都是侵权行为。这使申请专利的专利权人获得一定的法律上的垄断权利，从而保持自己在竞争中的优势地位，通过自己使用或许可他人使用或转让专利获得经济利益。

（2）专利保护的权利范围比较明确，这使得在防止侵权中，诉讼保护举证相对容易。只要证明别人的技术内容与你的专利内容相同，并属于权利要求书中的内容，对方就要承担侵权责任，而不论对方是否是自行研发。这就使得专利的保护显得容易一些，只要法律明确了专利权，保护是非常充分的，专利法对权利人的权利、侵权行为人的责任等都作了详细的规定，权利人可

运用行政、司法的手段保护自己的权利。

专利保护方式也存在许多缺陷。

(1) 获得专利保护的门槛非常高。专利对新颖性、创造性的要求非常高，审查也非常严格，并不是所有的技术信息都可以受到专利法的保护，只有很少一部分确实与以前的技术相比有实质性的进步的技术，才有可能获得法律赋予的垄断权。这就使得许多具有实用价值，能带来经济利益和竞争优势的技术信息徘徊在专利之外。

(2) 专利申请的程序复杂、周期长。随着技术的进步与发展，现代化的通信手段，国际技术贸易的电子化、网络化，都使现代技术的发明与实施利用达到了空前的速度，一些新技术的实用期比起申请专利所需要的时间还短。通常获得一项较为复杂的专利，从立项到审批，需要花费 2～3 年的时间，而一些计算机软件程序的商业性可能就只存在短短的几个月，申请专利的周期已经不适应一些新技术的权利保护了。

(3) 维持权利的成本很高。获得专利权后，企业每年都要缴纳专利维持年费，对于一些申请了专利的技术，如果商业转化不太理想，运用率不是很高，每年的专利费也是一个不小的负担。

(4) 专利权有时间上的限制。专利垄断权并不是永远存在，专利权人只有在法律规定的有效期限内对其发明创造享有制造、使用、销售等专有权利，有效期满后，其发明创造进入公有领域，任何人都可以自由无偿使用。这就使权利人想永远占有某项专利，拥有竞争优势的希望不可能实现。

(5) 专利公开的全球性与专利保护的地域性，使专利权人的利益得不到充分有效的保护。为了申请专利，申请人必须依法承担向社会公开技术的义务，且不管专利批准与否，一旦公开，全世界的人都可以通过检索查到技术发明的说明书。而专利的地域性，使专利的保护只有在申请了专利的国家或地区才能受到保护。对许多技术来说，仅在国内申请专利，意义并不大，而在更多的国家申请，就意味着费用的成倍增长。任何专利人都不可能到每一个国家去申请专利，这样，一些专利技术就不可避免地被他人在一定范围内合法免费使用。随着现代互联网的普及，专利搜索的便捷，专利公开与地域性的矛盾更加突出，权利人很难完整地保护自己的权利。

(二) 商业秘密保护方式的利弊分析

商业秘密保护的优点体现在以下三个方面。

(1) 商业秘密的保护范围较广，它不仅包括技术信息，还包括一些如客户名单、销售计划之类的经营信息。在技术信息中，不论是完整的技术内容，或构成一项产品、工艺材料及其改进的技术方案，还是未完成的技术方案，或某一产品、工艺材料等技术产品中的部分技术要素，只要符合商业秘密的构成要件，都可以获得保护。与专利的构成要件相比，新颖性与创造性的程度都不像专利那样要求很高，使得一些无法通过专利保护的技术信息，只要具有秘密性，所有人又采取了一定的保护措施，就可以以商业秘密的形式获得保护。有人这样形容，专利保护是置于高处的漏孔极小的筛子，而商业秘密保护则是置于低处的网孔很大的网，前者保护水平高但保护范围狭窄，后者保护范围宽泛但保护水平低。

（2）要获得商业秘密的保护，不需要申请，也不需缴纳年费，获取保护的成本比较低，并且没有地域限制，只要技术不被公知，在任何保护商业秘密的国家或地区都会受到保护。

（3）商业秘密的保护期不受限制，只要权利人保密工作做得好，技术还未更新，权利人就可以一直拥有权利，获得竞争优势，最典型的例子就是可口可乐的配方，至今已有100多年，其每天的销售额高达6亿美元，“寿命长”成为商业秘密的一大优势。

商业秘密的保护同样也存在许多缺陷，主要体现在以下三个方面。

（1）权利人并不拥有独占权，某人拥有商业秘密并不排斥其他人通过合法方式获得相同的商业秘密的权利。这使得对侵权行为的判断与举证复杂很多。权利人不仅要证明自己拥有的是商业秘密，并且还要举证对方不合法接触秘密的事实，而对方只要证明了不存在违反约定使用商业秘密的情形，不存在对商业秘密的不正当获取，或指出合法获得的途径，就不会承担任何责任。

（2）商业秘密的秘密性要求使它的利用存在着一些障碍。由于商业秘密获得保护的前提是不为公众所知悉，否则权利人可能会丧失权利，因此在商业秘密的许可使用和转让中，权利人不能以内容公开招揽受让方，转让时转让方怕谈判不成不敢将秘密和盘托出，受让方不了解内容不敢贸然接受，双方都存在着不便。而且商业秘密许可或转让只对合同当事人有效，并不能阻止采用合法手段取得商业秘密的第三方使用某项技术。

（3）商业秘密保护的风险较大。因为保守商业秘密主要依靠事实行为，即尽可能采取严密的保密措施和尽可能小的传播范围。商业秘密一旦公开、扩散，权利人受到的损失就无可挽回了。如果同行业开发竞争激烈，大家都掌握了相似的技术，或者仅由于保密措施不当或不小心泄露，都会使商业秘密不复存在。这就对权利人管理自己的商业秘密、采取保密措施提出了更高的要求。

五、保护模式选择的对策分析

从以上的分析中可以看出，在保护技术信息方面，专利保护也存在着诸多不足，商业秘密保护则填补了许多空白。在可以获得专利保护的技术领域，商业秘密可以和专利联手形成双重保护，在专利保护不到的领域，商业秘密可以作为补充。企业对其技术成果保护模式的选择应考虑以下因素。

1. 应考虑技术信息的特点

如果技术信息不能满足新颖性和创造性的要求，就只能运用商业秘密进行保护。如果技术信息既符合商业秘密的构成要件，又符合专利的构成要件，我们就要考察哪一种更适合。可以从以下几个方面考虑：①反向工程的难易程度。如果一项技术成果很难或不可能通过反向工程获得，那么，企业可考虑以商业秘密的形式对其进行保护；相反，如果一项技术成果很容易通过反向工程破译，则商业秘密保护将失去其应有价值，此时可考虑将技术成果以专利形式进行保护。②技术信息生命力的长短。凡是生命力非常短的技术信息，采取商业秘密保护比较好，因为可以避免烦琐的申请和审查程序，在避免获得授权的同时也失去了生命力。③技术信息是否易于保密。如果此技术产品需要大量制造并公开销售，不易保密，采取专利的方式比较好。如果技术公开后不易模仿，不易发现，可以考虑通过商业秘密进行保护。

2. 应考虑技术成果是否具有长期市场价值

专利与商业秘密保护期限的不同，导致企业在选择保护模式时应将新技术是否具有长期市场价值作为考虑因素。在科学技术迅猛发展的今天，技术更新非常迅速，一项新技术的生命周期往往很短。企业在选择保护模式时，首先应对其技术成果的市场价值进行评估，如果新技术在短时间内可能会被相同技术所替代，则可考虑选择专利保护；而对于一些基础技术或配方，往往会在很长一段时间内无法被其他技术替代，此时可考虑将其作为商业秘密进行保护。美国可口可乐饮料的配方便是典型范例，这项配方发明采用技术秘密保护获得的经济利益，比申请专利保护取得的经济利益不知要大多少倍。

3. 应考虑技术成果的技术水准

专利的新颖性与创造性要求技术成果在申请日前尚未公开，且较现有技术具有“突出的实质性特点”与“显著进步”。目前学术界认为，商业秘密无须具备新颖性与创造性，由此，商业秘密对技术水准的要求更低。企业在决定对一项新技术选择保护模式时，应对其技术成果与现有技术成果进行比较，判断是否具备授予专利申请条件。在申请专利过程中，技术成果一旦经实质审查后因缺乏新颖性或创造性而不授予专利权，由于实质审查前的公开程序，将导致相关技术同时失去商业秘密保护的可能性。

4. 应考虑企业技术实施条件

现在许多研发型企业对自己的技术成果并不自行实施或不具备实施条件，

或因市场需要暂时还不能实施，对这些技术如以商业秘密形式加以保护，则无形中增加了保密的成本与泄密风险。此时，以专利形式保护不仅有利于技术许可或转让的安全，且节约了保密成本。

5. 应考虑企业的保密能力

因员工跳槽带走原公司商业秘密已成为商业秘密侵权纠纷的典型形态。如果某项技术的实施必须涉及企业的多数人员，加之企业保密能力有限，泄密的可能性将大大增加，此时，若采用商业秘密保护就不如申请专利保护更为安全。

6. 应考虑技术成果被仿冒难易度

对于极具社会推广价值、能产生立竿见影的经济效果的新技术，往往在短期内容易引发大量的仿冒、盗用行为，由于商业秘密与专利取得方式的不同，权利人在诉讼中所负的举证责任亦有区别。实务中，商业秘密权利人的举证工作往往比专利权人更加纷繁复杂，考虑到诉讼概率与诉讼难易程度，对具有较好社会效率、易被大量仿冒的新技术应进行专利保护。

第二节 侵犯商业秘密的表现形式

我国《反不正当竞争法》第十条通过对侵害手段的列举规定了侵犯商业秘密行为的类型。①

一、以盗窃、利诱、胁迫的方式或其他手段获取他人的商业秘密

所谓盗窃，通常是指秘密窃取权利人的商业秘密，即行为人主观上有非法占有他人商业秘密的目的，在客观上采取了不易被权利人发觉的方法，秘密地将权利人的商业秘密据为己有。行为人既包括内部知情人员，也包括外部人员。对商业秘密的盗窃形态既可以是内部人员盗窃，也可以是外部人员盗窃，还可以是内外勾结盗窃。其手法可以是将商业秘密的文件偷偷据为己有，也可以是复制后还回原件、保留复制件，还可以是将商业秘密的内容偷

---

① 《反不正当竞争法》第十条第一款规定："经营者不得采用下列手段侵犯商业秘密：（一）以盗窃、利诱、胁迫或者其他不正当手段获取权利人的商业秘密；（二）披露、使用或者允许他人使用以前项手段获取的权利人的商业秘密；（三）违反约定或者违反权利人有关保守商业秘密的要求，披露、使用或者允许他人使用其所掌握的商业秘密。"第二款规定："第三人明知或者应知前款所列违法行为，获取、使用或者披露他人的商业秘密，视为侵犯商业秘密。"

偷记忆下来、据为己有。窃取商业秘密的行为所损害的是商业秘密的秘密性和权利人使用、转让商业秘密的收益。

所谓利诱，是指以给付物质利益或其他利益的方式引诱知悉商业秘密的雇员及其他知情人员告知商业秘密。引诱的对象通常是掌握或了解商业秘密的人，包括商业秘密权利人所属的雇员以及其他因工作关系而了解商业秘密的人员。

所谓胁迫，是指以给他人的财产或人身造成损害为要挟，迫使他人告知其商业秘密。包括对商业秘密的权利人及其雇员、合作人及其他知情人，也包括对这些人的亲属进行损害为要挟，胁迫的内容不仅仅是人身损害，还包括荣誉、名誉、财产等方面。

所谓其他手段，是指除盗窃、利诱、胁迫三种手段以外，违背商业秘密权利人的意愿，获取权利人商业秘密的其他不正当手段。如通过虚假陈述欺骗，以洽谈业务套取，利用因特网手段窃取他人商业秘密等。总之，不正当手段正是对纷繁复杂的非法获取商业秘密现象的高度抽象和概括，以违背诚实信用商业道德为判断。

二、非法取得商业秘密后使用、披露

行为人在非法取得商业秘密之后，进行使用或披露。使用是指运用于生产经营，用于实践。使用可以是行为人自己直接使用，也可以是行为人允许他人使用。允许他人使用是获取人以有偿或无偿的方式将商业秘密提供给第三人使用，例如，冒充权利人与他人签订许可使用合同有偿使用；又如，基于朋友、亲戚关系，将非法获得的商业秘密无偿送给他人使用，无论有偿还是无偿，都是非法使用的表现形式。

披露是指不正当地获取人违背权利人的意愿，将商业秘密向他人公开，包括三种情况：第一，告知特定的人。如告知某一个竞争对手，虽然只有一个主体，也构成披露。第二，告知少部分人。如在某些特定场合，谈论非法获得的商业秘密，使来宾听到，虽然没有向社会公开，此时披露也属违法。第三，向社会公众公开，即通过各种信息传媒，如报纸、杂志、广播、电视等手段向社会传播。

三、违反约定或保密要求，未尽保密义务

此种行为是指权利人以外的，通过正当手段或者途径取得或知悉了权利人的商业秘密，而违反约定的义务或者权利人的保密要求，将其掌握的商业秘密披露给他人，自行使用或者允许他人使用。

此种行为的构成要件是：①行为人必须是商业秘密的权利人以外的人。

一般是正当接触商业秘密的人，如许可合同的被许可人，权利人的职工（包括在职的、离退休的、离开的人）以及其他与权利人有业务关系的单位和个人。②被侵犯的商业秘密是行为人合法知悉或者掌握的商业秘密。如许可使用商业秘密的被许可人知悉商业秘密；转让商业秘密的使用权而使受让人掌握商业秘密；职工因工作关系而掌握商业秘密；企业的商业秘密应生产、经营需要被企业有关的产品销售者、原材料供应者、设备维修者所知悉；因参加成果鉴定会等而知悉他人的商业秘密等情况。③行为人负有保密义务。这种保密义务可以是明示的，如订有保密合同，或者权利人提出过保密要求，使行为人负有保密义务。保密合同是双方行为，因此行为人根据合同负有保密义务。如果存在默示保密义务，即使双方没有明示的保密合同，行为人也应承担保密和不使用的义务。④实施了违法行为。披露、使用和允许他人使用是此种行为的具体违法形态，包括违反保密义务的规定或约定而向他人透露商业秘密，以及向社会公开商业秘密；违反约定或保密义务在生产经营中运用他人的商业秘密；允许第三人使用其获取的他人的商业秘密。

第三节 企业商业秘密的保护战略

一、商业秘密的自我保护

（一）提高保密意识，建立内部保密制度

1. 制定内部保密制度

通过制定内部管理办法和职工守则，加强对商业秘密的保护。第一，可以建立保护商业秘密的管理体制，由专门的部门和人员管理企业的商业秘密。制定公司商业秘密保护制度，确定商业秘密范围，指定各部门商业秘密管理责任人。第二，采取安全保密措施。如实行严格的门卫制度，加强内部保安措施，对某些特定区域严格限定非有关人员入内，建立电子监视系统、防盗系统。第三，提高保密技术手段，加强办公自动化设备管理。有的企业使用普通传真机传输秘密文件，有的未经批准擅自使用复印机复制密级文件，有的用普通电话或手机谈论秘密事项，这些现象都有可能导致泄密。第四，加强计算机系统管理，严防计算机系统泄密。如对数据或软件加密，全面记录计算机使用情况，设置进入计算机的秘密口令，防止黑客和计算机病毒的攻击等。

2. 订立保密协议，加强人员管理

对于掌握知悉和接触商业秘密的人员，可以通过订立保密协议，使其承担相应的保密义务的方法来防止商业秘密的泄露。对于能够合法地接触和知悉商业秘密的不同的人员，应订立不同的协议。

1）企业与雇员之间的保密协议

保密义务既有法律的规定，也可通过保密协议来约定。《公司法》规定：“董事、监事、经理除依照法律规定或者经股东会同意外，不得泄露公司秘密。”法律明确规定了董事、监事、经理的保密义务，这是一种法定的保密义务。但是法律对一般员工的保密义务并未作出具体规定，因此可通过签订保密协议来弥补这一缺漏。《劳动法》中明确了劳动合同中可以规定保密义务。该保密协议既可以与劳动聘用合同订为一个合同，也可以与有关知识权利归属协议合订为一个合同，还可以单纯签订保密协议。本着公平、合理的原则，签订协议应包括保密的内容和范围、双方的权利和义务、保密期限、违约责任等，如要求员工离开企业后仍负保密义务，企业应向员工支付保密费。

保密协议的内容主要有以下几个方面：①保守秘密义务，不得向他人泄露，无论这种泄露是出自主观故意还是疏忽大意，均违反义务；②仅可在企业要求的范围和程度上为增进本企业利益使用商业秘密；③工作中取得有关智力成果应当及时向企业汇报，并归企业所有；④妥善保管、使用有关商业秘密的资料、实物等。保密协议一经双方签字盖章，即发生法律约束力。一旦雇员违反此协议，企业则可以依据合同法追究其责任。

2）企业同某些客户之间的协议

由于业务关系，某些重要的客户可能在必要的情况下，在企业允许的范围内，接触到某些商业秘密。企业通过订立保密协议，可以使该客户承担保密义务。在约定商业秘密保护条款时，应包括商业秘密的范围、商业秘密知悉的人员范围、披露他方商业秘密承担的责任、商业秘密保护期限等条款。除此以外，企业应针对不同的商业秘密等级确定哪些中高级管理人员有权批准他人使用和了解哪些商业秘密。例如，企业与客户签订软件安装协议，企业可能要提供一些技术资料以供对方了解本企业的需求，但是这些技术资料的提供应该是有限的，而且应当经过企业相应权限的管理层的明确批准。这样，既有利于限制企业商业秘密外传的可能，也有利于确定商业秘密管理权责。

3）企业同某些临时雇用人员之间的协议

企业为了完成某项任务或达到某种目的，会雇用具有某种专业技能的人从事某些特定的工作，后者在工作中能够知悉某些商业秘密。例如，企业雇用程序员根据客户与自己业务往来时间和业务量为标志，设计一个自动调节对客户报价折扣的软件，程序员可能取得企业的客户名单。而订立有关保密义务契约可以防止泄密。

3. 建立奖励和惩罚制度

对那些技术、经营骨干和掌握重要秘密的员工尽可能地给予照顾。一是在收入分配上，适当向他们倾斜；二是通过长期、稳定的劳动契约关系来尽可能减少其下岗的可能性，从而达到保护企业商业秘密的目的；而最根本、最有效的办法，是通过企业产权改革，让企业商业秘密的发明人和接触、掌握企业商业秘密的人拥有企业部分产权，使其成为企业的股东，与企业形成休戚与共的命运共同体，从而使之自觉保守企业的商业秘密。对违反保密规定，遗失商业秘密文件、实物，泄露商业秘密的，应根据情节、后果给予处分，甚至辞退、开除。对发生重大泄密事件的部门，应追究有关领导的责任。

（二）分区域、分层次、分范围、分部门以及点面结合的保护策略

具体来说，分区域就是在明确商业秘密的秘密区域后，有意识地将秘密区域细化，安排不同的人员开发、操作、管理该商业秘密的不同部分，使得企业中尽可能少的员工掌握该商业秘密的整体部分；分层次就是对于不同级别的员工，能掌握的商业秘密等级应该有所不同，附加在其身上的保密义务也应有所区别，这是降低企业运营成本的需要；所谓分范围、分部门，是指依据商业秘密的分类，对于涉及技术信息类秘密的人员，由于技术类信息的价值性在一般情况下时效都比较长，应有相应的较长时期的保密义务，甚至应该在该技术人员离开单位后的一段长时间内禁止其从事相竞争的工作，而经营类商业秘密通常情况下短时间内是稳定的，长期来看却常常处于变动之中，那么对于接触此类秘密的人员，其保密义务与技术人员又有所不同；所谓点面结合的保护策略，就是指企业需要制定一般的保密制度，但对于特定人员、特定秘密的保密制度更要强化。

（三）规定合理的竞业禁止

关于竞业禁止是指知悉商业秘密的雇员在职期间和离职后一定期间内，不得到与原单位有竞争关系的单位（或有利害关系的单位）任职或自行经营与原单位业务有关的营业。我国 2008 年 1 月 1 日生效的《劳动合同法》对竞业禁止做出如下规定："用人单位与劳动者可以在劳动合同中约定保守用人单位的商业秘密和与知识产权相关的保密事项。对负有保密义务的劳动者，用人单位可以在劳动合同或者保密协议中与劳动者约定竞业限制条款，并约定在解除或者终止劳动合同后，在竞业限制期限内按月给予劳动者经济补偿。劳动者违反竞业限制约定的，应当按照约定向用人单位支付违约金"。同时规

定："竞业限制的人员限于用人单位的高级管理人员、高级技术人员和其他负有保密义务的人员。竞业限制的范围、地域、期限由用人单位与劳动者约定，竞业限制的约定不得违反法律、法规的规定。"

关于职工离职后的竞业禁止，企业可与知悉或可能知悉企业商业秘密的员工签订竞业禁止协议。此协议是企业为了保护自己的商业秘密，为了约束前雇员，使前雇员不为某种特定行为所采用的一种合同。通过合同的方式可以很好地保护企业的商业秘密，防止人才流动对企业造成的损害。但我们也要看到这种协议也是对前雇员再就业、择业自由的限制，这种限制应该要合法、合理，不能因此损害了择业自由权，妨碍人才的合理流动。

对于竞业禁止协议合理性问题，应从两方面予以考虑：一是从雇主的角度来说，必须有需要保护的正当利益并在合理的范围内；二是从雇员方面来说，不得危及生存权、自由择业权等公共政策。竞业禁止的效力认定必须权衡企业或雇主的利益、职工或者雇员的利益以及社会公共利益（余卫东，2003）。因此，竞业禁止协议合理性应该从以下几个方面考虑。

第一，适用的人员范围要合理。竞业禁止协议的主体不是雇主的全体雇员，而只能是部分雇员，而且只能是与能够知悉商业秘密的雇员订立此协议。如公司的董事、监事、经理、文秘人员、研究开发人员、档案管理人员、市场营销人员、关键岗位的技术工人以及其他有关人员。至于那些根本没有机会接触商业秘密的人员不能作为竞业禁止的主体。

第二，领域限制要合理。领域限制是指离职人员不得为原企业竞争行为的领域。应严格限定在与雇主营业目的密切相关并且雇主有商业秘密存在的有关生产、销售和服务领域。领域限制如果模糊不清、不合理，此协议应当无效。领域限制不能过宽，限制范围越小、越细，越容易得到前雇员的遵守。领域限制可以采用规定技术领域、规定产品项目、规定服务项目、规定行为性质等方式。

第三，时间限制要合理。时间限制的长短主要取决于有关技术秘密、经营秘密在经济上产生效益的期限。我国有关规范性文件中规定不得超过三年。除了原则性规定，还可以根据具体情况灵活确定合理限制时间的方法。

第四，关于补偿费。受到竞业禁止的职工一定会遭受损失，其不作为义务是以付出经济牺牲为代价的，而这种牺牲恰恰给企业带来了竞争上的好处，因此让对方支付补偿费是合理的。但补偿费并不是必须的，因为职工的情况各不相同，如一般被动的接触到了商业秘密，对此并没有创造性的贡献，可以不给补偿费；又如雇主在职工在职期间支付了含有离职后竞业禁止的补偿费的高薪，或竞业禁止对其生存状态不构成严重影响，就不一定约定补偿费。因此，关于补偿费应区别对待，如果约定，应约定数额、支付的方式、支付的期限等。竞业禁止的补偿金数额，法律上没有一个明确和权威的规定，按照深圳和珠海的相关规定，补偿金的数额须不少于该员工年收入的 2/3 和 1/2，如果补偿金支付的数额较少，法院通常也会判决该竞业禁止协议无效。

竞业禁止协议一般应具备以下条款：生产同类且有竞争关系的产品的企业具体范围；竞业限制的期限；补偿费的数额及支付方式；违约责任等。竞业禁止的期限一般不得超过三年。协议中可明确规定：①员工不得利用商业秘密成立自己的企业与原企业竞争；②不得利用商业秘密为竞争企业工作；③离职之前不得抢夺原企业客户；④离职后的特定时间和特定领域不得利用原企业商业秘密进行经营活动。

（四）建立商业秘密的档案管理

商业秘密的密级划分：①绝密级。涉及企业最重要的、战略性、关键性的信息，其泄露会给企业的利益造成特别严重的损失。如企业经营状况的报告，进出货价格，企业发展规划等，只限于企业高层人员掌握。②机密级。涉及企业重要的、具有实质内容的信息，其泄露会使企业的安全和利益遭受严重损失。如企业的日常管理情况，会议通知等，只限于企业中层以上人员使用。③秘密级。涉及企业一般的、基于经营需要在对外的一定范围内公开的信息，其泄露会使企业的安全和利益遭受损失。如企业新产品的订货方式等。除此以外，还应确定保密期限，期限的长短应根据商业秘密有用性的长短而定，商业秘密事项变更，或者密级变更后，应及时在文件资料或其他物品上标明，并通知有关人员。

建立保密文件管理的责任制。关于企业的核心技术资料，或者其他被确认为应该保护的秘密，其资料的载体包括书面文件、电子记录等应由专人负责管理，并且借阅、查询、复制等要有严格的审批和登记程序，管理员应该随时掌握企业内外都有哪些人曾经了解这些商业秘密，也应该知道这些商业秘密曾被哪些非研发人员和企业客户所了解。

加强保密协议签署工作的管理。在企业内部应该与其员工签署保密协议，企业研发人员应当签署保密声明，声明自己不会在企业以外的任何地点、以任何方式提及或说明企业的技术秘密，也不会在企业许可范围以外向任何客户提供与企业技术秘密有关的信息和资料，同时这些员工应当明确表示对因其违反这种声明产生的后果承担责任，对其他接触企业核心秘密的后果承担责任，其他接触企业核心秘密的员工也应在知悉这些秘密前签署上述声明。

（五）建立披露审查制度

企业的生产经营与生存发展离不开各种对外交往活动，如工程技术人员需要发表论文或出版专著，企业对外新闻报道或举行新闻发布会，商业洽谈或合作开发某个项目，经验交流会或表彰会上总结汇报，产品广告词或产品说明书等。因此企业应建立对信息披露的审查制度，防止泄露技术秘密或经营秘密。凡是对外交往活动中涉及和可能涉及商业秘密的，其内容在向新闻媒体和社会公开前，都要先进行严格的技术处理，经过有关技术、经营专家的严格审查。对未公开的技术经营项目，不得通过报刊、书籍、电视等进行报道，确因工作需要报道的，应经主管部门的批准，并掌握报道程度。因此凡是属于企业的商业秘密或与之相关的内容，禁止向社会披露，最大限度地堵住对外泄密的各种渠道。

（六）网络环境下商业秘密的自我保护

网络环境下企业商业秘密的记载具有电子化、数据化、软件化的特点，借助磁性介质（硬盘、光盘）保管，并且通过计算机进行管理。较为典型的有：①交易中传递的信息。如客户的姓名、信用卡号、用户的口令及密码、商家用户的订货和付款信息。②企业从事电子商务活动时建立的数据库系统。如产品数据库中有关产品、价格的各种信息，客户资料数据库中网上订购客户的各种信息，支付数据库中消费者所购买产品信息和消费额。③企业通过软件、U盘、光盘等方式记载的技术信息（如公式、图纸、配方等）、经营信息等。而网络开放性、隐蔽性、无国界的特点，决定了企业商业秘密一旦在网上被窃取，窃取者就可以方便地通过网站或者电子邮件大范围地快速传播，这给企业造成的损失可能是无法估计的。

在网络环境下，侵权人主要利用高技术手段在网络上截获、窃取、更改、披露他人的商业秘密。①来自企业内部的侵犯。企业内部人员特别是网络管理人员利用其工作便利或管理上的漏洞，将企业的商业秘密从企业内部网上下载出卖或内外勾结，为他人获取企业内部网上商业秘密提供方便。②黑客入侵。黑客利用巧妙的手段和高超的技术捕获企业特有的重要信息，或对企业的系统进行攻击，使企业的系统功能丧失，商业秘密受到侵犯。③他人截获、窃取、更改、披露企业商业秘密。如果企业没有采取加密措施或加密强度不够，攻击者可能通过互联网、公共电话网、搭线、在电磁波辐射范围内安装截收装置或在数据包通过的网关和路由器上截获数据等方式，获取传输的机密信息。④通过冒充各种角色获取企业商业秘密。一是冒充合法用户，给企业发大量电子邮件，窃取商家的商品信息和用户信息，检索企业商品的递送状况，订购商品，从而了解企业商品的递送状况和货物的库存情况。二是冒充领导发布命令，调阅密件。三是冒充网络控制程序，套取或修改使用权限、通行字、密匙等商业秘密（付音，2003）。

企业除了采取以上措施外，还应该结合网络时代企业商业秘密的特点，采取相应的保护措施。其中技术保护措施是网络环境中对商业秘密最基本、最直接的保护手段。通常采用的技术主要有防火墙技术、数据加密技术、数字签名技术和数字认证技术。企业一旦连入互联网，首先，必须在企业内部网与外部网或互联网之间建立保护层，企业内外信息的双向流动在此保护层接受检查过滤，只允许被授权的信息通过。其次，在商业秘密的网络传递过程中，应用数字认证系统，采用数字签名和数据加密的方法，对商业秘密进行加密传送，确认发送方和接受方的身份，保证商业秘密信息的完整性、可靠性和准确性。再次，为企业商业秘密加密、备份。密码技术是对信息进行的安全防卫，用以保护传输中的数据，是最基本的安全技术。数据备份制度就是利用各种载体对信息系统数据进行存储和恢复，以防止由于各种原因可能造成的系统破坏和数据丢失。

二、商业秘密的行政保护

在商业秘密法律保护体系中，行政保护是非常重要的一环，尤其在我们国家，它处于十分关键的地位，发挥着民事保护和刑事保护等其他方式无法替代的作用。与民事、刑事保护相比，商业秘密的行政保护具有成本低、效率高等特点。工商行政管理机关受理、处理商业秘密侵权案件的程序简捷，行动迅速，可以在尽可能短的时间内禁止侵权，控制局面；对案件所涉及的人员、场所较为熟悉，调查、处理的针对性强，办案效率非常高；处理商业秘密案件的费用也非常低。相比之下，司法保护往往耗时、费力、经济投入较大，诉讼负担较重。因此应充分发挥行政保护的优势，有助于提高商业秘密的法律保护效果。

目前，追究商业秘密侵权行政责任的主要法律依据是：《行政处罚法》、《反不正当竞争法》，以及国家工商行政管理局的《关于禁止侵犯商业秘密行为的若干规定》和《工商行政管理机关行政处罚程序规定（试行）》。根据上述法律和规定，我国县级以上工商行政管理机关负有保护权利人商业秘密的职责，拥有依法查处、打击商业秘密侵权行为的义务，对侵权人可分情况予以罚款、责令停止违法行为等行政处罚。对侵犯商业秘密的行为，权利人可主动要求工商行政管理机关予以查处，由违法行为地或违法行为人所在地的工商行政管理机关管辖。

对于侵权行为的认定，根据商业秘密自身隐蔽性的特点，主要采取“谁主张、谁举证”和“举证责任倒置”相结合的原则。申请人只需证明被申请人的商业秘密与自己的商业秘密具有相同性，以及被申请人具有获取其商业秘密的条件，就使被申请人承担自己没有侵权的举证责任，倘若被申请人不能证明商业秘密是合法取得的，就可以认定其实施了侵权行为。

根据现有法律规定，商业秘密侵权人应承担相应的行政责任，主要有两种方式：责令停止违法行为及罚款。

1. 责令停止违法行为

责令停止违法行为是对侵犯商业秘密行为的一项重要的行政处罚方式。责令停止违法行为的具体方式，在《关于禁止侵犯商业秘密行为的若干规定》第七条中规定，“工商行政管理机关在依照前款规定予以处罚时，对侵权物品可以作如下处理：（一）责令并监督侵权人将载有商业秘密的图纸、软件及其他有关资料返还权利人。（二）监督侵权人销毁使用权利人商业秘密生产的、流入市场将会造成商业秘密公开的产品。但权利人同意收购、销售等其他处理方式的除外。”可见责令并监督侵权人将载有商业秘密的图纸、软件及其他有关资料返还权利人，监督侵权人销毁使用权利人商业秘密生产的、流入市场将造成商业秘密公开的产品，是责令停止违法行为的具体方式。

在紧急情况下，为防止或制止被申请人违法披露、使用、允许他人使用商业秘密，给权利人造成不可挽回的损失，工商行政管理机关应权利人请求，并由权利人自愿出具对后果承担责任的书面保证，可以采取以下强制措施：①扣留被申请人以不正当手段获取权利人的载有商业秘密的图纸、软件及其他有关资料；②责令被申请人停止销售使用权利人商业秘密生产的产品。

2. 罚款

罚款是工商行政管理机关制裁商业秘密侵权行为的又一重要措施，与责令停止违法行为可以同时并用。根据《反不正当竞争法》、国家工商行政管理局《关于禁止侵犯商业秘密行为的若干规定》，工商行政管理机关可以根据情节轻重，对侵犯商业秘密行为人处以 1 万元以上 20 万元以下的罚款。就具体案件而言，罚款数额应根据案件的实际情况确定，充分考虑该商业秘密的经济价值、保密程度、侵犯商业秘密行为的方式、目的、危害后果等因素，做到公正、合理、合法。

三、商业秘密的司法保护

商业秘密的司法保护主要是从保护民事权益的角度制止侵害商业秘密行为，保护权利人的私人权利，如果情节严重，还可以追究刑事责任。商业秘密的司法保护主要体现在人民法院通过审理商业秘密案件，依法对商业秘密权利人在其权利受到侵害时提供民事救济，以及对严重侵害他人商业秘密的犯罪分子进行刑事处罚。

（一）商业秘密司法保护中的民事救济

从我国现有法律来看，对商业秘密法律保护的民事救济包括民事违约责任和民事侵权责任两种。如果存在保密协议，就可以以协议为基础提出违约之诉，支付违约金或赔偿损失等。如果是侵犯权利人的权利，一般承担侵权责任，包括停止侵害、消除影响和赔偿损失。停止侵害是指禁止侵害人继续使用、披露权利人的商业秘密，并尽可能采取措施减少损失，防止该商业秘密的扩散及传播。赔偿损失的赔偿额是以被侵害人的实际损失来计算，包括现有和将来可预计的利润损失以因该侵害行为而支付的合理费用；当被侵害人的实际损失难以计算时，可以根据侵害者在侵权期间因该行为所获得的不当利润来推定计算；当上述两种计算方法计算不便时，可以按商业秘密的可测量价值以及一般许可使用费予以计算，即以不低于商业秘密使用许可的合理使用费为赔偿额，这是假定侵权人在正常情况下取得权利人商业秘密的许可使用时，其许可使用费应该是多少。但这并不意味着侵权人就此获得了商业秘密的合法使用权，侵权人在支付赔偿金的同时仍必须停止侵权行为。此外，当事人还可以自愿协商赔偿额，在实践中，人民法院一般允许当事人之间采取协商的计算方法确定赔偿数额。

（二）商业秘密司法保护中的刑事处罚

我国《刑法》设置了“侵犯商业秘密罪”的罪名，《刑法》明确规定：有侵犯商业秘密的行为，给商业秘密的权利人造成重大损失而构成犯罪的，处 3 年以下有期徒刑或者拘役，并处或单处罚金；后果特别严重的，处 3 年以上 7 年以下有期徒刑，并处罚金。

我国《刑法》所规定的商业秘密犯罪行为的种类与《反不正当竞争法》规定的侵害商业秘密行为是一致的，任何侵害商业秘密的行为都有可能构成犯罪，但前提是给商业秘密权利人造成重大损失。当前商业秘密的刑事处罚方式还存在诸多问题，主要表现在以下两个方面。

第一，如何衡量罪与非罪，界线不清晰。根据《刑法》第二百一十九条的规定，“给商业秘密的权利人造成重大损失”是构成商业秘密罪的要件之一，即行为人实施上述行为必须在给商业秘密的权利人造成重大损失的前提下，才构成犯罪。如果行为人虽有上述侵权行为，但没有给权利人造成重大损失，不能以犯罪论处。但是，如何衡量行为人的行为是否“给权利人造成了重大损失”，目前没有立法或司法解释的明确规定，司法实践中很难操作。建议修改《刑法》第二百一十九条，在该条中明确规定罚金刑的幅度、“重大损失”和“特别严重后果”的认定标准。

第二，应严格限定犯罪构成，不宜将侵犯商业秘密罪规定得过于宽泛。我国是世界上用刑法手段保护商业秘密为数不多的国家之一，且现行立法有“过度”刑法保护之趋势，例如，违反约定披露、使用或泄露商业秘密的行为在性质上属于违约行为，对违约行为追究刑事责任在世界上是很少见的。又如，侵犯商业秘密罪在主观方面规定了“明知”或“应知”，“应知”至少应包含疏忽大意的犯罪过失。若实践中采取“过度”保护，必然会限制和损害其他方面的利益，导致技术垄断、阻碍人才流动等不利于社会发展的弊端。因此在对《刑法》条文的解释上，应严格限定犯罪构成，不宜将侵犯商业秘密罪规定得过于宽泛。

第十一章 企业技术成果的资本化战略

第一节 企业技术成果的资本化分析

一、技术成果资本化的含义

企业技术成果最终需要得到有效利用，技术成果必须资本化运作才能为企业取得最大的经济回报。对于技术成果资本化，目前国内学者研究的视角和范围的大小不一。第一，从技术成果资本化的视角来研究。这种观点认为技术成果资本化是技术成果拥有者以技术成果作为资本投入企业，与企业其他资本共同经营、共担风险、共享利润，形成新的经济实体的过程，这一观点得到了较多学者的认同。中国政法大学冯晓青教授认为，技术（成果）资本化就是以技术为生产投入要素，通过技术与资本的有效结合，实现技术的增值和变现的知识产权资本化（冯晓青，2005）。第二，从知识产权资本化的视角来研究。西南政法大学副教授侯东德认为，知识产权资本化是指知识产权直接转化为资本，或与有形资产相结合，实现其价值和使用价值的过程，其本质是知识产权投资的一种行为（侯东德，2007）。第三，从专利技术资本化的视角来研究。燕山大学经济管理学院赵利光先生认为，专利技术资本化是指专利权作为一种特殊的投资形式转化为产业资本（赵利光，2003）。同时还有的学者将专利技术资本化和商品化概念相结合，认为专利技术资本化是指专利权人将其知识产权量化为资本进行投资或转让等活动，和其他生产要素一起直接参与到生产、投资和分配等经济活动的全过程中，是将专利权物化为实物财产的重要方式。以上三种概念由大到小、由宽到窄，专利技术只是知识产权中的一个重要组成部分，知识产权只是技术成果中获得产权权利的那一部分。

技术成果资本化的目的是把技术创新成果作为一种生产要素，通过投资、入股、折股等方式转化为资本，并与其他生产要素结合一起，通过技术创新实现资本的“滚球效应”。技术成果的资本化，一方面，减少了企业与科研单位的交易费用，增强了企业的科技实力，提高了企业的技术创新能力；另一方面，增加了科研人员或产权人的收入，使科研人员的潜力得到了更大的发挥，有利于产、学、研的有效结合。

二、技术成果资本化的作用

技术成果资本化运作可有效利用技术创新成果，以实现技术成果的有效转化，并实现它的价值和增值。其直接作用主要包括以下几个方面。

1. 有利于企业将技术成果商品化

技术创新需要将技术成果转化为商品，为企业带来经济效益，如果把技术创新成果作为一种生产要素，通过投资、入股等方式转化为资本，与其他生产要素结合在一起，就能尽快实现技术成果向商品的转化。

2. 有利于吸引先进技术减少企业经营风险

技术成果资本化使先进的技术成果能够最早找到“婆家”，实现从技术成果到资本的转化，而且技术成果投资减少了技术出资方的现金支出，同时也降低技术引进等方面的费用和非技术出资方的技术风险，增加企业收益并增强竞争力。

3. 有利于实现对智力劳动者的多重激励作用

技术成果资本化对发明创造人员具有物质和精神上的多重激励作用，智力成果的资本化，按其成果之价值获得收益，充分体现对智力劳动者的尊重，是对创造性人力资本的最好体现，从而激发科技人员、管理人员的创新动力，有利于企业形成创新型文化，创建学习型组织。

4. 有利于企业在解散或破产时的财产清算

企业解散或破产时需要对企业现存资产进行清算，以便剩余资产分配或在破产的情况下作为清偿债务的依据，对其中的技术成果也需要通过评估作价才能实现其清算。

5. 有利于技术成果的有偿转让和使用

技术成果资本化有利于企业专利技术、专有技术的转让和许可使用，其转让费和许可使用费的计算才有依据。

6. 技术成果资本化有利于专利权利质押

我国《担保法》规定专利权的财产权可以作为权利质押，这时需要签订书面抵押合同并由主管部门登记公告。专利权质押必然也涉及专利权的资本化。

三、技术成果资本化的法律依据

技术成果出资入股是《公司法》中的重要制度，也是实现技术转化的重要方式。科技需要发展，但更重要的是将现有的技术实施转化，经济发展需要科技的引进与转化，科技的出资入股也需要法律政策的确认、支持和引导。目前我国的《公司法》、《合伙企业法》、《外商投资企业法》和原国家科学技术委员会《关于以高新技术成果出资入股若干问题的规定》，对技术成果资本化的地位和功能有明确的规定。特别是2005年我国对《公司法》关于知识产权的出资比例的修改，更加有利于技术成果的出资入股。以上法律、法规客观上为技术成果的价值化提供了良好的前提。

1.《公司法》

我国《公司法》第二十七条规定："股东可以用货币出资，也可以用实物、知识产权、土地使用权等可以用货币估价并可以依法转让的非货币财产作价出资……全体股东的货币出资金额不得低于有限责任公司注册资本的百分之三十。"这一规定提高了技术成果等知识产权占有限责任公司注册资本的比例，即全体股东的非货币出资金额可以占出资金额的70%，这一规定意味着无形资产可占注册资本的70%。

2.《合伙企业法》

《合伙企业法》第十六条规定："合伙人以实物、知识产权、土地使用权或者其他财产权利出资，需要评估作价的，可以由全体合伙人协商确定，也可以由全体合伙人委托法定评估机构评估。"

3.《外商投资企业法》

《中外合资经营企业法实施条例》规定，合资者可以用货币出资，可以用建筑物、厂房及其设备或其他材料、工业产权、专有技术、场地使用权等作价出资。《中外合作经营企业法》也规定企业投资者可以用工业产权作为合资条件或投资方式。

4.《关于以高新技术成果出资入股若干问题的规定》

原国家科学技术委员会、国家工商行政管理局在1997年7月4日发布并施行的《关于以高新技术成果出资入股若干问题的规定》第二条规定："以高新技术成果向有限责任公司出资入股，适用本规定。"第四条规定："出资入股的高新技术成果，应当符合下列条件：（一）属于国家科委颁布的高新技术范围；（二）为公司主营产品的核心技术；（三）技术成果的出资者对该项技术合法享有出资入股的处分权利，保证公司对该项技术的财产权可以对抗任何第三人；（四）已经通过国家科委或省级科技管理部门的认定。”第六条规定：“以高新技术成果出资入股，成果出资者应当与其他出资者协议约定该项成果入股使用的范围、成果出资者对该项技术保留的权利范围，以及违约责任等。”第七条规定：“出资入股的高新技术成果需由经工商行政管理机关登记注册的评估机构评估作价。国有资产评估结果依法需由有关行政主管部门进行确认的，还应办理确认手续。”

四、技术成果能够资本化的条件

我国《公司法》将技术成果分为一般技术和高新技术，并对一般技术出资作了原则性规定，而对高新技术则委托国务院进行规范。但对于技术成果作为出资时应符合什么条件并无明文规定，即使在《关于以高新技术成果出资入股若干问题的规定》中也仅是对具体的技术种类进行了简单的列举。笔者认为技术成果作为出资形式，必须具备以下条件。

1. 技术成果具有可转让性

如果技术成果不能转让，则不能区分技术成果持有人与公司的财产，无法保证公司财产的独立。因此不能与科技人员人身分离的技术、经验，不具有转让的可能性，则不能作为出资的标的。有些零散的技术成果，只要具备可转让性，能够进行价值评估，仍可以出资，但该零散技术的评价应基于现状作价，而不能以将来可能转化、改进的技术作价。

2. 技术成果应具备价值的可评价性

因为作为出资的对价是取得股份，这一要件要求出资的技术成果必须是现实的技术而不应是将来的技术，对于将来的技术成果无法评价；同时技术成果的出资不得附条件或附期限，因为技术成果的出资应在章程上记载，并且要符合公司法定资本制度要求，公司的资本总额在公司设立时必须在章程中明确规定，并须由股东全部认可，这也与公司验资制度相符。

3. 作为出资标的的技术成果应为拟设立公司所需

作为出资的技术成果应为拟设立公司所需，否则会导致公司成为无用资产的收容所，影响公司成立的宗旨和目的的实现，这一点与技术成果的评价相关，应成为技术成果价值确定时考虑的因素。

我国《公司法》和《关于以高新技术成果出资入股若干问题的规定》均没有明确出资技术成果的条件，理论上也欠深入。笔者认为，技术成果不是因为是其某一技术领域的新工艺、新技术即可成为出资的标的，而是在具备前述条件下才有出资的可能。因此，作为未来立法的选择，应对出资技术成果需具备的法律条件明确规定，方可践行公司资本制度并指导其实践。

五、可以出资的技术成果

只有在法律上和事实上能够用来转让的技术成果才能作为出资。到底什么是技术成果？都有哪些类型？最高人民法院在 2004 年 12 月 23 日公布的技术合同司法解释，对技术成果的概念以列举方式确定为六种，其中，计算机软件、植物新品种等首次纳入技术成果范围。司法解释规定：技术成果是指利用科学技术知识、信息和经验作出的涉及产品、工艺、材料及其改进等的技术方案，包括专利、专利申请权、专有技术、计算机软件、集成电路布图设计等。

1. 专利

专利是指专利主管机构根据发明人的申请，依法批准的发明人或其受让人对其发明成果，在一定期限内享有的独占权或专有权。我国《专利法》规定，专利包括发明专利、实用新型专利、外观设计专利，这三种专利都可以作为资本化的出资标的。

专利权人具体的权利包括独占实施权、转让权、许可权、标记权及放弃权，其中转让权和许可权为技术成果的资本化提供了基础（杜文聪和刘信业，2006）。专利技术入股既有以专利权入股的，也有把专利申请权视为专利技术作价入股的。但专利申请权能否作为股东投资入股的客体，在实践中颇易引起争议。

2. 专利申请权

专利申请权是作为发明人（或权利继受人）对其技术向国家知识产权主管部门提出专利申请的权利，是专利在获得授权前所享有的法定权利。首先，依据我国《专利法》第十条规定，专利申请权可以依法进行转让；其次，根据我国资产评估实践，专利申请权也可以依法进行评估。从理论上讲，专利申请权符合《公司法》所确定的上述两项标准，可以作为对企业的出资。

然而，专利申请权具有极大的不确定性，从实践来看，专利申请人仅仅是发明人（或权利继受人）提出申请的权利，该技术是否会被授予专利还需要由国家知识产权局对其进行审查，尤其是发明专利申请，不但需要对专利申请的形式要件进行审查，还需要对该技术是否满足新颖性、实用性、创造性进行审查。从统计数据上看，有很大部分发明专利申请都难以通过审查程序，难以获得最终的授权。鉴于上述情况，以专利申请权作为对企业的出资，无论从风险上分析，还是从实践操作的可行性看，都难以操作。

3. 专有技术

专有技术亦称为技术秘密、专门技术、技术知识和技术诀窍等，并不完全指商业秘密。商业秘密包括技术性质的秘密和非技术性质的秘密，专有技术属于前者，是指可以应用于工业生产或其他非工业的生产服务领域、为有限范围内少数人士所掌握、可以传授、未在其他任何地方公开其完整形式、并未取得任何工业产权形式保护的一切知识或经验。它具有机密性、动态性、可传授性和可转让性等特征。以专有技术出资，通常表现为以技术贸易服务、许可的形式。

4. 计算机软件

在我国，计算机软件是采用以著作权保护为主、专利保护为辅的综合保护的模式。在现行法下，作为著作权客体的软件不能成为公司出资，因为它缺乏公司出资路径。而计算机软件采用专利或非专利技术保护是可以作为公司出资方式的，对于有些可以申请专利保护的软件，如果获得专利权，就可以专利权的名义出资；如果其未能申请成功，亦可以非专利技术出资，其专利申请过程中的出资障碍可自然消解。同时在我国的《关于以高新技术成果出资入股若干问题的规定》及其《实施办法》中，将计算机软件定义为一种技术，将其与专利权、非专利技术并列起来，成为单独的一类，更加强化了计算机软件作为技术成果成为出资客体的依据。如果通过修改《计算机软件保护条例》，承认软件权利本身是一种独立的权利形态，软件是一种信息技术，那么亦可在现行法律的框架下，寻找到一条使其能够成为合法的出资形式的路径。

5. 集成电路布图设计

集成电路布图设计就是确定用以制造集成电路的电子元件在一个传导材料中的几何图形排列和连接的布局设计。集成电路布图设计实质上是一种图形设计，但它并非是工业品外观设计，不能适用《专利法》保护。因为从《专利法》的保护对象来看，针对产品、方法或其改进所提出的新的技术方案，要求具有创造性、新颖性和实用性。这一点对集成电路布图设计而言往往难以做到。从专利的取得程序，专利申请审批的时间过长，成本较高，不利于技术的推广和应用。集成电路布图设计虽然在形态上是一种图形设计，但它既不是一定思想的表达形式，也不具备艺术性，因而不在作品之列，不能采用著作权法加以保护，而且集成电路布图设计更新换代较快，若用著作权法来保护布图设计，则会因著作权的保护期过长而不利于集成电路业的发展。由于现有专利法、著作权法对集成电路布图设计无法给予有效的保护，世界许多国家就通过单行立法，确认布图设计的专有权，即给予其他知识产权保护。我国的集成电路布图设计保护相对较晚，2001 年 3 月 28 日国务院通过了《集成电路布图设计保护条例》，已于 2001 年 10 月 1 日生效。根据《公司法》的规定，属于知识产权的集成电路布图设计专有权可以成为出资入股的客体。

第二节 技术成果作价方式及考虑的法律因素

一、技术成果作价方式

技术成果作为非货币形式的出资，最重要的在于价值的确定。虽然《公司法》和《关于以高新技术成果出资入股若干问题的规定》都规定技术成果必须评估，但各地方立法则无不把协商作价作为作价方式之一，有的地方甚至将协商作价作为原则。这种立法固然弱化了法律对评价方式的硬性操作，顾及到了地方无权威评估机构的现实，但必须注意到当事人任意协商出资金额可能导致出资不实，甚至滥设公司，最终危害经济秩序。

1. 评估作价

评估作价是指由专业的评估机构对出资人的技术成果的价值进行确定的作价方式。这种作价方式弥补了因当事人对技术成果价值认识不足可能导致过高或过低确定价额，从而损害其他出资人利益并危害公司资本制度的情况。但绝对强求评估作价，在实践中可能并不现实，特别是在有的地区无权威评估机构时更是如此，同时技术出资实际上也是技术出资人对自己财产权处分的实现方式，如过分限制作价的自主性，确实不利于技术的出资，允许当事人协商作价，体现了法律的灵活性和可操作性。

2. 协商作价

协商作价是指由技术出资人和其他股东通过相互磋商、讨价还价以确定技术成果出资金额的作价方式。技术成果的出资是一个市场行为，技术出资人作为技术成果财产权的持有人，作价方式的灵活性不仅在于克服评估作价的困难，解决实务上的操作，更在于充分通过市场，实现资源的合理流动和优化配置资源。允许协商作价，体现当事人意志，通过出资人自己的处理分配，决定自己财产的命运，无疑对技术出资有着极其重要的意义，并有利于最大可能地引进技术。

3. 出资技术成果涉及国有资产时的作价方式

技术成果的出资涉及国有资产有三种情况：一是一方以属于国有资产的

技术成果出资，他方以非技术成果出资；二是一方以技术成果出资，另一方以非技术成果的国有资产出资；三是两方以上的出资涉及技术成果，其中一方是以属于国有的技术成果出资。由于涉及国有资产，同时鉴于国有资产流失的可能性和其后果的严重性，以及在实践中出资方低估国有资产损害国家利益的情况，笔者认为，不论哪种情形，都应通过评估确定相关技术成果的价额。从本质上说，技术成果作价方式的固定并非立法之目的，而仅是发现和明确技术成果价值的手段，如一味强化手段的作用，而不尊重技术成果价值发现的多途径，不仅有碍技术成果的出资，也增加了公司设立的成本。

二、技术成果评估作价应考虑的法律因素

（一）专利评估

在专利资产的评估中，应考虑如下法律因素。

1. 专利权利中专利申请权和专利权两者的划分

作为知识产权的一种，专利申请权是既得权，可以转让和许可，一旦由权利人行使，则在行使的国家和区域产生了排除其他未来申请的垄断权利，因此也存在价值评估的问题。同时，针对将来有可能获得的专利权而言，它又是一种期待权，因为专利申请有批准和驳回两种可能，存在着得不到授权的风险，可靠性较专利权为低，因此申请权与专利权价值完全不同。

2. 专利权利覆盖的地域范围

知识产权具有地域性，按照一国或地区法律获得承认和保护的知识产权，只能在该国或地区发生法律效力，除签有国际公约或双边互惠协定外，知识产权不具有域外效力。为了保障高新技术产品的出口，高新技术企业往往在进口地申请附于出口到当地产品之上的专利权，以阻断进口国生产者的复制，由此在多个国家或地区取得专利权利。因此，专利权利所覆盖的地域大小，将直接决定或影响该专利技术产品享有独占权市场的大小，进而影响到该专利的价值。

某发明或实用新型专利在《保护工业产权巴黎公约》和 PCT 缔约国首次提出申请后，可在 12 个月内，向所有其他缔约国申请保护，并以第一次申请的日期作为在后提出申请的日期，这就是专利国际保护中的优先权。对于同一处在申请阶段的专利来说，处于优先权维持期间的专利申请，其价值显然高于已过优先权期限的专利申请。

3. 专利权的保护范围

专利权的保护范围即权利要求书覆盖的权利范围。权利要求书是发明和

实用新型专利申请文件中最重要的法律文件，其作用是从法律上明确地划定该项专利权的保护范围，其内容是由构成发明或实用新型的技术方案的技术特征来表述的。我国《专利法》第二十六条第四款规定，权利要求书应当以说明书为依据，说明要求专利保护的范围。《专利法实施细则》第二十条第一款规定，权利要求书应当说明发明或实用新型的技术特征，清楚并简要地表述请求保护的范围。

我国《专利法》第五十九条规定，发明或者实用新型专利权的保护范围以其权利要求的内容为准，说明书及附图可以用于解释权利要求。专利保护范围的确定，是以权利要求书中所有的必要技术特征构成的发明创造的实质内容为准，而不仅是以权利要求书中的文字或措辞为准。专利权的保护范围越大，其垄断的技术和产品范围越大，价值也就越高。

4. 专利的合法状态

专利评估应考察评估对象是否经过了撤销、无效等程序。一般而言，经过专利被他人申请撤销或者无效程序的考验，并被专利复审机构宣布撤销专利和无效专利的请求不能成立的，其专利的价值更高。此外，还要审查专利文件，考察专利是否因为《专利法》的某些其他规定而被撤销，如漏缴年费等。

5. 专利的基础性和从属性

基本专利是指可以不必借助或依赖于其他专利而独立实施的专利。从属专利是在已有的专利基础上，通过改进而取得的专利。实施从属专利必须同时实施相关的基本专利，从属专利受到基本专利的制约。因此从属专利的实施，须经基础专利人的许可，从属专利权人无权独立许可第三人实施其专利，且如果实施应同样向基础专利人支付许可费。

6. 专利实施情况

专利的价值必须经过专利权人自身行使或许可他人行使方能完全体现，因此专利许可条件和许可费用是专利评估的重要考察对象。

7. 专利保护期届满时间

我国《专利法》规定发明专利保护期为20年，实用新型保护期为10年，不得续展，之后便进入公有领域，任何人可以无偿利用。因此，专利权的价值随着专利保护期届满的日益临近而不断降低。

8. 纠纷状态

如果评估对象处于纠纷状态，评估时应考虑专利纠纷的内容、性质，是否在纠纷过程中涉及撤销、无效程序，审查结果如何等问题。在专利诉讼过程中，除了专利权权属问题，还经常会涉及专利权的有效性问题，诉讼的一方提出撤销、无效的请求，启动相应程序，使专利诉讼更加复杂化。

（二）技术秘密评估应考虑的因素

技术秘密是一个易走极端的“变量”，这个变量的变动幅度之大，是其他知识产权的评估中很难见到的。评价技术秘密的价值，目前基本上使用评估者直接提供的市场资料，再参考行业一般的利润率和技术垄断系数加以确定。技术保密造成的经济垄断是技术秘密的最大价值所在，但由于技术秘密只是一种事实垄断，不具有向专利那样依靠法律强制取得的排他性，因此技术秘密的垄断系数与专利的垄断系数不同。在考虑技术秘密的垄断系数时，应重点考虑以下几点。

1. 有关技术秘密的技术可替代程度

某项技术秘密的垄断系数与该项技术的可替代程度呈反比，而专利技术的垄断程度与该项技术权利要求的覆盖程度呈正比，只要在其权利要求的覆盖程度内，技术的可替代性对专利的垄断系数不会产生影响。

2. 技术秘密的相关转让程度

出售、购买的技术秘密会由于交易的次数增加而扩散，而且竞争技术也会因同样性质的行为产生扩散，导致垄断系数下降。

3. 技术的保密成本

技术秘密的主观性要件要求技术秘密权利人必须采取合理措施对技术进行保密。各种技术的保密措施因该技术的自然性质而异，保密成本也各不相同，如企业内设置专门保密纪律和程序所带来的效率损失、因添加保密装置而额外增添的管理费用、与离职员工签订保密协议或竞业禁止协议所依法或按照协议必须支付的保密费等，不一而足。当这些保密成本接近或等于技术秘密本身能带来的收益时，技术秘密的价值便越发失去意义。

4. 垄断年限

技术秘密持续保持领先而不被后代产品所替代的时间，或持续不为公众或不完全为公众所周知的时间，是技术秘密保持垄断性的重要事实要素。在评估时应该合理地预计技术秘密的一个合理寿命期限，这个期限应考虑到产品和技术更新换代的时间和周期、权利人保密措施不当或偶然地正当发现等因素。

（三）计算机软件评估应考虑的因素

根据《计算机软件保护条例》第九条的规定，计算机软件著作权人在不损害社会公共利益的前提下，具有以复制、展示、发行、修改、翻译、注释等方式使用其软件的权利。在评估该项权利时，应考虑如下法律因素。

1. 有关软件与他人著作权的关系

评估时要考虑评估对象是否有抄袭他人成分，是否有未经他人许可的翻译、改编、汇编成分，还要考虑评估对象获得他人著作权许可而引用他人作品的情况（包括版权费、许可条件等）。

2. 有关软件的版权登记情况

一般作品完成之后，无论发表与否，即取得著作权，自然取得保护，无须有国家机构加以确认，但计算机软件著作权的保护却是例外。根据《计算机软件保护条例》，向软件登记管理机构办理软件著作权的登记，是依法提起软件权利纠纷行政处理或者诉讼的前提。未经登记的软件著作权，发生纠纷时不得请求行政处理或提起诉讼。软件登记管理机构发放的登记证明文件，是软件著作权有限或者登记申请文件中所述事实确实的初步证明。已经依法经过登记程序的软件保护程度更高，价值也更高。

3. 有关软件的版本

一旦某个软件有新版本出现，虽然其原有版本的保护期仍未届满，但旧版本的经济寿命将急剧缩短，其商业价值将大大降低。

4. 有关软件保护期届满的时间距离

我国《计算机软件保护条例》第十五条规定，软件著作权保护期为 25 年，截止于软件首次发表后第 25 年的 12 月 31 日，在保护期满前，软件著作权人可以向软件登记管理机构申请续展 25 年，但保护期最长不超过 50 年。离保护期届满的时间距离越短，软件价值越低。在实践中，由于软件更新换代速度极高，不到法律保护期届满，一般软件产品就已经结束经济寿命，但是对某些基础软件而言，保护期这个法律因素还是值得重视的。

（四）集成电路布图设计评估应考虑的因素

集成电路布图设计并不表达一定的思想，不同于一般的图形作品，也不具备艺术性，不同于造型艺术作品，因此很难纳入著作权法的保护范围。同时，集成电路布图设计主要依靠有关经验和规则来创作，专利法所要求的较大原创性无法满足。为创立一种新型法律保护制度对集成电路布图设计实施专门保护，1989 年 WIPO 通过《关于集成电路的知识产权条约》，我国现已加入该条约。WTO 成立后，根据该组织缔约国确认，按照《关于集成电路的知识产权条约》的有关规定，对集成电路布图设计提供保护。在评估集成电路布图设计权时，应考虑如下法律因素。

1. 反向工程

虽然《关于集成电路的知识产权条约》禁止复制受保护的集成电路布图设计，但并不禁止他人在评价或分析受保护的布图设计的基础上，创作另一符合法定条件的具有原创性条件的布图设计。因此，集成电路布图设计反向工程①的难易程度决定了集成电路布图设计的经济生命周期。

2. 登记

《关于集成电路的知识产权条约》规定，布图设计成为以正当方式向主管机关提出登记申请的内容或者登记的内容以前，任何缔约方政府有不保护该布图设计的自由。按此规定，已经登记程序的布图设计价值高于未经登记的布图设计。

3. 有关集成电路布图设计保护期届满的时间距离

《关于集成电路的知识产权条约》规定，集成电路布图设计专有权的保护期至少为 8 年，TRIPS 协议则规定为 10 年，保护期一般从登记或投入商业利用之日起计算。

第二节 技术成果评估作价的方法

我国《无形资产评估准则》中所列示的无形资产有：专利权（转让权、实施权、许可权），包括发明专利权、实用新型专利权和外观设计专利权；非专利技术（使用权、转让权），一般包括生产用非专利技术、经营贸易用非专利技术、管理用非专利技术等；商标权（独占权、许可权、转让权、继承权）；著作权（许可权、使用权）；销售网络；客户关系；特许经营权；合同权益等②。而企业的技术创新成果权利化以后都要形成知识产权，成为企业的无形资产。我国《无形资产评估准则》归纳了无形资产评估常用的三种方法，

---

① 反向工程包括反向分析和反向设计两个阶段。反向分析是指通过对目标产品的结构、功能、工作方式进行系统的分析和研究得到有价值的技术信息。反向设计是指在获取的技术信息基础上，设计出功能相近，但又不完全一样产品的过程。集成电路反向工程的通常做法是，利用物理、化学方法逐层解剖芯片，进行拍照和检测，分析芯片内的器件和电路结构，在充分了解原芯片关键技术原理的基础上，重新设计出功能相同或相似的集成电路产品。

② 2009 年实施的《无形资产评估准则》明确指出："本准则所称无形资产，是指特定主体所拥有或者控制的，不具有实物形态，能持续发挥作用且能带来经济利益的资源。""可辨认无形资产包括专利权、商标权、著作权、专有技术、销售网络、客户关系、特许经营权、合同权益等。"与旧《无形资产评估准则》比起来，范围更宽泛，含义更确切。

即重置成本法、收益现值法和现行市价法。

一、重置成本法

重置成本法也称为成本法，是指现时条件下被评估资产全新状态的重置成本减去该项资产的实体性贬值、功能性贬值和经济性贬值，估算资产价值的方法。

重置成本法的基本公式为

评估价值＝重置成本－实体性贬值－功能性贬值－经济性贬值

重置成本是指现今购建一项全新的功能相同资产所需支出的最低金额，分复原重置成本和更新重置成本两种。复原重置即是完全按照被评估资产的原样购置（建造）资产，所谓原样是指在设计、原材料、生产工艺、制造标准等，均与被评估资产一样。更新重置是指重置一个与被评估资产用途一样的资产，但在设计工艺、原材料运用、制造标准等方面都可采用新方法。

实体性贬值是指由于使用磨损和自然损耗造成的贬值；功能性贬值又称无形磨损贬值，它是指由于技术进步出现性能更优越的新资产而使原有资产贬值造成的。经济性贬值是指由于外部环境恶化而引起的贬值，如通货膨胀、政策变化等因素都可能使原有资产不能发挥应有的效能而贬值。

重置成本法的适用范围是：①可复制、可再生、可重新建造和购买的，具有有形损耗和无形损耗特性的单项资产。例如，房屋建筑物、各种机器设备，以及具有陈旧贬值性的技术专利、版权等无形资产。②可重建、可购置的整体资产。但与整体资产相关的土地不能采用重置成本法评估。

使用成本法评估无形资产时应当注意两点：一是无形资产的重置成本应当包括开发者或持有者的合理收益；二是功能性贬值和经济性贬值数额的确定。

由于无形资产具有账面成本不完整、投资成本的弱对应性和入账成本的虚拟性的价值特点，在采用重置成本法对无形资产进行评估时会遇到如下问题：①成本资料缺乏完整性；②原始成本的不确定性；③原始成本无据可查。由于这些问题的存在，在使用重置成本法确定无形资产的重置成本时，有时存在着数据资料不准确和不精确的风险，难以确保评估结果不产生失真。

二、收益现值法

收益现值法简称为收益法，这种方法是通过计算被评估无形资产的未来寿命期间预期收益，并按照一定的折现率折算成现值，借以确定被评估无形资产在评估基准日的现时价格。收益法的实质是，从资产购买者的角度出发，购买一项无形资产所付出的代价不应高于该项资产或者具有相似风险因素的同类资产未来收益的现值。

用公式表示为

$$P=\sum_{t=1}^{n}\frac{M_t}{(1+i)^n}\alpha$$

式中，P 为评估值；M_t 为资产 t 年的预期收益；n 为资产经营期限，以年表示；i 为折现率；α 为分成率。

使用收益法应当注意下列事项：①合理确定无形资产带来的预期收益，分析与之有关的预期变动、受益期限与收益有关的成本费用、配套资产、现金流量、风险因素及货币时间价值；②确信分配到包括无形资产在内的单项资产的收益之和不超过企业资产总和带来的收益；③预期收益口径与折现率口径保持一致；④折现期限一般选择经济寿命和法定寿命的较短者；⑤当预测趋势与现实情况明显不符时，分析产生差异的原因。

由于无形资产收益是相对有形资产产生的超额收益，这一特点决定了我们在评估确定无形资产的收益时必须注意以下两点：首先，以其能够实现的收益为准，而不是以扩展生产规模，或者是以其推广后所能实现的价值为准；其次，将无形资产的收益与其附着的有形资产的收益分离开，无形资产是无形的，不具有独立的实物形态，必须依附于一定的直接的或间接的物质载体来表现它的价值（《最新无形资产评估方法、技巧、参数及案例分析》编委会，2003）。预测无形资产的预期收益的方法主要有超额收益法和收益分成法两种。

三、现行市价法

现行市价法又称市价法、市场价格比较法，是最直接、最简单的一种资产评估方法。它是适用变现净值标准的评估方法，通过市场调查，选择一个或几个与评估对象相同或类似的资产作为比较对象，分析比较对象的成交价格和交易条件，进行对比调整，估算出资产价值的方法。其实质是根据现行市场上相同或类似的无形资产的售价或标价来确定被评估无形资产的价格或本金化价值。

应用这种方法进行评估首先需要满足两个前提条件：一是要有一个活跃、公平、公开的交易市场；二是能在交易市场上找到相同或者类似的无形资产作参照物。

计算的基本公式为

评估值＝参照物的市场交易价格×（1－累计折旧率）

现行市价法的运用条件：①公平市场。买卖双方自愿竞争，买者有足够的时间了解资产性能等状况，卖者有足够的时间了解招徕的买主并选择买主。②持有的待出售资产或其特征和性能具有公平市场。③存在着三个及三个以上具有可比性的参照物。现行市价法的可用性取决于参照物的丰富程度和市场参照物的经济、技术参数获得的难易程度。④价值影响因素明确，并且可以量化。

使用市场法时应当注意下列事项：①确定具有合理比较基础的类似的无形资产；②收集类似的无形资产交易的市场信息和被评估无形资产以往的交易信息；③依据的价格信息具有代表性，且在评估基准日是有效的；④根据宏观经济、行业和无形资产情况的变化，考虑时间因素，对被评估无形资产以往交易信息进行必要调整。

第四节 科技成果资本化运作模式的选择

我国技术成果转化为资本的途径主要有两种：一是自主创新转化模式，人为自行筹资投资创办企业过程中直接应用，以实现产品质量或生产效率提高的。二是出资方式的资本化，主要是指对企业出资入股的形式，即将技术成果的价值转化为货币资本进行投资，形成企业的独立资本。

一、技术成果出资应具备的条件

1. 技术成果资本化中的主体必须合格

技术成果的出资（转让）者必须是合法的拥有人，并且必须保证技术成果的接受方免受侵权的指控。接受人必须是正在设立中或者已经成立的公司，转让人和接受人必须是独立的。

2. 技术成果资本化的客体必须有效存在和不受干扰

以专利为例，专利在该地域经批准授权或依法产生，其法定保护期限尚未届满，也没有被权利人放弃，无侵权诉讼和第三方提出无效请求或知识产权已被质押等情况。

3. 技术成果资本化应当与相关的有形资产投资同步进行

技术成果资本化应当与相关的有形资产投资同步进行，这样才能实现其使用价值和市场价值，为企业带来资产增值。

4. 技术成果资本化应建立在公平合理的基础上

禁止拥有人利用其独占权优势提出种种不合理的限制性条件。例如，不合理的搭售、雇佣、限制接受方的企业经营等。

5. 技术成果资本化的程序必须合法

要进行量化评估，投资入股后转化为等额价值的股权凭证、股权或股票、专利证书。如果是专利权投资、转让还要向专利管理机构办理权利转移登记手续。

二、技术成果资本化运作模式

技术成果资本化基本运作模式在实际操作中经常遇见的问题主要有：其一，技术成果出资比例受到法定限额的制约。修改后的《公司法》规定：全体股东的货币出资金额不得低于有限责任公司注册资本的30%。新法的规定意味着无形资产可占注册资本的70%，但在实际操作中，还是时常会遇到需要突破这一限额的情形。其二，科技成果作价投资的手续比较烦琐。特别是以高新技术成果出资入股，首先要经过科技部或省级科技管理部门的认定，出资入股的技术成果必须属于科技部颁布的高新技术范围，并为公司主营产品的核心技术，然后需由经工商行政管理机关登记注册的评估机构进行评估作价。高校和科研院所的技术成果，还需要到有关国有资产行政主管部门办理确认手续。其三，科技成果转化初期，其价值相对较低，因此过早地将科技成果折价出资会影响技术研究方的权益。但完全依靠技术研究方自身对科技成果先行孵化也有难度，一是风险大，二是缺乏资金的支持，这使得技术研究方经常处于两难境地。为解决上述问题，可以采用以下三种运作模式。

1. 先转让后出资的运作模式

这种模式就是将技术成果先转让给合作方，技术研究方再利用转让费出资组建公司。先转让后出资运作模式的主要优点是：①与技术直接作价出资模式比较，组建公司的手续得到了简化，不一定要经过指定机构的技术评估、高科技成果认定和国资管理部门确认等烦琐手续，从而可加快项目的上马速度，并避免有关手续应支持的费用，这对双方来说都是有利的。②技术占资比例也可以不完全受法定限额的约束。③对技术方来讲，如果觉得风险过大，还可以采用减少投资额的办法，以确保一部分收入。例如，某技术成果的转让费用为2500万元，技术转让方可拿出1500万元用于投资，另1000万元则作为收入，用于弥补前期的研发费用、科技人员的酬金以及技术再投入的经费。

这种方式比较适用于专利技术成果，因为专利的技术要点是公开的，投资方容易以此来判断项目开发的可行性。如果是专有技术，就必须建立在投资方有较强的资金实力，对开发项目也较有信心的基础上。其缺陷是今后的技术增值部分只能按出资比例分享。

2. 先技术服务再作价出资的运作模式

这种模式的出发点就是推迟技术的出资时间。如某高校的一项技术研发成果通过有关部门的鉴定和验收后，准备通过产、学、研相结合实施产业化，便与某联合集团股份有限公司组建一家独立公司运作。经过全面分析研究后，双方提出了分步实施的方案。第一阶段，双方以现金出资组建一家注册资本为320万元的公司，其中学校以现金方式出资80万元，占25%。在此阶段学校为公司提供技术服务，并事先收取220万元的技术服务费（先由合作方垫付）。当公司实现一定的目标市场销量后，就转入第二阶段，即扩大公司的注册资本和经营规模。进入第二阶段时，学校再以该技术成果经法定机构评估后全额作价出资。

这种操作方式有如下优点：①无论第一阶段是否成功，至少可以保证学校有140万元的收益（另外80万元出资后，按公司的有限责任，已能承担该方在公司中的所有经营风险）。②进入第二阶段后再实行技术成果作价出资，这时开发风险（包括技术转化风险和市场风险）已大大减少，更重要的是此时技术的评估价值与合作初期相比，必将会有大幅度的提高。③即使第一阶段合作失败，由于技术权益仍掌握在技术方手里，技术方还可以另外寻找合作伙伴，而不至于“吊死在一棵树上”。

这种方式比较适用于非专利技术成果，或者投资方对项目开发还缺乏充分的信心，抱着先试探一下的心理。在以这种方式操作时，技术方应注意一点，在技术方提供技术服务后，公司可能就已掌握生产工艺和技术要点，而不愿转入第二阶段（因为技术方往往不能控股），因此必须事先以协议的方式加以约束。

3. 先服务后转让、再出资的运作模式

这种运作模式兼容了以上两种模式的优点，这种模式仍然分为两步走，先推迟技术的出资时间，以独立研发的技术创新成果为双方共同组建的公司提供技术服务，并收取对方的技术服务费。当技术转化风险和市场风险已大大减少，技术成果的评估价值已大幅度的提高，而且技术成果出资比例可能超过法定比例，且技术成果作价投资的手续比较烦琐的情况下，可以考虑再采用先转让后出资的方式。这种运作模式兼容了以上两种演变模式的优点，但由于“战线”较长，操作技术要求更高。

上述三种演变模式，本质上都属于技术成果出资入股，只是将技术贸易中的一些优点巧妙地结合到技术投资之中。第一种模式不但操作简便，而且有利于技术方控制投资的额度和比例；第二种模式对技术方来说既可进又可退，进能提高技术的价值，退也能干净利落而不会受过多的牵制；第三种模式是以上两种模式的综合运用。这三种演变模式与直接作价投资的基本模式比较，运作技术的难度要大一些，尤其是第三种演变模式。在实践中应根据实际情况灵活运用。

第五节 技术成果价值评估个案分析

本案例涉及的是一项已经获得国家专利局授权的专利技术，评估目的是投资入股，评估基准日为 2004 年 5 月 31 日，评估对象为“防窥视密码输入器”专利技术。

一、基本情况

汤某曾任金盾金融办公设备有限公司经理，从 2000 年至 2003 年 6 月研制开发防窥视密码输入器。此后汤某拟将其研发的防窥视密码输入器作价出资，组建安全设备有限公司，委托评估机构对该技术进行评估，以掌握该项技术创新成果的资本化前景。

该技术由于采用凸透镜成像及视角差原理设计按键盘，使得使用者在输入密码时，只能垂直正视，才能通过透明体或凸透镜看清楚按键载体内显示的数字。偏离一定的角度则形成视角差或焦距改变，按键内显示的字符会呈现看不见，看不全面，甚至只能看见因变形而无法辨认的字体，保证输入的密码不会被人窥视而失窃。防窥视密码输入器涉及一种键盘输入装置，具体适用于商场、银行、税务、海关、邮电等采用电子商务的部门。该项技术具有较强的保密性、实用性，适用面广，具有重大的实用价值。

由于无形资产成本具有虚拟性和弱对应性的特点，采用重置成本法评估不能反映其真实价值；而该技术属于技术创新，在市场上难以找到相类似的产品，因而也不能采用现行市价法评估。通过分析技术创新成果的未来收益，该成果具备运用收益法评估的前提条件，如上文所述，收益现值法能较真实地体现技术创新成果的未来市场价值。

采用收益法评估，在基准日 2004 年 5 月 31 日，防窥视密码输入器技术评估值为人民币 2183 万元，为作价出资入股提供了科学的评估依据。

二、价值化过程中的评估技术思路

评估对象为无形资产，评估目的是投资入股，是建立在该项技术创新成果在未来一定时期内继续使用并获取收益的前提之上进行的。因此，本评估项目适用收益现值标准，评估方法为收益现值法，即将预期内的净收益按一定的折现率折成现值后累加求和，并按无形资产的贡献进行分成，从而得到本评估对象的现时公允价值。

三、评估过程

(一) 市场分析与销售预测

随着社会经济活动的发展和电子商务的普及，人们使用密码和个人资料的频率越来越高。与人们经济生活息息相关的许多场合，如商场、银行、税务、海关、邮电等，是人群密集的公共场所。当人们在这些公开场所使用目前的输入键盘输入姓名、地址、账号、金额、日期等个人资料和密码时，容易被他人知晓、窥视或窃取，造成泄密。虽然相关单位、部门和机构都采取了很多防范措施，但是都未能很好地解决问题。用户的个人资料及密码被窃取、被泄露的事件时常发生，给国家、集体和个人的财产造成了损失。

20 世纪 90 年代中期出现的密码输入器，有效的解决和制约了银行内部作案的可能性，但随之而来的是外部作案频繁发生，客户密码失窃，存款被盗取，给银行的信誉、客户的资金都带来重大损失。犯罪分子利用取款人在输入存、取款密码时在旁偷窥，或在远处观察其输入指法，或在相应的位置用望远镜偷窥、微型摄像机偷录，然后利用各种非法手段获取卡号，窃取客户资金。

防窥视密码输入器就是在此基础上，研究开发出能有效防止外（内）部作案的一款密码输入器的升级换代产品。该产品在完成初步构想后，已分别在重庆、成都、北京等地的商业银行、人民银行总行等单位，做了产品可行性调查，多家金融单位对防窥视无序密码输入器的简洁、实用及利用人眼视觉和机内采用单片机处理的数字无序乱码防盗的设计给予了高度评价。

据市场调查，1999 年国内四大国有商业银行在各地的机构统计：在 100 万个网点以上，每个网点 3 个柜员作业就需 5 个输入器（其中 2 个备用），那么，网点实际需用（不包括证券及外资银行）其中人民币和外币储蓄专业在各银行机构占有比例达 60%以上。现有在岗的普通密码输入器在 300 万台以上（不包括证券业，ATM 取款机，POS 机及国外市场需求）。根据特殊商品的波峰流动原理，国内市场每年按 30%需求量更换，那么每年就有 100 万台左右销量。考虑到银行和客户对新产品的接受或其他老产品还在一定市场等的因素，市场占有销量预测如表 11.1 所示。

表 11.1 市场占有销量预测

项目	2004 年	2005 年	2006 年	2007 年	2008 年
产量/万台	3	30	80	90	90
价格/万元	0.029	0.029	0.029	0.029	0.029
销售收入/万元	870.0	8 700.0	23 200.0	26 100.0	26 100.0

（二）主要参数确定

1. 收益期的确定

本项目评估对象为“防窥视密码输入器”专利技术。该项目的技术具有新颖性、先进性、实用性。经过多方面的对比分析，我们将该项目的收益期确定为 5 年，即将收益截止期确定在 2008 年年底。

2. 折现率的确定

折现率采用安全利率加风险报酬率得出。

安全利率取国债（5 年期）年利率为 2.51%（复利），风险报酬率根据计算为 8.74%，故本项目折现率为 11.25%。

3. 分成率的确定

评估组根据本评估对象的技术状况、经济和社会效益等诸方面情况评价，最后计算出防窥视密码输入器的分成率为 24.83%。

4. 评估值计算

依据市场分析及销售预测，主要参数的确定并将其数据带入评估测算表，从而计算出本评估对象的评估值（表 11.2）。

表 11.2 防窥视密码输入器收益预测表

项目	2004 年	2005 年	2006 年	2007 年	2008 年
产量/万台	3	30	80	90	90
销售收入/万元	870.00	8 700.00	23 200.00	26 100.00	26 100.00
生产成本/万元	549.30	5 158.40	13 667.00	15 362.80	15 362.80
销售税金及附加/万元	121.80	1 218.00	3 248.00	3 654.00	3 654.00
销售费用/万元	43.50	435.00	1 160.00	1 305.00	1 305.00
利润/万元	155.40	1 888.60	5 125.00	5 778.20	5 778.20
所得税/万元	51.28	623.24	1 691.25	1 906.81	1 906.81
净利润/万元	104.12	1 265.36	3 433.75	3 871.39	3 871.39
折现系数	0.939 7	0.844 6	0.759 2	0.682 4	0.613 4
收益现值/万元	97.84	1 068.72	2 606.90	2 641.84	2 374.71
现值合计/万元	8 790.01				

本项目的评估值（P）：8790.01×24.83%＝2182.56（万元）

取整后，本评估项目“防窥视密码输入器”专利技术无形资产的现时公允价值为 2183 万元人民币。

第十二章 国际技术贸易中的知识产权战略

第一节 我国在国际技术贸易中存在的问题

一、国际技术贸易中不公平竞争的实质是知识产权问题

国际技术贸易从表面上看是技术许可贸易，但实质上是各国商品在国际市场的竞争。各国商品占有国际市场份额的大小，取决于商品拥有的技术含量，商品的技术含量越高，其附加价值就越大，商品的竞争力就越强。要保护商品在国际贸易中的竞争力，就要保护商品负载的科学技术的先进性及其知识产权，维护国际技术贸易中的公平竞争。但无论是科学技术领先的发达国家，还是科学技术相对落后的发展中国家，为了在国际技术贸易中换取更多的利益，都会采取不同形式的不公平竞争方式。

1. 滥用垄断权，在技术转让中采取限制性贸易惯例

在技术贸易中权利人滥用法律上享有的独占权或垄断权，在技术转让中采取限制性贸易惯例。这些限制性贸易惯例表现在：①限制对引进技术的研究、修改；②不平等地回授改进技术；③限制技术买者的产量或销售量、产品价格和品种；④限制技术买方出口产品；⑤限制买方获得类似的或竞争性技术；⑥强制技术买方从技术供方或指定方购买原料、设备或零部件；⑦搭卖行为；⑧限制技术买方在转让合同期满后继续使用先进的技术；⑨对专利权的不平等条款；⑩要求引进方支付失效专利的费用等，一些发达国家往往采取这种不公平的竞争方式。

2. 单方采用实质或潜在的贸易扭曲措施

由于世界各国存在着科学技术的差距，对知识产权保护表现出不同的利益取向，以美国为首的发达国家要求对知识产权提供全面、高标准的保护，以维护其经济、科技的领先地位和该国的贸易利益。而发展中国家则反对这种做法，更多地强调促进科学技术的国际转让。但无论是对知识产权缺乏有效的保护还是实行过度保护，均会损害各国的贸易利益，阻碍经济、科技的进步和国际贸易的正常发展。对知识产权过度保护已被视为继第一代关税壁垒、第二代非关税壁垒相继撤除之后的“第三代实质或潜在的贸易扭曲措施”（余珊萍和潘金虎，2008）。

3. 用一国的政策和法规来取代国际技术贸易准则法规和条约

许多发达国家将知识产权保护同贸易利益、经济实力挂钩，以贸易手段、外交手段将一国的知识产权保护政策和法规来取代国际技术贸易准则法规和世界公认的知识产权保护惯例和条约。例如，美国在 20 世纪 80 年代后期，为保护知识产权利益，通过了一系列政策和法规，不仅将知识产权保护纳入科学技术的政策，而且使其在外交政策和贸易政策上也处于重要地位。美国几经修改的《综合贸易和竞争法案》中的“超级 301 条款”和“特殊 301 条款”，就是将贸易政策和知识产权保护政策结合起来，在国际技术贸易中向许多国家采取了“胡萝卜加大棒”的政策和做法。

4. 在国际技术贸易中不正当竞争还比较突出

技术贸易进口国的少数企业采取侵权、盗版、窃取商业秘密、假冒商标等不正当竞争手段，侵犯技术贸易出口人的合法权益。这些不正当竞争行为，在发达国家和发展中国家均会发生。

二、我国在国际技术贸易中存在的主要问题

虽然我国的技术贸易已获得飞速发展，对经济发展有巨大的推动作用，但是我国在国际技术贸易中所存在的问题也日益暴露出来。

（一）在技术引进方面暴露出来的问题

1. 低水平重复引进和盲目引进

在技术引进中缺乏统一领导和统一管理，企业和部门决策者贪求局部利益，把引进作为业绩的主要标准，短期行为严重，导致引进秩序混乱，产生低水平重复引进和盲目引进问题（魏纪林和胡神松，2006）。同时，技术引进重数量不重质量，不惜大量重复引进和不当引进。不少引进的技术，要么是即将淘汰的技术和过时的设备，或者是无法获得关键技术，对于我国技术水

平提高无益；要么是不适合中国国情的超前引进。

2. 只重视技术引进，忽视引进技术的消化、吸收和创新

从我国现行的技术引进政策看，过分偏重技术引进而没有在消化吸收上下工夫，且引进技术的消化、吸收和创新能力差。我国技术引进与技术消化的投入比例约为 11∶1，而日本这一比例高达 1∶10（刘吉昌和侯瑛，2007）。这种重视引进、忽视消化吸收和创新的倾向，所导致的直接后果是我国的技术引进没能产生“1+1>2”的效果，没能创造科技发展的奇迹。引进投入和消化投入之间的比例反映了引进和消化之间的内在联系，我国这种重视引进、忽视消化吸收和创新的倾向，必然导致技术消化不良，而技术的消化不良和重复引进又是相互联系的，消化不良必然加剧重复引进，重复引进也必然加剧消化不良，使我国的企业陷入“引进—落后—再引进—再落后”的怪圈之中。

3. 技术出口方集中在少数国家，易受制于人

从技术引进的国别来看，主要集中在美国、日本、加拿大、德国等国家，这种技术引进格局对我国技术贸易的健康发展极为不利。一方面，这些国家垄断着国际上的高新技术，我国技术贸易易受别国控制，不利于我国引进国际先进技术；另一方面，不利于我国技术贸易的持续、稳定发展，有时因政治、经济危机等问题造成我国技术贸易的大幅波动。

4. 技术创新机制不健全

在我国的技术创新机制中，技术开发人员投入不合理。2004 年 7 月 6 日，在北京香山召开的“国家创新系统中研究开发资源优化配置的科学问题”研讨会会议综述提供的数据显示，我国约有 42%的研究开发人员分布在政府研究机构，约有 27%的研究开发人员分布在企业，约 22%的研究开发人员分布在高校，其余 9%分布在其他单位。与此形成鲜明对照的是发达国家以及新兴工业化国家，则属于企业研究机构主导型，研究开发人员的一半以上集中在企业，例如，美国 75.4%、英国 68.5%、日本 64.8%、韩国 54.9%，新崛起的泰国已达到 51.7%。从研究开发经费按执行部门的分布看，我国企业占 30%左右，研究开发机构占 40%～58%，高等院校占 14%左右；而发达国家的企业经费占 60%以上。再加上我国技术研究开发部门与企业联系少，技术转化为生产力的水平低，一直到 2002 年，我国技术进步对经济增长的贡献率才上升到 33%，但与发达国家达到 50%以上相比，我国仍有较大差距。

5. “以市场换技术”战略收效甚微

我国在 20 世纪 80 年代提出的“以市场换技术”战略并没有真正换回先

进技术，相反市场却出让得越来越多。有事实证明，我国引进 80 年代技术的企业不超过外资企业总数的 1/3，引进 70 年代技术的企业也只占 1/3，还有不少企业引进的设备实际是 60 年代以前的，引进 90 年代技术的企业更是凤毛麟角。这是因为，一方面，只重视以市场换技术，而不重视以什么样的市场来换技术；另一方面，不重视以市场换什么样的技术。我国兴办的三资企业绝大多数属于劳动密集型和加工组装型产业，这种产业技术水平低，既无先进技术，更无高新技术。即使我国少数属于成熟型先进技术产业范畴的合资企业，也难以获得核心技术。如民航飞机、轿车、通信设备等。

（二）在技术出口方面暴露出来的问题

1. 技术出口的后劲不足

一方面，因为我国出口技术多为成熟的劳动密集型技术和传统的工艺技术和产品，科技含量较高的新兴产业较少，不适应世界技术贸易向高新技术发展的趋势；另一方面，技术源与国际接轨不够，作为主要技术源之一的科研院校大多没有开展对外技术贸易，使许多科技成果不能很快获取收益，不能走向国际市场，对我国技术出口不利。

2. 不重视技术出口

目前，我国发展技术贸易的相关政策甚少，而且优惠政策多集中于技术进口，缺乏鼓励技术出口的激励措施。此外，企业作为技术转让方如何对创新的技术与产品的知识产权实施有效的保护管理，也是一个值得重视的问题。

第二节 我国在国际技术贸易中的知识产权策略

一、技术引进过程中的知识产权策略

1. 重视引进技术的专利检索与调查

在引进技术项目时，要对引进设备和技术的法律状态、技术状态进行检索或调查，调查内容主要包括：供方的技术申请保护情况、技术保护方式、期限、地域范围。众所周知，一项专利技术比一般普通技术的身价要高几倍甚至几十倍，而且专利技术的价值与产品的研制阶段性、专利的保护期、专利的类别（产品专利、工艺专利等）均有密切的关系。因而在引进专利之前，

应对该专利的法律状态进行检索，否则就有可能吃亏上当，这样的例子屡见不鲜。

2. 采用适当的引进方式

技术引进涉及专利申请权转让、专利权转让、专利实施许可、非专利技术的转让，要明确上述四类转让形式的含义，并不得超越技术合同约定的范围。受方（技术引进方）在供方（技术转让方或技术输出方）的专利申请权转让后可获得专利的所有权和使用权。专利权转让指专利的所有权和使用权的转让，但这种情况在国际上是不多见的，因为专利从供方那里转让给受方，从此供方便失去了专利权的所有权，连自己也无权使用该专利。而专利实施许可转让的只是专利的使用权。非专利技术的转让也只是非专利技术使用权的转让。

3. 正确处理引进技术的保密义务、改进技术的归属和分享等方面的事宜

对供方提供或者传授的专有技术和有关技术资料，受方应当按照合同规定的范围和期限承担保密义务。保密期限一般不得超过合同有效期限。因特殊情况需要超过合同有效期限的，应当在合同中注明，并在申请办理审批手续时申明理由。在受方承担保密义务期限内，由于非受方原因使技术被公开，受方承担的保密义务即行终止。合同规定供方是在合同有效期内向受方提供其发展和改进技术的，受方可以在合同期满后继续承担保密义务，保密期限自供方提供该项技术之日起计算，但该期限不得超过原合同规定的期限。在合同有效期内，改进技术的所有权，包括申请专利的权利，属于改进方。当受方提供改进技术时，其条件应当与供方向受方提供改进技术的条件相同。

4. 商定技术引进合同适用的法律

由于技术引进的内容十分广泛，方式又多种多样，致使技术引进合同的法律性质并不十分明确。目前，不仅国际上无统一的公约可以适用，而且在我国和其他国家的立法上，也规定得比较笼统，如我国《技术引进合同管理条例》及其《实施细则》等，没有制定专门的技术引进合同法。因此，当事人一般都商定合同适用的法律或法律原则、国际惯例或解决争议的其他办法。

二、技术出口中的知识产权策略

1. 进攻型和防御型策略并重

知识产权策略一般可分为进攻和防御两个方面。进攻型策略是指企业在强化专利意识的前提下，抢先申请专利，建立自己的技术保护圈，避免受到他人专利的攻击。这是一种积极、主动的策略。防御策略是指企业受到他人限制或专利威胁时，采取自卫手段，保护企业的利益，这同样需要积极主动的精神。

（1）抢先申请，占领技术阵地。把创新的成果及时申请专利，以求得法律保护，从而达到占领该技术阵地的目的。对于那些容易被他人仿制的技术，以及同行竞相开发的技术，更应尽快在他人之前申请专利。除了申请基本专利外，还应及时发展配套技术，以形成专利网，组成巩固的专利保护圈。采用专利申请有如下优势：一是有利于获得该发明创造专利权；二是避免在技术上受他人专利制约；三是促进产品的更新换代和技术水平、人员素质的提高，确保竞争优势。

（2）重点突破，冲出对手包围。如果竞争对手已研究开发成功新技术，申请了基本专利，并产生了一系列外围专利，形成专利保护网，那么这些专利对本企业开发利用该技术就构成了重大障碍。作为企业的重要对策，应该是认真地、全面地研究对方的专利资料，剖析技术内容，找出不足之处或薄弱环节以及没有解决好的问题，组织力量进行研发，争取在原有的基础上重点突破，形成自己的技术优势。

（3）搜集证据，请求宣告专利权无效。企业如果被他人指控侵犯专利权，可以考虑提出宣告他人专利权无效的请求。若专利权被宣告无效，也就无所谓专利侵权了。这里关键是要充分研究专利权无效的条件，搜集专利权无效的证据。

（4）利用专利，争取实施许可和再转让。这既是企业通常所应采取的有效防御措施，也是企业利用专利技术最普遍使用的方法。它有利于企业避免陷入不必要的纠纷，尊重专利权人的合法权益，并在生产经营活动中谋求与同行企业的合作。当企业的产品落入对方专利保护范围时，企业应积极争取获得实施许可或双方相互许可。另外，还可以通过收买对方的专利，再进行转让，以此所得收益补偿损失。

（5）考虑市场需求，获取最大利益。对于能够取得专利权的技术，可以利用专利法保护。但是，专利是有地域性的，专利技术只能在申请专利的那个国家得到保护，如果在许多国家都申请专利才能得到有效的保护，则所花代价太大。为此，应考虑在对该项专利技术需求大的市场申请专利，以期通过有效的保护，获取最大利益。

2. 采取适宜的出口方式

技术出口的方式主要有专利许可、专有技术许可、在国外组建合资或合作企业、我方以技术入股、含技术转让的大型成套设备出口等。选择技术出口方式时，要注意各种方式之间的替代性和排他性。在有替代性的方式之间，选择最有利的方式；在有排他性的方式之间，只能选其一。例如，要扩大对外投资，开拓国际市场，可与国外企业合资、合作或建立分公司等，但不能把许可证提供给当地的公司和外国公司，以避免增加竞争对手。在对技术出口方式进行选择的同时，还必须同时考虑对方国家的政治及经济环境、政府的态度、对技术转让是否限制、技术引进方有没有接受技术的合格技术人员、有没有实施技术的条件、该国是否有完善的知识产权制度，等等。总之，技术出口方式选择的客观标准是减少风险，提高报酬。

3. 采用多种保护条款

如果向没有实行专利制度的国家出口技术或者出口不属于专利保护范围的技术，需依靠技术转让合同中的保密条款来保护。除了保密条款以外，在出口技术合同中要有使用范围限制条款、市场限制条款、二次转让条款等。

使用范围限制条款，是指在技术引进国法律允许的范围内，对技术引进方使用非专利技术或实施专利技术的范围规定的限制性条款，包括下列内容：第一，使用或实施的期限；第二，使用或实施的地区；第三，使用或实施的方法。即对于可以用于制造、使用和销售的技术，限制用于其中一种或几种实施方式；对于可以用于多种目的和用途的技术，限制其用于一种或几种目的和用途。

市场限制条款是由技术引进、转让双方为合理划分未来产品的销售市场而制定的。双方都是这种技术产品的生产者和经营者，都希望得到足够的市场，因此双方既是合作的伙伴，也是潜在的竞争对手。为此，应在合同条款中对引进方未来产品的销售地区加以适当的限制。

二次转让条款是指是否允许引进方在以后再将技术转让给第三者。实际上这是一种分许可。以分许可出售技术，一般是转让方将要淘汰的技术，或是技术风险和市场风险很大的新开发的技术。根据分许可的规定，引进方向第三方转让技术所得的收益，要和原转让方进行分成。

第三节 国际技术贸易中的专有技术保护策略

一、国际技术贸易中的专有技术

（一）专有技术的含义及保护趋势

专有技术来自英文 know-how，即知道如何制造的意思，一般指未申请专利的技术。联合国工业发展组织对专有技术所下的定义是：“为生产某种产品或采用某种流程，以及为此目的而建立某一企业所需要的知识、经验和技巧的总和”。专有技术所包括的内容和应用范围十分广泛，在各个生产部门、各个专业技术领域乃至某一生产工艺的各个环节，都会有专有技术的存在。专有技术虽然得不到专利法、商标法的保护，但它应当得到财产法的保护，作为一种财产，专有技术也可以许可合同的方式进行转让。在实际经济生活中，专有技术的应用越来越广泛，专有技术在国际转让中的比重日趋增大，不少经济组织在研究专有技术的归属问题。国际商会已经将“know-how”列入工业产权之中，WIPO认为，专有技术也应当列入知识产权的范畴，不少国家也已开始制定保护专有技术的专门法律，如英国的《保护秘密权利法》，法国和日本的《专有技术法》等。而在我国还没有保护专有技术的专门法律，专有技术只能“引用有关法律”进行保护，如《合同法》、《侵权行为法》、《反不正当竞争法》等法律。

（二）专有技术与专利技术的区别

在国际技术贸易中，专有技术通常与专利技术结合在一起作为标的。但专利技术与专有技术有根本的区别。第一，专利技术有一定的保护期，有严格的地域限制和时间限制，必须通过技术说明书公开技术要点，它是以把技术内容向社会公开而获取专利为代价的。专有技术是权利人采取保密措施秘而不宣的，所有者要设法保守秘密。第二，专利技术要符合新颖性、先进性、实用性的实质条件，并向专利局提出专利申请，经专利局形式审查和实质审查后才能授予专利，授权后专利技术一般是静态的。而专有技术不一定达到发明的要求，但却是某方面成熟的技术，范围广泛。技术所有者不将所拥有的技术去申请专利，从而取得专利法的保护，而将所拥有的技术作为商业秘密实施其他形式的保护，是由技术本身的不同属性所决定的。

专有技术有各种各样的类型，有些不具备专利条件，如有的技术因新颖性或创造性不够充分，难以通过专利审查；有的技术本身存在于技术人员的头脑中，难以用文字、图形等方式表达，而不能取得专利权；有些则是其所有人出于某种原因不愿意在专利文献上将其秘密公开，或认为能够长期保守秘密。在实际中，技术发明人在提出专利申请时，往往将其中核心部分作为专有技术保留下来，其目的在于更加充分地保护其利益。所以，在技术市场上专有技术占有比专利技术更为重要的地位。

（三）发明人为什么选择专有技术保护技术成果

就发明人而言是选择专利保护还是选择专有技术保护，通常应从以下几个方面加以考虑：①考虑其他竞争对手开发研制或发明此技术的难易程度，如对手很容易开发此技术，则一般应及时申请专利，求得专利法的保护。②考虑此项发明作为专有技术保护可以长期独家制造产品，而竞争对手通过终端产品，或通过反向工程也无法破解该技术，掌握其发明的技术奥秘的，则可以不申请专利，采用专有技术保护。例如，大到波音747飞机制造技术，小到可口可乐的配方，尽管其产品已遍及全球，但其技术内容仍不为人知。③考虑当其技术申请专利而公开后，如果有人非法利用这一技术，能否比较容易发现，并采取有效的措施加以制止。如果判断他人侵权比较困难，不能采取有效措施制止侵权行为，则采用专有技术保护比较好。④考虑该项发明的技术状况和技术的生命周期。对于那些更新换代速度较快的技术，以及他人可能在短期内研制出来的技术，应尽量运用专利保护方式。对那些内容复杂的大型成套技术（如化工领域的成套技术），则可以区别其不同内容而分别采取不同的保护方式。如对外围、周边技术内容，则可以运用专利保护方式；对其核心技术内容，作为专有技术加以保护。这样就可以充分发挥专利保护方式和专有技术保护方式各自的优势，使该项技术方案获得最佳的保护效果。

同时，专有技术只有具备了主观保密性和客观保密性，法律才予以保护。主观保密性是指专有技术所有人本身必须有保密的意愿。在司法实践中，通常以是否采取了合理的保密措施来判断，保密措施可以采用不同形式，如向雇员或公众进行警告，限制非有关人员进入使用专有技术的场所以及制定各种有关保密准则等。客观保密性是指该项专有技术在客观事实上没有被公众所了解或没有进入公知领域。

二、技术进口贸易中有关专有技术的获取和保护

我国对外技术贸易一般可划分为纯软件交易和硬软件混合交易两种方式，纯软件交易表现为许可证贸易和技术性劳务贸易。许可证贸易是指交易一方允许另一方有偿使用自己所合法拥有的或者自己有权许可的专利权、专有技术、商标权、版权。技术性劳务贸易是指交易一方有偿向另一方提供技术性劳务，诸如技术顾问咨询、技术培训、技术服务等。硬软件混合交易则表现为含有技术知识转移因素的成套设备、生产线和关键设备贸易以及由世界首创和世界领先技术物化而成的技术产品贸易。这些不同的技术贸易方式是适应交易双方的不同需要而产生的，在实践中，中方公司应根据自身实际需要和可能，选择适当的交易方式。

1. 技术进口贸易方式的选择要考虑能否有效地获取和掌握其中的专有技术

随着我国科学技术和工业发展水平的提高，纯软件交易在整个技术进口贸易中所占比重越来越大，但在具体实践中，纯软件交易也可能遗漏对方的

关键技术或专有技术。例如，有一些高精尖设备和仪器，其专有技术并没有从硬件中分离出来而成为独立的商品，软件仍然物化在硬件中。在这种情况下，进口软件必须同时进口硬件，否则软件进口后就会束之高阁，不能使用。此外，我们在采用硬软件混合交易中，必须充分了解设备和仪器中所包含的专利技术和专有技术，对于设备中的关键技术，外方往往采用秘密的专有技术来予以保护，如果中方在签订的技术贸易合同条款中遗漏了其中关键的专有技术，进口设备和仪器的利用不可能达到最佳效果。在很多情况下，技术贸易中的硬件和软件是相辅相成、不可分割的，其标的既包括硬件（即机器设备、生产线等），又包括软件（即设备中所含有的或与设备有关的技术知识）。在这种情况下，如果不重视对软件的引进和使用，将会制约硬件发挥其应有的作用，甚至造成硬件的“瘫痪”。

2. 在技术贸易合同中应严格规定保护双方利益的“软条款”

在技术贸易合同中应严格规定技术考核验收、技术服务与咨询、保密责任等所谓的“软条款”，主要包括：①技术转让方提供的技术资料是否符合合同的规定。②技术培训、技术指导和技术服务是否达到了合同的要求。③考核利用该技术生产的产品是否达到了合同规定的标准。④对考核验收结果的处理，包括若验收合格，则由双方共同签署验收证书；若验收不合格，双方应分别承担哪些经济和法律责任等内容。⑤技术受让方为转让方保守专有技术秘密的条款，规定保密范围、期限、措施和泄密责任等内容，以保护技术转让方的利益。

3. 在技术进口过程中企业要采取特殊方式对专有技术的消化和吸收

技术贸易的一个显著特点是，交易双方有一个较长时间的合作过程，因为有些秘密的技术知识和经验很难用书面资料表达出来，而必须通过言传、示范等方式传授。因此，技术受让方应派出自己的人员到技术转让方处接受培训、进行实习，或要求技术转让方派遣专家或技术人员，向受让方提供调试设备、咨询、传授经验等服务，直至技术受让方完全掌握该项技术为止。在这个过程中，技术受让方应全面消化和吸收所引进的专利技术和专有技术，对专有技术不仅要“知其然”，而且要“知其所以然”，使引进的技术发挥最大效益。在全面掌握所引进技术的基础上，技术受让方可结合自身需要对该项技术做出改进或发展，甚至是再创新，并向外输出更成熟的技术，从而不断提高自身的技术创新能力，实现由技术受让方向技术转让方的角色转换。

三、中方在技术出口贸易中对专有技术的保护策略

专有技术不属于专利权的范畴，其所有人不能依专利法享有其专有技术

的绝对独占权。但是，各国法律均承认专有技术的财产性质，认为应当对专有技术予以某种形式的法律保护，防止他人非法利用、泄露或传播等损害专有技术所有人合法利益的行为。在专有技术所有人的利益受到损害时，可以依法律程序对侵害者提起诉讼，得到司法救济，以促进专有技术的研究开发和利用，达到促进国家经济技术发展的目的。

在技术出口贸易中，对专有技术可采用专有技术所有人的自我保护以及利用法律手段进行保护。

（一）企业应增强保密意识，防止侵害专有技术现象的发生

随着企业对外交往和技术贸易活动的日益频繁，我国企业的专有技术泄密情况比较严重，造成专有技术的严重流失，其中部分是由于业务交往中的疏忽大意，更主要的是由对专有技术管理不善造成的。如景泰蓝、双面绣、工艺陶瓷、宣纸生产技术等被外国商业间谍利用访问的方式窃取，也有个别职工为谋私利出卖技术数据，使得专有技术泄露，给国家和企业造成严重经济损失。主要表现在以下几个方面：①企业工作人员把利用劳动合同关系而得到的，自己在日常工作中接触或掌握的企业专有技术泄露给第三者；②用不正当手段取得他人的专有技术，自己利用和泄露给他人；③违反合同的保密义务，泄露和使用他人的专有技术，或窃取与泄露他人的专有技术；④明知道该专有技术是第三人利用不正当手段而获得，仍向该第三人获取、使用或披露该专有技术；⑤明知别人是由于失误而把专有技术泄露给他人，但仍对该专有技术加以使用或披露。

技术出口企业应建立严格的保密制度，限定知悉专有技术的人员，对于那些涉及出口设备、仪器、产品中的关键性专有技术，例如，工业配方、产品新工艺等，应尽量杜绝某一个人知悉全部的关键性专有技术，同时要严格限制其他人进入具有专有技术等商业秘密的场所，特别是应用专有技术的车间和实验室更应建立严格的进出入制度，绝不能因为是上级领导、企业客户、国外代表团而放松警惕。此外，技术出口企业在对外交流活动中还应建立严格的内容披露审查制度，防止泄露专有技术。凡是工程技术人员发表论文或出版专著；企业对外新闻报道或举行新闻发布会；商业洽谈或合作开发项目；产品广告词或产品说明书等，其内容在向新闻媒体和社会公开前，都应经过有关技术、经营专家的严格审查，只要有与企业的专有技术等商业秘密有关的内容，绝对禁止向社会披露，最大限度地堵住对外泄露的各种渠道。

（二）通过合同法对专有技术进行保护

专有技术一般通过援引合同法等法律来实施保护，即通过利用雇佣合同

和专有技术转让合同规定保密条款的方式使专有技术得到保护。如果雇员或引进方未经对方同意泄露了秘密技术，对方可以以违反合同为理由进行起诉。

1. 签订雇用合同或许可合同

在合同中列入一些条款，规定雇员在受雇期间承担保守企业专有技术的义务，不得擅自泄露或使用，甚至离开企业后一定时间也不得使用和泄漏。如发现违反保密义务的规定，企业有权根据合同请求违约方赔偿损失。

2. 在技术贸易合同中签订“软条款”

在签订技术贸易合同时，普遍存在重视有关技术价格的确定、技术资料交付、支付方式等方面的条款，而忽视了考核与验收、技术服务与咨询、保密责任等所谓“软条款”的现象。在有形商品贸易合同中，上述“软条款”一般并不具有特别重要的意义，但在技术贸易合同中，由于技术贸易自身的特殊性，这些“软条款”是非常关键的内容。例如，技术受让方为转让方保守专有技术秘密的条款，规定保密范围、期限、措施和泄密责任等内容，以保护技术转让方的利益。如果在订立合同之初没有对这些问题做出明确规定，将有可能损害技术转让方或受让方甚至双方的利益，并引发争端。因此，通过在合同中制订这些条款，对双方的权利和义务进行明确划分是十分必要的。

（三）通过反不正当竞争法对专有技术进行保护

我国《反不正当竞争法》详细列举了侵犯商业秘密的四种情况，专有技术作为商业秘密的一个重要部分，为《反不正当竞争法》所保护。“经营者违反本法规定，给被侵害的经营者所造成的损害，应当承担损害赔偿责任”。“违反本法第十条规定侵犯商业秘密的，监督检查部门应当责令停止违反行为，可根据情节处以1万元以上20万元以下的罚款。”

（四）通过民法对专有技术进行保护

各国普遍将专有技术所有者就其专有技术享有的占有、使用和收益以及制止他人非法使用、泄露的权利归入民事权利的特殊内容。我国《民法通则》在“侵权的民事责任”一款中规定：“公民法人的著作权、专利权、商标使用权、发现权、发明权和其他科技成果受到剽窃、篡改、假冒等侵害的，有权要求停止侵害，消除影响，赔偿损失。”

（五）通过刑法对专有技术进行保护

对于专有技术和商业秘密的保护，各国一般以民事保护为主，但也有一些国家在刑事立法中对侵犯专有技术和商业秘密的行为作惩罚的规定，成为一种保护性的手段。因为在现代科学技术迅速发展的条件下，专有技术和商业秘密在竞争中的作用日益重要，它的泄露不仅使企业遭受损失，甚至使国家处于不利境地。

四、专有技术保护的发展趋势

专有技术是不是知识产权的保护对象。有人认为，知识产权保护是以公开为条件，授予一定期限的独占权，专有技术既然不公开，就不能给予这种保护。但也有人认为，研究开发专有技术同样需要大量投资，而且实际的工业应用证明了专有技术是有其财产价值的，它具有无形性和人身权、财产权的双重属性，具备了知识产权的主要特征，对于这种有财产价值的技术知识和经验，理应给予某种形式的保护。目前虽然大多数国家的现行法都在一定程度上对专有技术给予保护，但这些保护总的来说是十分不够的。特别是自20世纪60年代以来，各国盗窃企业工业秘密事件和所谓工业间谍事件频频发生，使企业和国家利益受到很大损失，因此，专有技术在国际范围内的保护日益成为各国普遍关心的问题。为了加强专有技术的国际保护，一些国际组织也提出了有关保护专有技术的保护法草案。

首先，国际商会制定的《有关保护专有技术的草案》，其主要内容包括：①保护的条件。草案提出，要求受保护的专有技术或技术知识必须具有秘密性，即该专有技术未被公开或被公众知悉，而且专有技术拥有人对该技术已采取了必要的保密措施。②构成侵害专有技术行为的要素。草案明确指出三种行为均视为侵犯专有技术的行为，即非法使用他人的专有技术、非法泄露他人的专有技术、非法将他人的专有技术传授给第三人。③对专有技术侵犯人的制裁办法。草案对侵犯专有技术者提出两种制裁方法，即令其停止非法侵害行为和令其赔偿损害。该草案仅仅是一个建议，它本身并无普遍的法律约束力，只有当主权国家将草案内容吸收为国内法时，才对该国产生法律效力。

其次，保护工业产权国际协会的《保护专有技术的示范法》，其内容包括：①专有技术的定义是指技术、商业、管理、财务方面的知识和经验，这些知识和经验是可以实际应用于企业经营的。②专有技术拥有人的权利。专有技术属于其开发者或合法继承者所有，专有技术可按本国法律通过签订合同或其他途径进行转让。③对专有技术的保护。专有技术受到保护，任何人未经许可均不得非法使用和泄露。④对专有技术侵犯人的制裁。凡侵犯他人的专有技术，应受到国家法律的制裁，受害人可请求停止侵犯和赔偿损失。该法规定了专有技术保护的基本原则，对各国制定保护专有技术的本国法起了指导作用。

此外，有些国家通过商业秘密法对专有技术进行保护。如美国通过制定商业秘密法来对包括专有技术在内的商业秘密加以保护，美国全国局长会议于 1979 年颁布了《统一商业秘密法》，就是一个推荐给美国各州使用的非官方示范法。

根据目前的发展趋势，随着科技发展和专有技术的广泛应用以及在技术贸易中的作用越来越大，可以预料在不久的将来，世界各国特别是工业发达国家都将陆续制定保护专有技术的专门法律，专有技术将得到更进一步的法律保护。

第十三章 企业技术创新与知识产权战略模式研究——以力帆集团为例

第一节 力帆集团的经济技术实力及规模总量

力帆集团是中国最大的民营企业之一，成立于1992年，历经20年艰苦奋斗，已迅速发展成为融科研开发，发动机、摩托车和汽车的生产、销售（包括出口）为主业，集投资金融于一体的大型民营企业。力帆集团有员工14 000多人，2012年，公司实现营业收入86.79亿元，销售乘用车11.73万辆，实现销售收入51.04亿元，公司乘用车出口3.66万辆，实现出口收入18.76亿元，位居自主品牌轿车出口第三位。公司完成摩托车生产基地、踏板车生产基地和三轮摩托车生产基地布局，推出大排量摩托、个性化摩托、休闲化摩托等中高端产品，巩固了公司在摩托车行业的领先地位，销售摩托车及配件实现销售收入31.74亿元，销售通用汽油机实现销售收入3.06亿元。力帆集团已七度入选中国企业500强，在重庆市民营企业50强中排名榜首，连续多年成为重庆市出口第一名。2006年1月，中国政府公布“中国100最具价值驰名商标”排行榜，“力帆 LIFAN”商标以21.33亿元的价值排在第78位，在汽车行业排名第6位。2008年，力帆集团上榜《福布斯》“中国顶尖企业榜”，并居第88位，这是重庆企业首度登上该榜。

力帆集团的生产经营机构有三大部分：摩托车事业部、发动机事业部和重庆力帆内燃机有限公司。研究机构有：国家级技术中心和汽车研究院，共有专职研发人员600多人。集团公司研发经费的投入占每年销售收入的4%。2012年6月，公司发布公告，为进一步提高汽车、摩托车产品的自主创新及研发能力，以力帆实业股份有限公司为主体，投资4.7亿元实施研发中心建设项目，其中建设投资3.2亿元，工艺设备投资1.5亿元。该项目建成后，能充分满足未来市场发展的需要，进一步提高公司汽车、摩托车产品的自主创新及研发能力，缩短产品研发周期，提升产品的品质及质量，解决产品设计及研发过程中的关键工艺、关键工序、薄弱环节，保证产品的有效开发、试验、检测，并进一步满足产品设计及研发的需求。该项目正在紧锣密鼓的实施中。截至2012年年底，力帆集团已获得国内外专利6 000多项，国内外注册商标1 400多件。

力帆集团全球化经营海外扩张战略的思路是：①借船下海、借鸡生蛋。力帆集团加强与国际机构合作，研发新产品，与英国吕卡多（Ricardo）公司合作对1.3升和1.6升发动机进行技术改进；下一步还将到欧洲收购顶级摩托车设计公司及研发机构。力帆集团重金招募海外顶级专家由来已久，2009年把美国汽车城底特律的顶级研发、设计专家招募到自己麾下，为力帆集团研发设计新车提供智慧。②在海外合资建厂。目前力帆集团已在五个国家（俄罗斯、越南、埃及、伊朗、埃塞俄比亚）建立轿车组装厂，在三个国家（越南、泰国、土耳其）建有摩托车组装厂。在越南，当别的企业被出口配额限制的时候，力帆越南公司生产的摩托车大规模在越南市场销售，仅用了一年半的时间，就把投资全部收回，资本的回报率是60%。③海外市场开拓已具雏形。目前，力帆集团在海外市场上已有“五朵金花”（尼日利亚、菲律宾、越南、伊朗和印度尼西亚），其每个海外市场每年的销售额都超过1000万美元。今后的主攻方向是欧洲市场和美国市场，力帆集团计划建立欧洲销售公司，将摩托车、通用汽油机、汽车卖到欧洲去，最后拿下美国市场。

力帆集团的发展主要得益于日益增强的科研开发能力、日益完善的国内市场网络、日益成熟的信息化管理、良好的生产装备和技术工人队伍、畅通的国内外两个市场沟通的外贸渠道、颇具中国特色的管理团队和管理经验。

第二节 力帆集团实施技术创新战略的特点

力帆集团的主业是传统的汽车、摩托车产业，许多产品的技术已经比较成熟，比新兴产业的技术创新难度要大得多。力帆集团创业之初，董事长尹明善就提出了创新的指导思想：“要想事业长久，只能自主创新”。产品和技术的创新使力帆集团抛开竞争对手，创造了新的市场。目前，力帆集团已经建立起了投入、研发、形成产权、生产、销售“五位一体”的研发生产体系，已形成生产一代、储备一代、开发一代、研制一代的良性循环。

一、不断开发出市场需求的新产品

力帆集团自创建以来，以自主研发新产品并拥有知识产权而取得竞争优势闻名于汽车、摩托车行业。“创造新产品，创造新市场”是力帆集团研发团队的工作思路和目标，市场需求带来产品和技术突破，只有突破原有传统摩托车生产技术，才能创造新的市场需求。力帆集团的研发团队密切追踪国内外市场信息的变化，研究市场需求的特点及其发展、变化的趋势，以顾客需求为导向，研制有市场需求且适销对路的产品，并不断改进产品的品质，最大限度地满足用户的需求。例如，力帆集团研发成功的四冲程发动机、电启动发动机、立式发动机、双缸水冷发动机等发动机系列，以及摩托车中的弯梁车系列、五羊款系列、铃木王系列、太子车系列，都做到了“人无我有，人有我优”。依靠发动机和摩托车系列产品的创新，力帆集团占据了行业的制高点。

2006 年力帆集团开始进入轿车行业。从世界范围来看，从研发生产摩托车转移到研发生产轿车的成功者不乏先例，本田、宝马、铃木、起亚都是从摩托车起家的，但汽车做得更为成功。力帆集团也具备相似的条件，研发发动机和轿车车型是力帆集团的强项，力帆集团自主研发的 520 轿车，自有技术达到 50%，获得重庆市优秀新产品一等奖。

二、研发的高投入与高产出

力帆集团非常重视研发经费的投入，为了使力帆集团的核心产品能够升级换代保持竞争优势，给创新市场提供强有力的产品技术开发支持系统，集团公司在研发经费的投入上确定了每年不少于销售收入的 4%的原则。目前，公司拥有装备先进的研发实验室，建立了以国家级技术中心为平台的力帆技术研究院。由于设备、人才、资金等都相对集中，满足了技术研发的有效性和及时性，重点非常明确，研发效率非常高。截至 2012 年年底，力帆集团在发动机、摩托车到力帆 520 轿车的技术研发中，共取得国内外专利 6 000 多项，其中仅力帆轿车取得的国内外专利数量就高达 313 项①。

---

① 力帆股份：2012 年年度报告。

三、以国家级技术中心为平台，整合产、学、研资源

力帆集团的技术创新有强大的技术团队支撑，其核心研发机构是取得“国家级技术中心”称号的力帆技术研究院，力帆技术研究院包括摩托车分院和汽车分院。同时，力帆集团在产品开发上坚持走产、学、研相结合、共同研制新产品的道路，以经济利益为纽带组建多种组织模式来推动产、学、研之间的联动。力帆集团通过产、学、研联盟的研发平台进行持续不断的技术创新，抢占领先产业的上游技术和产品，显现出明显的优势。例如，在520轿车的设计制造过程中，力帆集团集聚了重庆汽车学院、长春第九设计院、上海同济同捷科技股份有限公司、英国D&P公司、美国MSC公司、上海晓奥享荣汽车工业装备有限公司等多家汽车制造机构。

四、技术领先，建立让对手无法复制的竞争优势

技术领先是基础，品质是保障。当我国的摩托车行业历经价格战的洗礼，经历从暴利时代到微利时代的转变后，产品品质的提升引起了摩托车企业的广泛关注。企业如何发展？产品怎样赢得认同？本土品牌与国外品牌的差距有多大？力帆集团的决策层一直保持清醒的头脑，在价格战之初他们就坚持“技术领先是基础，品质是保障”的理念，在技术创新中不断提高产品技术含量，推出新款的摩托车系列，保持了在国内外摩托车市场上的长盛不衰。

为了实现产品的技术领先和品质保障，力帆集团在市场竞争中实施了多场战役，从2004年力帆集团的“质量突围”，到2005年的“产品提升”，再到2006年的“蓝海战略”，可以看出提高产品品质始终是力帆集团坚持不懈的重点。技术储备使力帆集团拥有其他品牌无法拥有的优势，使力帆集团的产品品质不断提升，适应市场需求，不论是“摩托换代，力帆水冷”，还是“差异化策略，产品制胜”，都体现了力帆集团对产品高品质一丝不苟的追求，力帆集团的技术领先使竞争对手无法追赶，建立了让对手无法复制的竞争优势。

五、技术创新中的进人、用人、留人机制

力帆集团有三件宝：创新、出口、信誉好。创新被列为“三宝”之首，这昭示了力帆人对技术创新的厚爱，而技术创新的关键是重视科技人才，顶尖级的科技人才加上好的用人机制，可以产生顶尖级的技术创新成果。力帆集团在重视技术创新、重视科技人才方面采取了一系列的措施：一是以优厚条件引进人才、不断地培养人才、灵活地用好人才。科技人员是企业的技术

创新主体，力帆集团十分重视科技人员的教育和培训，短期培训和长期进修相结合，国内进修和国外进修相结合，进修与参与他人研发相结合。二是充分利用博士后工作站，利用进站博士的智力资源为公司研发服务。三是通过“科举制”选拔技术管理人才（按照《重庆力帆控股有限公司人才选拔制度暂行办法》规定，通过考试选拔人才并给予奖励）。四是设立技术进步和技术创新奖（知识产权奖），从分配制度上向科研人员倾斜，鼓励他们发挥自己的聪明才智。

第三节　力帆集团技术创新战略模式

力帆集团技术创新战略模式在宏观上采用原创型技术创新与追随型技术创新相结合的战略；动力机制采用市场导向研发模式；技术创新源以独立型技术创新为主、合作型技术创新为辅；技术创新对象是选择动力源与汽车、摩托车时装化战略模式；技术创新成果的运用和保护是采用有效的知识产权管理战略模式。

一、战略选择——原创型技术创新与追随型技术创新的结合

技术创新战略分为原创型技术创新战略与追随型技术创新战略，不能说哪一种好或者不好，只能说哪一种最适合自己或者不适合自己。企业应根据自身独特的优势和特点，所面临不同的市场条件，因地制宜地选择合适的基本技术创新战略。对于技术创新战略的选择，不仅要基于技术创新的成本、风险和该项创新收益来考虑，而且还应该从提高技术能力出发，注重抢占行业制高点和企业的技术储备。

力帆集团选择原创型技术创新与追随型技术创新相结合的战略基于以下条件：一是决策层具有战略眼光。二是力帆集团建有技术研究院，包括摩托车和汽车两大研究分院，技术研究院在 2006 年被评为国家级企业技术中心，具有很强的研发能力。三是力帆集团建有健全的专利情报网络，善于发现专利空白点和挖掘新专利。四是研发经费的投入较高，每年投入的研发经费是集团整个销售额的 4%。五是具有较强的市场开拓能力，力帆集团在全国 30 多个省（自治区、直辖市）设立办事处和销售分公司，在世界上 160 多个国家和地区建立了销售网络。

力帆集团适度采用追随型技术创新战略是基于以下考虑：可以减缓技术研发和市场开拓的风险，节省研究时间和经费；在他人新技术、新产品基础

上进行“二次研发”，可以扬长避短，使产品后来居上、更加完美。为了打造企业核心竞争能力以保障企业可持续发展，力帆集团不但采用追随型技术创新战略研发常规技术下的新产品、新技术，而且还做出了原创型技术研发战略的选择，将行业前沿技术作为企业长期投入的核心技术研发项目，并申请了大量的基本专利。例如，经过十几年摩托车电喷技术的研发，力帆集团的电喷技术完全可以与世界上最先进的摩托车电喷技术媲美，甚至更强。力帆集团正是采用原创型技术创新与追随型技术创新相结合战略，通过技术研发和利用，形成核心产品系列技术平台，建立和保持在动力源和摩托车技术领域主导市场的地位。

二、动力机制——建立市场导向研发模式

力帆集团在新产品研发前，就引入市场评判机制，充分评估预研发产品将来在市场营销中可能面临的问题，并以此作为新产品可否进行研发的决定性因素。

1. 思路决定出路

力帆集团的市场导向研发模式，首先解决的是研发观念问题。力帆集团的研发理念是：创造新产品，创造新市场。有新产品可能会创造新市场，但没有新产品就一定不能创造新市场。好的技术并不是很复杂的技术，但一定是适用的技术，被市场所接受的技术。集团高层领导和研发团队正确处理技术导向和市场导向的关系，始终把市场所需要的技术和产品作为研发的重点目标。实践证明，并不是产品技术先进就能带来市场，只有在确实存在真实市场的情况下，技术先进性才能变成实实在在的销售额和利润。

2. 建立市场部与研发部门的有效沟通机制

新产品研发不仅仅是研发部门的事情，而且与市场部（策划部）密切相关。比较合理的结构是研发部门的创意交由市场部和销售部来评估，或者由市场部和销售部向研发部门提出研发要求。因为市场部和销售部一直在与市场和消费者打交道，他们知道什么样的产品是消费者所需要的，他们能够从市场的观点对产品进行评判，这样就能在很大程度上避免研发部门的闭门造车。例如，力帆推出的 520 轿车的造型设计，就是市场部与研发部门的有效沟通的结果。

3. 企业的技术优势和决心

在研发产品之前，还必须对企业自身进行评估。企业有没有研发此类新产品的技术和经济实力；企业有没有做此类产品的经验和资源，如果有，企

业愿意为此付出多大的代价；如何把失败的风险降到最低；研发成功后企业是要把新产品做成战略储备，还是重点推广品种。

4. 先策划，后研发

最终能够做成功的产品，除了拥有市场，还必须对产品功能、效果、产品名称、包装、商标设计、广告宣传等多方面进行考评，只有策划在前，研发在后，才能最大限度地节省市场推广的时间，并降低市场推广的费用。

三、技术创新源——建立技术研发战略联盟

关于技术创新源战略模式，力帆集团是采用以独立型技术创新为主、合作型技术创新为辅的模式。

为了在最短时间内实现技术产品的转型，力帆集团在轿车开发上走了一条产、学、研相结合，共同研制新产品的道路，以经济利益为纽带组建多种组织模式来推动产、学、研之间的联动。例如，力帆集团选择上海同济大学下属的汽车设计公司——上海同济同捷科技有限公司合作整车开发；关于汽车模具的开发，力帆集团选择了上海一家汽车模具民营企业——上海千缘汽车车身模具有限公司合作；在设计制造过程中，力帆集团还集聚了重庆汽车学院、长春第九设计院、英国D&P公司、美国MSC公司等多家汽车制造机构。

四、技术创新对象——动力源与汽摩时装化战略模式

力帆集团技术创新对象的选择主要是发动机的创新与摩托车、小轿车的外观设计并重。技术创新的重点在于汽摩发动机的创新、汽摩外观设计创新，以及增加新的产品系列等的渐进性创新。

1. 打造核心技术——汽摩发动机

力帆集团的核心优势产品是以动力源为切入点，拓宽产品线，增强单品种竞争优势；围绕新产品改善网络品种结构，打造具有力帆集团自主知识产权的主导产品。在摩托车发动机方面，力帆集团在1994年研发成功的100毫升四冲程发动机，1995年研发成功的电启动发动机，1999年研发出世界上独一无二的100毫升立式摩托车发动机，以及2001年研发的高技术含量的200毫升双缸微型水冷发动机，都做到了“人无我有”，把市场的话语权牢牢控制在自己的手中。

在小轿车发动机方面，力帆集团坚持走自主研发的道路，在1.6升汽车发动机研发成功的基础上，又研发出1.3升汽车发动机，同时力帆集团还投入研发经费对1.8升和1.0升发动机进行自主开发，并分别于2010年和2011年上市。目前，力帆520轿车的自有技术就达到50%，已获得专利313项，

并已通过北京市环境保护局国Ⅲ尾气排放标准验收。

2. 汽摩时装化——外观设计创新

力帆集团董事长提出了一个“摩托车时装化理论”，要求科技人员要像推时装品牌一样搞产品开发，不要轻视车身或发动机外观、颜色微小的变动，这些变动往往会收到意想不到的市场效果。摩托车时装化是指在保证摩托车性能和品质的前提下，对外观进行创新改进，追求外观美感。力帆集团是国内最早倡导“摩托车时装化”概念的企业，从2002年年底开始，他们陆续推出了“者”系列太子车、“鸟”系列弯梁车、“马”系列双缸水冷车等20多款时装化摩托车。这些摩托车通过贴花、烤漆平行分色等工艺，对造型、色彩、装饰等进行改良，使摩托车外观变得时尚美观。摩托车时装化是力帆集团在摩托车行业竞争日益激烈的情况下采取的一种新策略，它技术含量小、投入少，见效却非常快，产品推向市场后很受消费者欢迎，其中“龙者”太子车已经进入意大利、马来西亚和日本市场，销售情况良好。在进行摩托车外观改良的同时，力帆集团对所有时装化摩托车的外观设计都申请了专利或版权保护，进一步提升了摩托车的知识产权含量。

3. 系列产品的渐进性创新

如何将产品与技术更好地融合在一起，最大限度发挥力帆集团的技术优势，使对手无法复制力帆技术和产品，是力帆集团高层的战略思维，系列产品的渐进性创新可以实现这一目标。目前，力帆集团研发的弯梁车系列、五羊款系列、铃木王系列、太子车系列，都是系列产品的渐进性创新的结果。以弯梁车为例：第一阵营是“影”系列车型，包括亮影（Ⅰ代、Ⅱ代）、炫影（新款）、剑影（水冷）；第二阵营是谐振动力A系列；第三阵营是现有的常规品种。产品细划、品质提升、科技含量及产品卖点增加是这些车的共性。

第四节 力帆集团知识产权战略的构建

一、建立知识产权管理平台

2001年，力帆集团成立了知识产权部，知识产权部是直属于集团总部的知识产权管理部门，与公司的法务部分设、并列，由集团副总裁直接领导，知识产权部负责对集团的知识产权工作进行统一管理，有从事知识产权管理的专职人员10余名。知识产权部的管理职责和范围主要包括：①知识产权信息的收集和应用，专利、商标、版权等知识产权数据分析。②确定公司知识产权保护对象和保护策略。③制定公司各项知识产权管理制度，并负责监督实施，并对专利奖励和兑现等进行管理。④制定实施公司的知识产权战略，实现知识产权效益最大化。⑤管理公司的知识产权，即对商标、专利申请和取得，商标、专利的实施和保护；商标、专利的使用和规范管理。⑥开展职工知识产权教育培训，提高知识产权的保护意识。⑦建立知识产权侵权监控网络，防止他人侵犯公司知识产权或者公司侵犯他人知识产权。

二、以制度和激励机制促进技术创新

要加强集团的知识产权管理，必须使集团的知识产权管理制度化，力帆集团知识产权部根据国家法律、法规和有关文件，结合公司的具体情况，先后制定了《专利管理办法》、《商标管理办法》、《版权管理办法》、《知识产权奖励办法》、《知识产权申报工作流程》等，建立了“新产品、新设计的专利评审制度”、“科技人员的专利考评制度”、“力帆集团知识产权工作网制度”，形成了较全面的系统管理制度，使知识产权管理更加规范。

科技人员的专利考评制度把专利申请量和专利评价等级作为评价科技研发人员工作业绩的重要指标，对申请专利多、专利技术的市场认可度高的发明人、设计人给予重奖，同时在专利授权后给予一定的物质和精神奖励。

2009年，集团为更好地利用知识产权资源为生产经营保驾护航，对《知识产权奖励办法》及“知识产权管理制度”分别进行了修订，新增了知识产权维权奖励和管理的相关制度，对在知识产权维权工作中有突出贡献的工作小组和工作人员均给予奖励。

三、建立高效的专利信息工作系统

专利文献包含了知识产权的法律、经济、技术等方面的信息，是技术、贸易、经济交流的重要法律参考依据。为使力帆集团的技术创新位于技术前沿，知识产权部在产品开发的初期就介入产品开发工作，向研发部门提供专利信息服务，充分利用专利信息公共平台、中国摩托车（汽车）知识产权信息平台、专利机构的专利信息平台，创新先查新，查新后指导创新，为技术团队的研发提供最新的相关技术信息和专利动态，便于他们收集、筛选、整理和利用。在同技术人员共同研究怎样规避他人知识产权的同时，进行高起点的技术研发活动，并对产品开发过程进行全程跟进管理，及时将新技术方案申请国内外专利保护。

四、基本专利战略与外围专利战略的结合

谁拥有基本专利，谁就可以在激烈的技术竞争中取得垄断地位和支配权。力帆集团技术创新的突破点主要是轿车发动机、摩托车发动机，以及摩托车、小轿车的外观设计，其核心技术如水冷、多气门、电喷、双燃料、二次燃烧、大排量等均申请获得了专利，通过专利布局使企业牢牢控制摩托车发动机制造中的基本专利，而基本专利一旦和技术标准相结合，使基本专利被市场接受为技术标准，那么在该技术领域的统治地位将进一步加强。

基本专利中的创新技术尽管具有很强的应用前景，但它在应用时，往往需要一系列技术配套措施，如果企业不注意及时开发外围专利，那么在基本专利技术内容公开后一旦被他人抢先开发，在他人获得外围专利后，基本专利反而会受他人控制。为了避免此种情况的发生，力帆集团还采取了以下策略：第一，在基本专利的基础上尽快开发外围专利，给核心技术筑起牢固的专利保护网；第二，采取多种手段和措施，阻止他人在核心技术周围领域获得专利；第三，基本专利有一定保护期，为长期拥有垄断优势，对产生基本专利的技术作一定的技术储备，以便在基本专利期满时，通过取得改进专利仍能起到保护作用。

力帆集团通过专利布局战略，对技术研发成果实现了“全立体式”的保护，既申请发明专利保护技术的实质，又申请实用新型保护产品的结构，还申请外观设计保护产品的造型，形成一道“疏而不漏”的专利保护网，使竞争对手很难寻找到规避的突破口。

五、注重对新产品、新技术的专利挖掘

力帆集团知识产权部十分重视研发成果的技术分析和法律分析，经常到研发第一线与技术人员研讨新产品、新技术的技术特征，一旦发现区别于现有技术的新技术，就立即指导策划专利申请，寻求研发成果最有效的法律保护方式，凡是能够申请知识产权保护的决不放弃。力帆集团做到了在新产品推向市场以前必须申报一项或多项专利，通过每一项专利授权的积累，构成对新产品技术创新的全方位的法律保护。

例如，力帆集团开发的摩托车电控燃油喷射系统，该系统先后申请了数十项中国专利并申请了 PCT 专利。根据国内市场需求，力帆集团还开发了水冷发动机，为了有效保护这一创新产品，在该产品上市前申请了 5 项专利，从外观设计到内部结构都通过申请专利的方式加以保护。三气门发动机开发成功后，已申请 5 项专利。20 年来，力帆集团在国内外已获专利 6000 多项，在专利的申请和授权方面取得了令人瞩目的成绩。

六、加强对专利技术的定期评价

力帆集团充分利用专利制度的特性和功能进行专利运用管理，成立了专利技术评定委员会，对专利从市场、技术、法律的角度进行综合评价，因为专利从申请成功到应用后的市场价值往往要三年左右的时间检验，市场不接受的产品技术，或市场前景弱的专利，企业主动放弃，避免不必要的专利维持费投入，同时不断提高公司的专利质量。

七、知识产权的维护和运营

力帆集团综合运用了四种知识产权保护形式：专利保护、商业秘密保护、商标保护和版权保护。专利保护产品的设计和工艺，商业秘密保护一些不宜公开的技术信息和经营信息，商标保护品牌和标志，版权保护各种形式的表达方式。

力帆集团特别重视对知识产权的运营，一是坚持品牌经营的战略，特别重视打造驰名商标，使力帆商标逐渐成长为全国乃至全球化的知名品牌，通过对商标的保护和运用获取商业回报。二是定期对专利、商标的价值进行评估，2006 年力帆商标评估价值为 21.33 亿元。三是对专利、商标的资本化运作，把知识产权作为公司的投资或者用作贷款抵押。四是专利、商标的许可使用和转让。

八、建立知识产权预警机制

力帆集团的知识产权预警机制贯穿于从研发设计到生产经营的全过程：一是在技术研发立项之初的知识产权预警，充分利用检索的专利信息，对研究领域的在先专利技术从市场、技术、法律的角度进行综合评价，提供规避他人专利技术的新技术研发方向，打造高起点的研发平台；二是新技术申请专利前的知识产权预警，避免重复申请他人已经申请了专利保护的技术；三是新产品、新设计的知识产权预警，即新产品、新设计上市前必须通过知识产权审查，一旦发现有涉嫌使用了别人知识产权的嫌疑，这些新产品、新设计就不能再使用，必须放弃。力帆集团通过“一票否决”的知识产权审查制度将知识产权预警机制贯彻落实，最大限度地将企业在海内外市场上可能面临的知识产权法律风险降到最低的同时，为企业自己的新技术、新产品及时获取知识产权的法律保护提供了保障。

参考文献

卜英浩，朱雪忠．2002. 生物多样性与知识产权．研究与发展管理，(4)：58-60.

陈美章．2004. 对我国知识产权战略的思考．科技与经济，(1)：9-13.

陈欣．2007. 国外企业利用专利联盟运作技术标准的实践及其启示．科研管理，(4)：23-29.

程海．2006. 技术联盟的模式与机制探究．沈阳：东北大学出版社：24-25.

杜文聪，刘信业．2006. 知识产权法论．长春：吉林大学出版社：276-279.

段联合，杨帆．2008. 美国 R&D 经费投入强度分析及对我国的启示．中国科技论坛，(10)：121-125.

冯晓青．2002. 企业知识产权战略．北京：知识产权出版社：72-74，95-108.

冯晓青．2005. 企业知识产权战略（第二版）．北京：知识产权出版社．

冯晓青．2009. 专利技术标准化途径与策略选择．http：//www. sipo. gov. cn/sipo [2009 - 07 - 20]．

冯晓青．2012. 我国企业知识产权资本运营策略探讨．上海财经大学学报，(6)：45-52.

付音．2003. 网络时代企业保护商业秘密的特殊问题．甘肃省经济管理干部学院学报，(9)：45-47.

傅家骥．1998. 技术创新学．北京：清华大学出版社：13-15.

傅正华，林耕，李明亮. 2006. 建立和完善国家技术转移体系的建议．中国科技论坛，(3)：23-27.

高山行，胡海平．2004. 试论商业方法的专利保护．情报杂志，(8)：5-8.

葛亚力．2003. 技术标准战略的构建策略研究．中国工业经济，(6)：91-96.

国家统计局科技统计司．1993. 技术创新统计手册·奥斯陆手册——OECD 推荐的技术创新数据搜集和解释指南．北京：中国统计出版社．

国务院发展研究中心．2007-09-18. 韩国的知识产权战略、管理及启示．国家知识产权战略目标与发展阶段研究课题组成果，调查研究报告第 145 号．1-19.

杭州“天堂硅谷”制度建设研究课题组．2011. 斯坦福大学技术转移的成功经验. http：//www. dss. gov. cn/Article _ Print. asp? ArticleI [2011 - 12 - 05]．

和金生，王雪利．2006. 论反向工程、技术创新与知识产权保护的协同发展．软科学，(3)：101-104.

侯东德．2007. 知识产权出资的比例界定和评估作价研究．学术论坛，(4)：128-133.

华劼．2009. 知识产权国际保护制度的扩张对发展中国家利益的影响．重庆交通大学学报，(2)：45-50.

华鹰．2005. 现代企业知识产权战略．北京：人民日报出版社：47-51.

华鹰．2007. 技术创新的特点与策略．中国国情国力，(10)：54-55.

华鹰．2009a. 制约企业技术创新的因素与对应策略．科技管理研究，(6)：3-5.

华鹰 . 2009b. 企业技术研发中的知识产权策略 . 企业经济，(3)：171-174.
华鹰 . 2009c. 企业技术创新中的技术标准战略——以专利与技术标准相结合为视角 . 中国科技论坛，(10)：40-43.
华鹰 . 2009d. 技术转移是企业技术创新中亟待破解的难题 . 科学学与科学技术管理，(9)：63-67.
黄震 . 2007. 计算机软件专利的实质条件研究 . 重庆：西南政法大学硕士学位论文 .
贾小龙，王敏 . 2006. 基因专利保护问题研究——基因资源提供者参与分享基因专利利益探讨 . 北京航空航天大学学报（社会科学版），(4)：48-52.
李国杰 . 2007. 关于技术转移的战略思考 . 中国高校科技与产业化，(5)：65-68.
李谊民 . 2003. 企业技术创新与研究开发探讨 . 中国质量，(3)：27-29.
梁志文，李卫军 . 2004. 钢丝绳上的平衡——论事实标准和知识产权 . 电子知识产权，(1)：26-29.
林耕，陈靖，张若然 . 2008. 北京专利技术转移发展情况与思考 . 科技潮，(4)：60-61.
刘驰 . 2005. “赢者通吃”的企业技术标准战略 . 世界标准信息，(6)：46-48.
刘高利 . 2007. 构建企业技术联盟的相关问题分析 . 大众科学，(15)：93.
刘吉昌，侯瑛 . 2007. 对我国技术引进消化吸收与创新问题的思考 . 物流科技，(1)：149-150.
刘珊 . 2006. 美欧计算机软件相关发明专利保护比较研究 . 武汉：华中科技大学硕士学位论文 .
柳建尧 . 2008. 日本如何推动技术转移 . 科学新闻，(24)：36.
吕玉辉 . 2006. 企业技术创新的模式及战略机会选择 . 商业时代，(35)：31-37.
马裕滨 . 2011. 加强知识产权保护、推动自主创新战略 . http：//www. szps. gov. cn/shenzhen/tequ. jsp? article [2011－10－22] .
孟庆珍 . 2008. 我国对外贸易存在的主要回题与对策 . 商场现代化，(8)：20-21.
钱孟姗 . 2003. 日本知识产权立国论评介 . 科技与法律，(3)：13-17.
单杰 . 2007. 计算机软件法律保护模式之探究 . 沈阳工程学院学报（社会科学版），(1)：76-78.
石军，蒋晨 . 2007. 美国科技成果转化经验管窥 . http：//www. catr. cn/cjgl/cjgc/t20070126 _ 497033. htm [2009－08－20] .
司云节 . 2007. 专利池滥用行为的法律规制比较研究 . 上海：华东政法大学硕士学位论文 .
宋贻强 . 2007. 专利池立法的法理学分析 . 特区经济，(3)：247-249.
孙自法，2009. 中国去年研发经费总支出为 3 000 亿元，创新体系初步形成 . http：//www. most. gov. cn [2009－08－02] .
田高良，董普 . 2007. 现代企业知识产权资本运营战略研究 . 生产力研究，(2)：51-53.
田力普 . 2007. 中国《国家知识产权战略纲要》即将出台 . http：//news. 163. com/07/1101/01/3S669PG400012 [2009－08－14] .
王朝晖 . 2008. 专制文献的特产及其利用 . 现代情报，(9)：151-152
王晋刚 . 2008. 专利地图引导企业专利战略 . 中国发明与专利，(5)：55-57.

王黎萤，陈劲，杨幽红．2004. 技术标准战略、知识产权战略与技术创新协同发展关系研究．中国软科学，(12)：24-27.

王虔静．2009. 2008年中国专利申请授权呈现四大特点．http：//www. most. gov. cn [2009-07-28].

王宪云，徐福缘．2011. 韩国三星的知识产权战略及对我国企业的启示．学术交流，(3)：93-96.

王永春，王秀东．2010. 日本科技投入现状及其发展趋势．科技进步与对策，(13)：21-23.

王震．2007. 基因专利的惠益共享．北京科技大学学报（社会科学版），(2)：92-95.

魏纪林，胡神松．2006. 提升我国企业核心竞争力的技术创新战略新探．理论月刊，(4)：176-179.

魏衍亮．2008. 关于专利池的过往研究．http：//www. fengxiaoqingip. com/ipluntan [2009-08-04].

伍建民. 2009. 本国企业与跨国公司研发合作的模式以及对策建议．http：//www. softdriver. org. cn [2010-08-24].

肖条军，盛昭瀚．2009. 企业技术创新环境：国际比较．南京社会科学，(11)：7-12.

谢顺星．2007a. 参与市场竞争必须充分利用专利文献．中国知识产权报．

谢顺星．2007b. 专利分析及其应用．中国知识产权报．

谢作渺，彭娟娟．2006. 三星技术创新的经验及启示．科学管理研究，(4)：11-120.

徐莉，连明伟．2006. 论计算机软件的专利保护．经济与社会发展，(12)：166-168.

杨薇炯，殷媛媛．2007. 企业技术创新过程中专利文献检索应用及适用报告实战研究．图书情报工作，(10)：60-63.

余珊萍，潘金虎．2008. 维护国际贸易中科学技术的公平竞争．http：//www. lwsky. com/html/2004-4-28/192239. asp [2009-08-08].

余卫东．2003. 商业秘密保护与竞业禁止．湖北大学学报，(1)：35-38.

余翔，邱洪华．2007. 基于判例和立法的美国商业方法专利研究．科技进步与对策，(3)：16-18.

詹映，朱雪忠．2007. 标准和专利战的主角——专利池解析．研究与发展管理，(1)：92-95.

张帆，肖国华，张娴．2008. 专利地图典型应用研究．科技管理研究，(2)：190-193.

张克让．2002. 技术转移的特征、模式及基础要素浅析．科技导报，(1)：27-30.

张平．2003. 论商业方法软件专利保护的创造性标准——美、日、欧三方专利审查之比较．知识产权，(1)：25-29.

张平，马晓．2002. 标准化与知识产权战略．北京：专利文献出版社：14-16.

张腾．2011. IBM 打破美国专利记录，连续 18 年排名首位．http：//www. enet. com. cn/article/2011/0114/A201101 [2011-02-12].

章勇．2007. 考量技术转移的 N 个视角——中国技术转移现状调查与思考．中国新技术新产品，(11)：42-55.

赵利光．2003. 专利技术资本化的经济价值分析．技术经济，(4)：21-22.

赵梅生．2009. 关于中、法、德、日、英、美专利侵权救济的比较研究．http：//www.cqipo.gov.cn/templet/default/Sho［2010－07－20］.
郑金娥．2005. 合作研发的动机分析．科技创业月刊，(1)：47-48.
郑友德，伍春燕．2008. 论商业方法的专利保护．http：//www.netlawcn.com/hnu/0008.htm［2009－07－28］.
朱雪忠．2008. 企业知识产权管理．北京：知识产权出版社：174-178.
《最新无形资产评估方法、技巧、参数及案例分析》编委会. 2003. 最新无形资产评估方法、技巧、参数及案例分析．中国统计出版社：675-676.